OEUVRES
COMPLÈTES
DE MARMONTEL.
TOME V.

NOUVEAUX CONTES MORAUX.

TROISIÈME VOLUME.

DE L'IMPRIMERIE DE FIRMIN DIDOT,
IMPRIMEUR DU ROI, DE L'INSTITUT ET DE LA MARINE,
RUE JACOB, N° 24.

ŒUVRES

COMPLÈTES

DE MARMONTEL,

DE L'ACADÉMIE FRANÇAISE.

NOUVELLE ÉDITION

ORNÉE DE TRENTE-HUIT GRAVURES.

TOME V.

A PARIS,

CHEZ VERDIÈRE, LIBRAIRE-ÉDITEUR,

QUAI DES AUGUSTINS, N° 25.

1818.

NOUVEAUX CONTES MORAUX.

L'ÉCOLE DE L'AMITIÉ.

Tout le monde connaît la pupille de Grandisson, cette Émilie Jervins, si naïve, si tendre, si innocemment amoureuse de son tuteur; eh bien! j'ai trouvé dans le monde une seconde miss Jervins, plus vive, moins timide, plus animée que la jeune Anglaise, et un peu mieux instruite qu'elle de ce qui se passait dans son cœur; mais aussi ingénue que l'autre était naïve, et plus intéressante encore dans ce qu'elle appelait ses premières amours; c'était Delphine de Séralis, depuis, madame de Néray. Comme elle ne vit plus, et qu'il n'y a dans mes souvenirs rien que d'honorable pour elle, je crois pouvoir redire ce qu'elle m'a conté.

Un jour que, jeune encore, elle m'avait parlé avec une extrême sagesse des légèretés, des caprices, des airs d'étourderie et de dissipation qui étaient à la mode parmi les jolies femmes, et que je lui témoignais combien j'étais surpris de ne lui voir, ni dans l'esprit, ni dans le caractère, aucune des frivolités ni des vanités de son sexe: Ah! me dit-elle, j'étais née pour en avoir autant qu'une autre; mais de bonne heure je fus en bonne école, et si vous me trouvez raisonnable, j'en dois rendre grâce à l'amour.

Comme c'était la première fois que j'entendais dire que l'amour eût contribué à former la raison, je la priai de m'expliquer comment s'était opéré ce prodige.

Vous avez connu, me dit-elle, celui qui, le premier, m'inspira le désir de plaire. Je ne veux pas vous le nommer, et je l'appellerai Alcime; mais si je le peins bien, vous le reconnaîtrez.

Il avait quelque ressemblance avec sir Charles Grandisson : comme lui vertueux, modérément sensible, sage dans tous ses goûts, incorruptible dans ses mœurs, possédant son ame et ses sens dans une paix inaltérable, Alcime était, dans sa jeunesse, l'homme du monde le plus considéré.

Dans le petit nombre des sociétés dont il avait fait choix, on le citait comme un modèle, on l'écoutait comme un oracle. Il y montrait un esprit cultivé, riche de mille connaissances variées, et recueillies par une mémoire étonnante, un goût exquis, une raison pleine d'éloquence et de charme, une politesse attentive et délicate, mais simple et naturelle, une fierté mêlée et tempérée de modestie, peut-être un sentiment de lui-même assez haut pour s'appeler orgueil, s'il n'eût pas été aussi juste, mais qui était comme enveloppé dans la plus timide pudeur. A tant de qualités, la nature avait joint une figure intéressante, des traits nobles et doux, le charme d'un regard où se peignait une belle ame, une bouche dont le silence même était touchant lorsqu'il daignait sourire, et un son de voix enchanteur.

La maison de madame d'Olme était l'une de celles qu'il fréquentait le plus assidûment; il y dînait, une fois la semaine, avec des femmes de l'ancienne robe, que leurs filles accompagnaient. J'y fus menée dès l'âge de seize ans. C'était là notre jour de fête.

Vous pensez bien que dans ce cercle, mes compagnes et moi nous faisions peu de bruit. Nos langues y étaient captives, et nos regards ne l'étaient guère moins; mais tandis que la modestie tenait nos yeux craintivement baissés, rien n'échappait à nos oreilles.

J'étais sur-tout attentive au langage plein de douceur et de sagesse qu'Alcime tenait à nos mères, en leur parlant du soin d'observer, d'éclairer, de diriger le naturel dans l'éducation des enfants, de le ménager, de l'aider, d'user envers lui d'indulgence même en le corrigeant, sur-tout, disait-il, dans le sexe le plus faible et le plus flexible. Vous auriez cru voir un fleuriste cultivant, d'une main légère, des plantes délicates qu'il eût craint de blesser. Je lui savais gré de ces craintes, de ces ménagements timides ; je croyais être l'une des fleurs qu'il appréhendait de ternir.

Je ne pensais encore ni à lui plaire, ni à l'aimer plus que ne l'aimait tout le monde. Je savais que j'étais jolie, mais je ne m'apercevais pas du plaisir que j'avais à l'être ce jour-là plus que de coutume. Je ne croyais le trouver beau lui-même que parce qu'il l'était, et que j'avais des yeux ; mais insensiblement je m'aperçus qu'avec ces yeux j'avais aussi un cœur : Alcime m'occupait sans cesse. Je jouissais plus que lui-même des déférences qu'on lui marquait ; j'étais fière des avantages que lui donnaient sur les autres hommes son esprit et son caractère ; et si quelqu'un lui disputait l'empire de l'opinion, je m'en dépitais en secret, et je le traitais de rebelle.

Une seule qualité lui manquait à mon gré pour être accompli, c'était la sensibilité : poli avec les femmes, il n'était point galant, il plaisait sans songer à plaire. Il se corrigera peut-être de ce défaut, disais-je, mais ce ne sera point ici assurément qu'il perdra son indifférence, et la tranquillité dont son ame jouit est avec nous en sûreté.

Dès-lors je commençai à m'impatienter du rôle de statue qu'il fallait jouer à mon âge. Quelle opinion pouvait-il avoir de ce groupe de jeunes filles muettes et presque immobiles ? Qu'on fût belle et bien faite, c'était peut-être bien quelque chose à ses yeux; mais ces qualités pouvaient être celles d'un marbre inanimé; et chacune de nous avait l'air d'attendre, sur son piédestal, le miracle opéré en faveur de Pygmalion.

Quel usage inhumain que celui de tenir à la gêne, et comme scellé, ce que le naturel pouvait avoir d'intéressant! A seize ans on avait déja des sentiments et des idées : on n'aurait pas si bien raisonné que ces dames; mais peut-être le peu d'esprit que l'on avait reçu de la nature aurait-il eu, dans sa simplicité, sa justesse et son agrément; et jusqu'à ce qu'on eût la langue déliée à l'autel de l'Hymen, il était triste et rigoureux d'être condamnée au silence.

Ce qui m'affligeait encore plus, c'était de voir qu'Alcime, occupé de nos mères, n'eût aucune pitié de nous, et qu'il nous laissât l'écouter, sans chercher au moins quelquefois à lire dans nos yeux l'impression qu'il faisait sur nos ames.... Sur nos ames! et sait-il seulement, disais-je, si nous en avons une? Est-il curieux de le savoir? Nous fait-il la grâce de croire que notre esprit soit digne de goûter, d'admirer le sien? Il était doux, poli, respectueux avec moi, avec mes compagnes, mais uniquement, également, sans aucune distinction. Cependant la persuasion qui semblait couler de ses lèvres, ses lumières, son air de bonté, de candeur, l'élévation de son ame, la sérénité peinte sur son visage et dans ses yeux, cet air d'Apollon rayonnant, charmaient toute la société; et malgré mon dépit, moi-même j'en étais ravie. Mais si dans mon ravissement j'osais lever les yeux, hélas! c'était au ciel qu'il fallait adresser ma vue, quoique dans ce moment ce ne fût pas au ciel que mes yeux avaient à parler.

N'y avait-il donc pour moi aucun moyen de fixer son attention? Au moins, disais-je, on nous permet de développer dans le monde les talents qu'on a bien voulu cultiver en nous dès l'enfance; Alcime daignera peut-être aimer ou la danse ou le chant. Appliquons-nous à nous donner ce faible mérite à ses yeux.

Dans la saison du bal, madame d'Olme en donna un. J'y dansai de mon mieux; mais en dansant, j'eus beau chercher des yeux mon sage, il causait avec un vieillard dans le salon voisin, tandis que pour lui seul je déployais toutes mes grâces.

Peu de jours après, madame d'Olme eut chez elle un petit concert. J'y chantai. Je savais qu'à l'Opéra-Bouffon, Alcime était assiduement du nombre des amateurs qui occupaient le coin de la reine; et je m'étais donné une peine infinie pour exceller, s'il m'était possible, dans la brillante exécution des airs italiens que je devais chanter. J'espérais qu'il m'applaudirait; il m'applaudit, mais faiblement, plutôt en homme complaisant et poli qu'en homme sensible et charmé. Je fus, comme vous croyez bien, peu flattée d'un tel succès; et les éloges que je reçus d'ailleurs ne me tinrent pas lieu des siens.

Sans désespérer cependant de le réduire à s'occuper de moi, je m'avisai d'engager mes compagnes à essayer, sous les yeux de nos mères, s'il nous serait permis de nous dire entre nous, tantôt à demi-voix et tantôt à l'oreille, quelques petits mots échappés. L'essai me réussit. Nos mères, d'abord inquiètes de cette nouveauté, se consultant des yeux, allaient nous l'interdire; Alcime cette fois voulut bien plaider notre cause, mais avec l'indulgence qu'on a pour des enfants. Il fit entendre que la froide raison n'avait rien d'assez amusant, d'assez intéressant pour de jeunes esprits; que le sérieux, à notre âge, devenait bientôt ennuyeux, et qu'il fallait nous laisser au moins quelques moments de cette innocente gaieté qui nous allait si bien et nous embellissait encore.

Ces derniers mots ne m'échappèrent point, et dans nos propos, j'eus grand soin de faire jouer tout leur jeu aux traits de ma physionomie. Je m'animais, j'agaçais mes compagnes; en disant des riens, j'avais l'air de pétiller d'esprit et de vivacité, et je ne manquais pas d'enjoliver ma bouche de tous les charmes du sourire; quelquefois même je riais aux éclats sans savoir de quoi, car j'avais d'assez belles dents. Je mourais d'envie de le rendre curieux de nos entretiens; mais, hélas! j'y perdais mes peines : il nous laissait dans notre coin jouer et causer à notre aise; et de tout mon petit manége, il ne me restait plus que le regret de ne l'avoir pas écouté.

Je ramenai vers lui toute mon attention, sans pouvoir m'attirer la sienne. Enfin mon impatience poussée à bout me fit prendre un parti violent. Je lui écrivis; mais dans ma lettre, je gardai l'anonyme et je sus déguiser ma main. La voici cette lettre, car je ne veux rien vous cacher.

« Je m'ennuie, monsieur, de voir qu'on ne soit
« rien pour vous, parce qu'on a le malheur d'être
« jeune, et que dans votre estime, il n'y ait que
« les mères qui ne soient plus enfants. Eh bien!
« je veux qu'Alcime sache que, dans le monde,
« il voit une jeune personne très-attentive à re-
« cueillir ses sentiments et ses pensées; je veux
« qu'il sache que, dans sa bouche, la sagesse a
« pour moi un charme irrésistible, et que sa voix
« la fait pénétrer dans mon ame,

Comme un jour pur dans des yeux délicats.

« Je veux qu'il sache enfin que le plus estimable
« des hommes en est aussi le plus aimable pour
« moi, non pas à cause de sa figure, qui pour-
« rait être un symbole trompeur des vertus dont
« elle est l'image, mais à cause de la bonté, de
« la beauté d'une ame qui se peint dans tous ses
« discours comme dans une glace pure, et qui,
« je crois, n'a jamais su ni feindre, ni dissimu-
« ler. »

Le sage le plus flegmatique aurait été flatté de cette lettre. Alcime a depuis avoué qu'il ne l'avait pas lue sans quelque émotion; et en m'en parlant; long-temps après, son visage, qui rougissait aussi facilement que celui d'une vierge, se colorait encore d'une aimable pudeur.

Dès-lors il ne put se défendre d'une attention involontaire pour les jeunes personnes qu'il avait négligées. Je vis fort bien que ses regards, en passant et en repassant sur notre joli groupe, y cherchaient l'anonyme, et il lui fut facile de l'y apercevoir : mon trouble et mon saisissement suppléaient à ma signature; je la sentais écrite sur mon front en lettres de feu. Je fus donc reconnue; et je n'en pus douter, car lui-même il baissait la vue quand ses yeux rencontraient les miens.

Vous allez croire que je fus bien aise que mon secret m'eût échappé. Point du tout; dès que je crus voir tomber le voile du mystère, la modestie naturelle à mon âge reprit sur moi tout son empire; je perdis contenance; et au lieu du plaisir que je croyais avoir à être distinguée, je n'en ressentis plus qu'un pénible embarras. Ma lettre lui en avait trop dit : tout ce que j'avais dans le cœur, je croyais l'avoir révélé; ces mots sur-tout, *l'homme le plus aimable*, me faisaient naître des scrupules. Pourquoi lui avoir parlé de sa beauté? et de quoi m'avisais-je de vanter sa sagesse? l'éloge même de ses vertus était déplacé dans ma bouche. De quel droit me croyais-je digne de le louer? Que devait-il penser d'une jeune personne qui, dans le monde, aurait voulu fixer l'attention d'un homme, et qui, à seize ans, s'impatientait d'être négligée comme un enfant? Quelle imprudence enfin de lui avoir écrit à l'insu de ma mère! Et s'il n'y avait aucun mal, comme je l'avais cru, pourquoi le lui avais-je caché?

Cependant je n'avais encore rien avoué; mon trouble et ma rougeur n'étaient que des indices; il ne tenait qu'à moi d'en effacer l'impression; et si je savais feindre, tout serait bientôt oublié. Je pris donc ou plutôt je crus prendre avec lui un air de froideur et de négligence; et lorsqu'en se mêlant quelquefois à nos entretiens il voulait bien m'adresser la parole, j'avais dans mes réponses cette légèreté craintive de la biche qui ruse devant le chasseur. J'éludais ses questions comme autant de filets : un mot quelquefois vif, le plus souvent timide, me dégageait d'un pas difficile et glissant.

Mais lorsque je croyais lui avoir donné le change et que je le voyais interdit, j'en avais du regret, et je me reprochais un déguisement inutile. Je devais bien penser que j'avais été reconnue; et il y avait plus que du caprice et de l'inconséquence dans ma dissimulation. C'était désavouer le plus pur, le plus juste hommage; et cela seul pouvait ôter à ma conduite le caractère d'innocence qu'elle aurait à ses yeux avec plus d'ingénuité.

Vous le dirai-je enfin? j'osai penser au mariage. Jeune et riche héritière, d'un état convenable au sien, pourquoi n'aurais-je pas désiré de lui plaire ? Ne faut-il pas, disais-je, que l'on pense bientôt à m'établir ? Et si l'époux que l'on me donnera n'a fait que me voir dans le monde comme une peinture mobile; s'il faut que sur parole il me suppose une ame, un caractère, un peu d'esprit et de bon sens, sera-t-il bien flatté, bien envieux de m'obtenir ? Celui-ci est le seul au monde à qui je ferais gloire d'être unie ; et s'il daignait me demander, certes je défierais père et mère de mieux choisir. Si donc il m'engageait lui-même à convenir que la lettre anonyme était de moi, j'étais déterminée à lui en faire l'aveu, et j'en attendais le moment.

Ce moment ne vint point; et plus réservé que jamais, Alcime s'en tint avec moi, comme avec mes compagnes, à cette politesse affectueuse et simple dont mon cœur ne pouvait ni se plaindre, ni se louer.

J'étais mal à mon aise, et si mal que j'aurais voulu ne l'avoir jamais vu ou ne plus le revoir, lorsque je fus saisie d'un sentiment plus vif, plus affligeant que ma tristesse.

Un jour, la veille de celui où nous devions dîner ensemble, madame d'Olme fit prévenir ses amis que son dîner n'aurait pas lieu; qu'Alcime était malade, qu'il était pris d'un accès de goutte assez fort pour donner de l'inquiétude.

C'était, reprit madame de Néray en soupirant, un mal héréditaire dont Alcime, dès sa jeunesse, avait senti les premières atteintes, et qui ne l'a pas laissé vieillir. Ma mère, à son réveil, reçut cette triste nouvelle; et quand j'allai la voir, elle me l'annonça. J'eus à peine la force de lui demander s'il y avait du danger. Mais oui, dit-elle, on craint pour les organes de sa vie; si la goutte les attaquait, il n'y a point de mort plus soudaine : souvent en moins d'une heure on est étouffé.

Jugez comme je fus moi-même étouffée en entendant ces mots terribles. Mon cœur saisi d'effroi, suffoqué de douleur, ne put retenir ses sanglots; mes yeux se remplirent de larmes. Ah! m'écriai-je, quel malheur s'il en mourait! et toute en pleurs je me laissai tomber sur le lit de ma mère. Cette scène imprévue l'étonna encore plus qu'elle ne l'attendrit.

Ma fille, me dit-elle, d'où vous vient cet excès de sensibilité pour un homme sans doute bien estimable, mais étranger pour vous? Hélas! lui dis-je, à qui la vertu est-elle étrangère? L'intérêt qu'elle vous inspire est juste, reprit-elle; mais dans une jeune personne, il ne doit pas aller si loin. Et que serait-ce donc, ma fille, si vous aviez à craindre pour ma vie? Je ne répondis qu'en pleurant; et ma mère, dans ce moment, ne crut pas devoir insister.

Mais lorsque nous eûmes appris que le péril était passé, et que la douleur, vive encore, mais fixée aux extrémités, n'avait plus rien de redoutable, ma mère voulut pénétrer jusqu'à la source de mes larmes; et d'un air doux, mais imposant: Ma fille, à-présent, me dit-elle, que vous êtes tranquille, expliquez-moi la cause de la désolation où vous avez été, quand nous avons craint pour Alcime. Ma mère, hélas! que vous dirai-je, lui répondis-je en rougissant? Alcime est à mes yeux le plus intéressant des hommes, parce qu'il n'en est point de meilleur, de plus sage, ni de plus vertueux que lui; c'est tout ce que j'en sais moi-même. — Et de ces sentiments qu'il vous a inspirés, lui avez-vous fait confidence (ma rougeur redoubla)? répondez-moi, ma fille; en est-il instruit? — Je le crois. Au moins a-t-il dû s'en douter. Elle fut un moment recueillie en silence, et puis : Allez, ma fille, me dit-elle, et défiez-vous, à votre âge, de cette sensibilité dont le caractère est louable, mais dont l'excès est dangereux.

Dès-lors je vis ma mère inquiète et préoccupée. La convalescence d'Alcime fut célébrée, comme une fête, dans la société de son amie madame d'Olme. Mais au milieu de la joie commune, je sentis que mon cœur n'était pas content; et plus mon émotion était vive et profonde, plus je faisais d'efforts pour la dissimuler.

Alcime enfin jouit lui-même du plaisir qu'on avait de le revoir rendu à la vie et à la santé; et ce fut là qu'en observant mes yeux, à chaque instant mouillés de larmes, ma mère prit la résolution de se priver d'une société qui faisait ses délices, plutôt que de m'y exposer plus longtemps au danger qu'il y avait pour moi.

Je vais, dit-elle à madame d'Olme, vous surprendre et vous affliger. Les plus doux moments de ma vie sont, vous le savez bien, ceux que je passe auprès de vous ; et cependant je suis obligée de me sevrer pour quelque temps du plaisir de vous voir. Ne m'en demandez point la cause; et croyez qu'elle est sérieuse, puisque je me suis fait un devoir d'y céder.

La cause, je la sais, lui dit madame d'Olme en souriant. Mais le remède est simple; il faut venir me voir et dîner avec moi les jours qu'il n'y vient pas. Qui donc, lui demanda ma mère? — Qui? celui que vous redoutez. — Ah! madame, ce qui m'afflige est donc bien visible! — Oui, pour moi, qui ai presque les yeux d'une mère, comme j'en ai le cœur pour ma chère Delphine; mais de quoi vous alarmez-vous? et qu'y a-t-il donc de si triste et de si dangereux dans une inclination que vous et moi nous aurions prise innocemment comme elle, si à son âge nous avions vu celui qui en est le digne objet? Pour moi, je le confesse, si à cinquante ans il était permis d'être amoureuse, je le serais d'Alcime. Delphine, à seize ans, est sensible au charme d'un naturel plein d'agrément; elle a raison; elle s'est prise d'admiration, d'amour, si vous voulez, pour un vertueux et beau jeune homme; eh bien, il faut qu'elle l'épouse. Je me charge, si vous voulez, de nouer ce petit roman.

Mon dieu, lui dit ma mère, comme vous cheminez! Je suppose, ou plutôt j'avoue cette inclination naissante dans le cœur de ma fille; qui vous dit qu'Alcime y réponde? Savons-nous même, vous et moi, si jamais il y répondra? En doutez-vous, reprit madame d'Olme? Il serait vraiment difficile si, avec ses biens, sa naissance, et mille fois plus d'attraits qu'il n'en faut pour tourner la tête à un sage, ma Delphine ne faisait pas la conquête de celui-ci. Laissez-moi le voir tête-à-tête et lui parler un peu; je vous réponds de lui.

Savez-vous, lui dit-elle, Alcime, une nouvelle intéressante? N'allez pas me contrarier; car je ne dis jamais que des nouvelles sûres, et je ne veux pas qu'on en doute. — Voyons, madame; j'aime assez à vous croire, vous le savez; quelle est votre nouvelle? — Que vous vous mariez. Moi, madame! Ah! je vous proteste que je n'y ai pensé de ma vie. — Vous y penserez donc pour la première fois; car c'est une affaire arrangée. — Et qui, madame, a pris la peine de l'arranger sans moi, cette affaire importante? — Moi, monsieur, oui, moi-même; une riche héritière, d'un état honorable, belle comme le jour; et la voilà, faisant de moi l'éloge le plus accompli. — Eh bien, madame? — Eh bien, cette jeune personne est disposée à recevoir avec docilité la main de son mari de la main de sa mère; et sa mère ne voit pour elle au monde aucun mari qu'elle préfère à vous. — Hélas! madame, il y a si loin des sentiments que je puis inspirer à celui qui seul peut fixer et remplir le cœur d'une femme! Non, croyez-moi, je me connais, je ne suis pas fait pour l'amour. La goutte est dans mon sang une vieillesse anticipée. — C'est cependant, mon cher goutteux, de l'amour que vous inspirez; oui de l'amour, le plus vrai, le plus tendre, de celui qui jamais ne trompe, de celui qui ne sait pas même ce qu'il est, tant il est innocent et pur. — Oui, madame, vous le croyez; et il ne tient qu'à moi de le croire moi-même, si j'écoute ma vanité; mais je sais mieux apprécier les sentiments qu'on a pour moi; et dans ces sentiments qui me flattent et qui m'honorent, il n'y a pas une étincelle, pas une bluette d'amour. Elle insista; et lui, pour la dissuader : Je ne sais pas, dit-il, quelle est cette jeune personne; mais je gage que c'est la même qui a eu la bonté de m'écrire; et je veux bien que vous voyez ce qu'elle a pour moi dans le cœur. Alors dans l'intime confiance de l'amitié, il lui communiqua ma lettre.

Non, dit-elle, après l'avoir lue, je conviens que ce n'est point là de cet amour qui flatte la vanité d'un jeune fat; mais pour une ame comme la vôtre, Alcime, y a-t-il rien de plus doux, de plus touchant? Et ne seriez-vous pas heureux de posséder une femme aimable, et qui vous aimerait ainsi? Oui, dit-il, plus heureux que si elle avait pour moi l'amour qu'un joli homme inspire. Mais mon éloignement pour les soins domestiques, mes goûts pour des occupations sérieuses et solitaires, le besoin que j'ai d'être libre, indépendant et tout à moi, le plan de vie que je me suis formé, analogue à mon caractère, tout me défend de jamais penser à un engagement dont je révère la sainteté, mais dont les devoirs m'épouvantent; et sérieusement je vous prie de n'y jamais penser pour moi.

Il faut donc, dit madame d'Olme, interdite et fâchée de sa résolution, que cette pauvre enfant s'éloigne et cesse de vous voir. Pourquoi, lui demanda-t-il froidement. — Pourquoi, parce qu'il est possible, et plus que possible sans doute qu'elle se laisse dominer par une inclination qui ferait son malheur. Point du tout, reprit-il, je suis aussi sûr d'elle que de moi-même; et ce qui peut lui arriver de plus heureux, c'est de me voir souvent, avec le désir de me plaire et l'espérance d'être à moi.

Alcime! vous n'y pensez pas, reprit madame d'Olme avec étonnement. Se peut-il qu'un homme aussi sage propose une chose aussi folle? Vous voulez qu'une mère qui sait déja sa fille éprise d'un sentiment si vif et sans espoir, lui laisse respirer un feu que bientôt la raison, ni le devoir, ni nul objet nouveau n'aurait la puissance d'éteindre! Assurément il n'y aurait pas moins de cruauté que d'imprudence; et je suis trop

amie de madame de Séralis pour le lui conseiller.
Hé bien, dit-il en souriant, ce sera moi qui lui
en donnerai le conseil; faites que nous puissions
en raisonner ensemble. Si elle m'estime assez
pour se fier à moi, je lui rendrai, en formant à
mon gré l'esprit et le cœur de sa fille, le plus
rare service, le plus essentiel qu'ait jamais rendu
l'amitié. Car je me pique aussi, à ma manière,
de sensibilité et de reconnaissance; et ce ne sera
pas en vain qu'une jeune et belle personne aura
daigné penser à moi.

Ma mère, à qui madame d'Olme, sans s'expliquer sur le succès de sa médiation, proposa
l'entrevue que demandait Alcime, l'accepta comme
un bon augure, et se rendit chez son amie avec
ce battement de cœur qui n'est connu que du
cœur d'une mère. Alcime l'y attendait.

L'entretien commença par les inquiétudes que
la nature inspire sur le destin de ceux à qui l'on
a donné le jour, sur les dangers d'une passion
naissante, quelque louable qu'elle puisse être;
et sur le pressant intérêt ou de la rendre légitime ou d'en arrêter le progrès; enfin le dialogue
se rapprochant de son objet, ma mère me nomma.

Si je parlais, dit-elle, à un homme ordinaire,
je sais quelle réserve m'imposeraient les bienséances; mais avec vous, Alcime, je ne crains ni
d'ouvrir mon cœur, ni de trahir le secret du
cœur de ma fille. Elle est sensible (et je lui en
sais gré) à ce qu'elle me voit chérir, à ce qu'elle

m'entend louer et admirer sans cesse ; enfin elle vous aime autant qu'une ame innocente et pure, mais vive et tendre, peut aimer. Si avec cette ame ingénue, et un naturel que je crois heureux, ma fille vous convient, il n'y a pas sous le ciel un homme que je préfère à vous pour elle ; et pour moi-même le comble de la gloire et du bonheur serait de vous entendre m'appeler du doux nom de mère. A-présent, parlez-moi avec votre sincérité ordinaire : voulez-vous être son époux ?

Madame, lui répondit Alcime, si la nature qui dès sa naissance a mis en moi un germe indestructible des plus vives douleurs, ne m'avait pas inspiré par-là un juste éloignement pour un état qui perpétuerait dans mes enfants le funeste héritage que m'ont transmis mes pères ; si sans impiété je croyais pouvoir mettre au jour des êtres souffrants comme moi ; de quelque prix que soit pour moi la liberté, je sens qu'une union si douce lui serait encore préférable. Mais exposé à donner à ma femme le spectacle de mon supplice, et presque assuré de le voir se renouveler dans mes enfants, je me sens, je l'avoue, une répugnance invincible à m'associer des innocents pour souffrir avec moi, et après moi encore. Je n'ai que le courage d'être seul malheureux.

Mais si, en attendant un époux, vous daignez, madame, agréer pour votre fille, un ami sûr, et qui s'engage à remplir auprès d'elle, avec la piété la plus tendre, les saints devoirs de l'amitié, c'est l'office qui me convient; et il m'acquittera de ce que je lui dois de zèle et de reconnaissance. Belle, riche, bien née (je répète l'éloge qu'il fit de moi), et sur-tout élevée par une mère comme vous, elle aura dans le monde le choix d'un époux digne d'elle; mais un ami, tel que moi, madame, j'ose dire qu'il est si rare qu'on ne le retrouve jamais.

Sans doute, répondit ma mère d'un air sérieux et froid, c'est un trésor inestimable; mais, monsieur, trouvez bon que je le réserve à ma fille pour un âge plus avancé.

Cet âge, reprit-il, ne sera plus celui où n'écoutant que moi, elle prendrait, sans le savoir, les impressions de mon ame; l'empire que je puis avoir sur la sienne sera passé; ce ne sera plus moi qui réglerai ses goûts, ses sentiments et ses pensées; et d'autres affections lui feront ressentir leur pouvoir et leur influence. Jusque-là, je le sais, vous aurez pu former sa raison et son caractère; mais, madame, on fait bien souvent pour l'homme que l'on aime et à qui l'on veut plaire, on fait pour lui sans y penser, ce qu'on ne ferait pas pour la mère la plus chérie; et cet ascendant invisible a d'autant plus de force qu'on ne s'en doute pas.

Eh, monsieur! c'est cet ascendant en effet si doux et si fort, que je redouterais pour le cœur de ma fille. Juste Ciel, que proposez-vous! Moi! l'abuser, la pauvre enfant, jusqu'à lui laisser croire qu'elle vous serait destinée!

Oui, madame, il faut, vous et moi, non pas lui faire entendre, mais lui laisser au moins penser qu'il est possible que vos vœux et les miens s'accordent avec ceux qu'elle aura formés. Sans cette illusion, je ne puis rien pour elle. C'est l'ame du projet que j'ose concevoir d'en faire une femme accomplie. — Et que deviendrait-elle, lorsqu'insensiblement changés en habitude, ce désir de vous plaire, ce plaisir innocent de vous aimer, cette espérance d'être à vous, devraient s'évanouir; et qu'on lui annoncerait que le seul homme pour lequel la malheureuse voudrait vivre ne serait pas celui qu'elle devrait aimer? Ce charme détruit, cette erreur si cruellement dissipée, me fait frémir pour mon enfant. Non, elle ne doit plus vous voir. Madame d'Olme était de l'avis de ma mère.

Mesdames, leur dit-il, vous n'y entendez rien. *L'amour commence par l'amour*, La Bruyère l'a dit; et combien que s'exalte tout autre sentiment, comme l'estime et l'amitié, ce ne sera jamais cet amour qui seul est à craindre. Laissez donc ma chère pupille m'aimer autant que je puis être aimé; et quand viendra l'heure où l'amour poindra sur l'horizon, ne soyez point en peine; les petites lueurs de sensibilité s'éteindront devant lui tout aussi vîte que les étoiles aux premiers rayons du soleil. Je ne demande qu'un beau jeune homme que vous choisirez avec soin, un peu plus âgé qu'elle, aimable, intéressant et amoureux sans doute; je vous promets que l'ami de Delphine aura bien de la peine à n'être pas tout-à-fait oublié. Laissez donc la simple amitié doucement amuser le loisir de son ame; je ne veux que deux ans pour perfectionner ce bel ouvrage de la nature, et pour n'y laisser rien à désirer, ni à sa mère, ni à son époux.

Ma bonne amie, dit madame d'Olme à ma mère, rendons cet hommage inoui à la sagesse, à la bonté d'Alcime, de lui confier l'amé et le cœur de Delphine. Il en répond; il n'est pas homme à nous tromper. Ma mère y consentit.

Ce ne fut pas, comme vous croyez bien, sans un saisissement de surprise et de joie que je vis Alcime introduit et comme installé chez ma mère. Il n'y fut pas d'abord aussi assidu, ni aussi occupé de moi que je l'aurais voulu; mais bientôt s'établit entre ma mère et lui une liaison plus étroite, et moi-même je fus admise dans cette douce intimité. Peu-à-peu je devins pour lui l'objet d'une attention particulière; et je m'aperçus que ma mère voulait bien sans inquiétude nous laisser causer tête-à-tête, lorsque d'autres soins l'occupaient.

Dans notre premier entretien, il me parla, ou pour mieux dire, il me fit parler de mes compagnes; et sur chacune d'elles il voulut savoir mon sentiment, soit, dit-il, en bien, soit en mal; car c'est ainsi qu'on est sincère.

En bien, lui dis-je, il m'est facile de vous en dire ma pensée; mais en mal, ne serais-je pas indiscrète? et me siérait-il d'être, à mon âge, assez hardie pour juger mes pareilles et pour les censurer? Je vous sais bon gré, me dit-il, de cette réserve timide; mais n'osez-vous pas quelquefois vous dire en secret à vous-même ce que vous avez observé du caractère de vos amies? Eh bien, en me parlant, croyez que vous ne parlez qu'à vous-même : votre secret sera tout aussi bien gardé. Rien ne me flattait plus que cette confiance, si elle devenait mutuelle, et je ne demandais pas mieux que d'en faire les premiers frais.

Je parcourus donc avec lui le cercle des jeunes personnes qu'il voyait chez madame d'Olme, et j'essayai de les lui peindre au naturel : dans l'une, la bonté, la complaisance, la candeur; mais la mollesse et l'indolence; dans l'autre, la vivacité de l'esprit et du caractère, mais des caprices, de l'humeur, un air trop résolu, un ton trop décidé, et quelquefois dans ses saillies un peu d'étourderie et de légèreté; dans celle-ci, de la sagesse, mais de la dissimulation, une volonté froide qui ne cédait jamais, et une estime d'elle-même qui, quelquefois, allait pour nous jusqu'au dédain; dans celle-là, un cœur délicat et sensible, ouvert à l'amitié, plein de chaleur et de franchise, mais jaloux, inquiet et facile à blesser; enfin, dans toutes, un mélange de qualités que la nature semblait avoir associées, comme l'ombre avec la lumière, afin qu'il n'y eût rien de parfait.

Et savez-vous d'où vient ce mélange qui vous étonne? C'est, me dit-il, qu'en nous le principe et le germe du bien et du mal sont les mêmes. Rien qui s'allie plus naturellement que la bonté et la faiblesse, que la candeur et l'imprudence, que l'envie et l'émulation. Dans une ame sensible, tout peut être excellent, tout peut devenir détestable; et selon la culture, les mêmes qualités tantôt dégénèrent en vices, tantôt fleurissent en vertus. C'est cette affinité des vertus et des vices qui, dans l'étude de nous-mêmes, doit sans cesse nous alarmer. Ce sont les passions analogues à notre caractère, et, pour ainsi dire, voisines de notre cœur, qui sont pour nous à craindre; et l'inquiète vigilance du Hollandais qui travaille à ses digues est un apologue pour nous. Combien même est souvent fragile et mince la digue qui protége l'innocence et l'honnêteté! Combien peu il s'en est fallu quelquefois qu'un homme de bien n'ait été méchant et coupable, ou qu'une femme que l'estime et la vénération publique environnent dans sa vieillesse, n'ait été livrée au mépris! Ah! défiez-vous, croyez-moi, des plus beaux dons de la nature; et à côté des qualités aimables dont elle vous aura douée, regardez bien à celles qui les touchent de près : ce sont des serpents sous des fleurs.

Oui, j'y regarderai, lui dis-je, et j'espère bien que ma mère et mes amis, si je puis en avoir de sages, y regarderont avec moi.

Ici ma mère interrompit le tête-à-tête; et moi, recueillie en moi-même, je commençai mon examen. Plus je m'étudiai, plus j'appris à me craindre. Ah! disais-je, il a bien raison, le naturel le plus heureux a ses écueils ; la route du devoir est un sentier étroit, glissant, bordé de précipices, où l'on ne doit marcher à mon âge qu'à pas tremblants. Dès-lors je fus en défiance, et des louanges qu'on me donnait, et de l'opinion que j'avais de moi-même, me gardant de mon amour-propre comme d'un flatteur dangereux ; et ma mère, qui s'aperçut de l'air sérieux et réfléchi que j'avais avec mes compagnes, y reconnut le fruit de cette première leçon.

La seconde roula sur un objet moins sérieux. Si vous n'aviez, lui demandais-je, qu'un conseil à donner à une personne de mon âge, que lui recommanderiez-vous? — De savoir s'occuper, me dit-il; car l'oisiveté et l'ennui de soi-même est de tous les périls le plus redoutable pour elle. Il est un temps, lui dis-je, où une femme est assez occupée de ses devoirs pour n'avoir pas à craindre d'être oisive ; tous ses moments sont bien remplis. Mais pour moi, par exemple, pour celles de mon âge, il est des heures qui seraient vides, si on ne les employait pas à se donner quelques talents, et j'ai cru remarquer que ces talents frivoles n'avaient pas votre estime. Vous n'aimez pas la danse, vous faites peu cas du chant.

J'aime la danse, me dit-il, mais au village et sous l'ormeau; c'est là qu'elle est l'expression d'une gaieté simple et naïve. Je l'aime aussi sur un théâtre, où elle varie avec art les mouvements, les attitudes, les caractères de la beauté: c'est une peinture vivante, c'est une sculpture animée : le Gladiateur, le Faune antique, ne me font pas plus de plaisir que les *Vestris* ; je crois voir dans *Guimard* la Galathée de la fable, et la Diane dans *Hénel*. Mais au bal et dans les personnes de votre état et de votre âge, la danse me semble aujourd'hui trop artificielle et trop étudiée; elle ne dissimule pas assez les leçons qu'elle a prises; son élégance la dépare, sa régularité gâte le caractère d'ingénuité, de candeur qu'on aime à vous attribuer; et lorsqu'une fille bien née est parvenue à si bien danser, elle fait dire d'elle qu'elle danse trop bien. J'aimerais qu'on dansât pour son amusement, sans penser que l'on eût ni des témoins, ni des rivales. Je veux bien cependant que l'art se mêle un peu de régler les pas, le maintien, les mouvements de son élève, mais jamais au-delà des simples bienséances; car l'épithète la plus juste qu'on ait donnée aux grâces est celle de *décentes*; et tout ce qui me rappelle les nymphes plutôt que les grâces, ne me semble pas digne de votre émulation. D'ailleurs la danse n'a qu'un temps très-fugitif; vous ne danserez plus dès que vous serez mère; et les agréments que j'estime sont ceux qu'on peut encore avoir en vieillissant.

Dès ce moment, vous pensez bien que je me proposai de négliger la danse.

Et le chant, lui demandai-je avec un peu d'émotion? Le chant, dit-il, est donné par la nature à l'homme, comme à l'oiseau, pour réjouir les ennuis de sa solitude, et plus encore pour adoucir et pour égayer ses travaux : aussi ai-je un plaisir sensible à entendre le laboureur chanter en creusant son sillon, ou le pasteur en gardant son troupeau, ou le bûcheron dans la forêt sur la vieille cime d'un chêne, ou les villageoises filant ensemble à la veillée du hameau; ou les artisans, dont les voix, en cadence et à l'unisson, font retentir leur atelier.

Dans ces chants inspirés par la seule nature, je reconnais, sinon le signe de la joie, au moins l'oubli des peines ou leur soulagement. Mais dans vos concerts, où l'on chante pour faire briller une voix que l'art souvent a eu bien de la peine à rendre docile et flexible, ce chant qui flatte mon oreille, ne va point à mon ame : la joie et la douleur, tout y est feint; je n'y vois que l'art. Je sais bien qu'il est ravissant pour des oreilles plus sensibles; qu'il donne à la beauté un charme inexprimable, qu'il embellit la laideur même; on le dit, je le crois. Mais ce n'est qu'au théâtre que j'aime à le voir applaudi.

C'est donc pour nous, lui dis-je, un temps perdu, que d'avoir formé notre oreille et perfectionné notre voix? Non, me dit-il; dans la retraite, et parmi les travaux qui conviennent à vos pareilles, un beau chant peut trouver sa place : il est délicieux dans un cercle d'amis, ou dans un souper de famille; et rien n'est si touchant que la voix d'une mère qui concerte avec ses enfants. Mais ce chant, je le veux facile et naturel, sans appareil et sans spectacle. En général les talents solitaires, les talents de Minerve sont ceux que je chéris.

Si je vous entends bien, lui dis-je, les talents de Minerve sont le fuseau, l'aiguille, le rouet, la navette; tout cela est bien mécanique! Ajoutez, me dit-il, le crayon, le pinceau, le don de bien penser, celui d'exprimer sa pensée avec un naturel aimable; n'en est-ce point assez pour occuper d'heureux loisirs.

Ici, lui dis-je, vous me semblez introduire les muses dans la cour de Minerve. Oui, me dit-il, comme j'y admets les grâces, et même les plaisirs lorsqu'ils sont innocents. Je ne reproche aux muses que d'être vaines et bruyantes, souvent évaporées, un peu trop libres quelquefois; et pour le sexe dont la pudeur est la qualité distinctive, je les veux chastes et modestes : c'est ainsi que Minerve aime à les rassembler. On les voit autour d'elle décemment occupées à cultiver dans leurs élèves l'intelligence naturelle; à leur former l'esprit, la raison et le goût; à développer leurs idées, à les étendre, à les classer, à y répandre la lumière; à leur enrichir la mémoire d'une instruction saine et solide; à perfectionner en elles le sentiment du beau moral, soit en frappant leur imagination des peintures de la vertu, de la bonté, de l'innocence, soit en exerçant dans leur ame ce précieux instinct de sensibilité que la nature a mis en nous. Mais ni dans ses études, ni dans ses productions, l'école de Minerve ne se donne en spectacle; et c'est en quoi elle diffère de celle d'Apollon, qui cherche l'éclat et le bruit.

Ainsi, lui dis-je, vous reléguez tous nos talents dans la retraite; et ceux qui dans le monde peuvent donner encore un nouveau lustre à la beauté, ou suppléer à la beauté même, vous y attachez peu de prix. Cependant on les compte parmi les dons de plaire. De plaire! A qui, reprit Alcime? aux passants? Ah! croyez, Delphine, qu'en applaudissant celle qui charme tout le monde, plus d'un se dit: Ce n'est pas elle qui daignerait me rendre heureux; ce ne serait ni de son ménage, ni de moi, ni de ses enfants qu'elle daignerait s'occuper. A ce propos, je me rappelle un Anglais, qui, en voyant l'une de nos Françaises, bien vive, bien brillante, bien

amusante dans un souper : « Il n'y a rien de
« plus joli, dit-il ; mais à la maison, que fait-on
« de cela ? » — A la maison, mademoiselle, c'est
la sagesse de l'esprit, l'égalité du caractère : ce
sont des mœurs et des goûts simples, des talents
cultivés sans ostentation, des agréments sans vanité,
qu'on veut trouver dans sa compagne ; car
on ne la prend que pour soi.

Quelques visites que reçut ma mère interrompirent
cet entretien ; mais la leçon avait été bonne,
et je n'en perdis pas un mot. Je voyais clairement
que rien d'ambitieux ne serait de son goût.
Je n'en fus point surprise : lui-même il était si
modeste ! et sans regret je renonçai à tout ce
qu'on appelle des succès dans le monde. Mais je
crus voir aussi que pour vivre à son gré, je devais
vivre uniquement pour lui, dans son intérieur
domestique. Je me consultai sur ce point,
et je n'eus pas même besoin de courage pour m'y
résoudre.

J'ai réfléchi, lui dis-je, quand je me retrouvai
seule avec lui, j'ai réfléchi au plan de vie que
doit, selon vous, se tracer une femme honnête
et raisonnable, c'est celui d'une vie obscure et
sédentaire dans l'intérieur de sa maison.

Vous êtes, me dit-il en souriant, plus sévère
que moi ; et pour vous et pour vos pareilles, je
vous demande plus d'indulgence. « A quoi faire,
« nous dit Montaigne, ces pointes élevées de la
« philosophie, sur lesquelles aucun être humain

« ne peut s'asseoir, et ces règles qui excèdent
« notre usage et nos forces? » Je pense comme
lui, qu'il faut que la vertu se mesure à notre
faiblesse. Je ne dirai donc point à une honnête
femme de s'enfermer dans sa maison, de renoncer au monde, ni de se refuser aux amusements
de son âge, pour se livrer à ses devoirs sans aucune dissipation; car la solitude, à la longue,
serait triste et pénible, et le devoir lui-même,
sans détention et sans mélange, finirait par être
ennuyeux. Mais je lui dirai qu'une vie habituellement retirée est celle que lui destine la nature, et par conséquent celle qu'il s'agit d'embellir; que le devoir a des intervalles, et qu'il
veut des délassements; mais que soi-même avec
soi-même, il faut savoir remplir ces vides sans
dégoût, sans ennui, sans besoin de se dissiper,
et de se répandre au-dehors; que le désœuvrement a perdu plus de femmes qu'aucun des vices
qu'on leur impute; que celle qui chez elle ne
sait jamais que faire, est bien souvent tentée
d'aller mal faire ailleurs; que même la plus vertueuse, en se prodiguant, se dégrade; que dans
le monde, ce qu'il a de plus estimable et de
meilleur en soi, n'a son prix qu'autant qu'il est
rare, et que rien de vulgaire n'est long-temps
estimé. Il semble, ajoutait-il, que l'innocence soit
ternie des regards de la multitude; et la beauté
qui va se produisant de cercle en cercle, de spectacle en spectacle, a je ne sais quel air de s'éta-

ler qui fait rougir. En un mot, soyez sûre, me répétait le sage, qu'on cesse de considérer une femme qu'on voit par-tout; que si elle efface ses pareilles, sa poursuite les importune; que si elle ne fait pas envie, elle fera bientôt pitié; et qu'après avoir fatigué le monde de sa présence, elle sera forcée d'aller vieillir dans l'abandon.

Voilà, lui dis-je, des peines bien cruelles pour le tort innocent de ne savoir rester chez soi.

Que ne puis-je, reprit Alcime, vous expliquer tous les malheurs que ce malheur entraîne! Observez seulement qu'une femme ennuyée se voit sans cesse à la merci d'une société sans laquelle elle ne peut vivre. Dans le monde, les complaisantes et les complaisants assidus ne sont pas, entre nous soit dit, ce qu'il y a de plus estimable; il faut pourtant qu'elle s'en accommode, car elle n'a point à choisir; et voyez dans ces liaisons ce qu'elle devient elle-même, combien elle dépend, combien elle est esclave de tout ce qu'a besoin d'assembler autour d'elle son inquiète oisiveté.

Voyez au contraire une femme dont les loisirs sont variés et agréablement remplis par des occupations et des goûts solitaires; comme elle est libre, indépendante, et comme, après ses devoirs satisfaits, elle jouit avec délices de ses talents, de ses études et des arts qu'elle a cultivés. Le paysage qu'elle dessine, le vallon qu'elle ombrage de ses crayons, le ruisseau qu'elle y fait couler, lui retracent les beautés simples, les voluptés de la nature. La fleur, que son aiguille colore et fait fleurir, s'embellit sous ses yeux, comme la fleur des champs sous les yeux de l'aurore, et son ame séduite croit en respirer le parfum. Tout ce que l'esprit et le goût, tout ce que le brillant génie des poëtes, tout ce que l'ame des orateurs, tout ce que les études et la raison des sages, ont répandu d'intéressant dans les livres qui l'environnent, est à sa jouissance; elle n'a qu'à choisir: complaisants sans être importuns, ils arrivent à la minute; ils s'éloignent de même dès que l'on n'en veut plus, en attendant qu'on les rappelle; enfin des plaisirs de la vie, ce sont les seuls qui s'accommodent à la diversité des goûts. Une ame indolente s'y laisse aller comme au courant paisible d'une onde mollement errante à travers de belles campagnes; une ame vive y trouve une variété, une mobilité d'images, une affluence de sentiments qui exercent son activité; la mélancolie s'y nourrit de douces rêveries et de tendres réflexions; la gaieté y jouit de ses propres saillies, et sourit elle-même aux tableaux qu'elle a peints; chacun s'y choisit à son gré une société d'amis et un cercle d'amusements. Jamais aucun palais magique n'a réuni autant de charmes que ce cabinet enchanté, où l'élite de tous les âges et de toutes les nations, les favoris de la nature, les plus grands maîtres dans l'art de plaire et d'émouvoir, de penser et d'instruire, semblent se disputer, s'envier les regards d'une femme qui aime l'étude, et qui donne à ce plaisir pur les intervalles de ses devoirs.

C'est elle qu'on désirera et qu'on chérira dans le monde; elle y paraîtra rarement, mais la considération la plus flatteuse l'y attendra; les hommages du culte iront au-devant d'elle. Sa modestie aura beau voiler la lumière dont son esprit se sera pénétré, les couleurs dont il sera teint, et toutes les richesses qu'il aura recueillies; aux grâces de son naturel se mêleront à son insu les fruits d'une heureuse culture. Mais ni ses succès dans le monde, ni les amusements qu'elle y aura trouvés, ne l'auront rendue insensible aux délices de sa retraite. Si elle se forme à elle-même une société, ce sera une estime éclairée et sévère qui prendra soin de la choisir. L'amitié, ce bien précieux et si doux pour les ames pures, en assortira les liens; et l'accord des esprits, des goûts, des caractères, la confiance mutuelle que s'inspirent les gens de bien, en feront l'attrait et le charme. Les hommes les mieux renommés, les femmes les plus vertueuses, tout ce que les mœurs et le goût, la raison, l'esprit, la sagesse, ont de plus épuré, briguera l'honneur d'y être admis; et dans le choix elle n'aura que l'embarras du nombre et de l'empressement.

Vous concevez qu'après ce nouvel entretien, j'eus grande envie de devenir celle qu'il venait de me peindre.

Je priai ma mère de me donner un maître de dessin à la place de mon maître de danse, de me permettre de passer avec une brodeuse habile le temps que je passais avec mon maître de musique; et lorsqu'elle me demanda raison de ce changement dans mes goûts : Ceux-ci, lui dis-je, n'ont pas besoin d'admirateurs; on peut les cultiver pour soi, on peut les aimer pour eux-mêmes; et aussi simples que durables, on peut dans tous les temps en jouir seule à peu de frais.

Ma mère voulut bien permettre qu'Alcime composât pour moi un cabinet de livres à son gré et à mon usage. Le choix en fut exquis; et dès que j'eus goûté les charmes de l'étude, je fus certaine que de ma vie je ne serais accessible à l'ennui.

Mes lectures furent pour nous une source abondante d'entretiens variés, mais tous dirigés vers mon but, c'est-à-dire aux moyens les plus sûrs de lui plaire et de me rendre tous les jours plus intéressante à ses yeux.

Je voulus savoir quelle était dans une jeune femme la qualité qu'il estimait le plus. La modestie, me dit-il; car il n'est point de caractère que cette vertu n'embellisse, ni de défaut qu'elle n'efface ou qu'elle ne fasse oublier. Dans une reine, elle donne une grâce infinie à la majesté; dans une bergère, elle pare et ennoblit la rusticité même; elle apprivoise et adoucit l'envie que blesserait l'éclat des talents ou de la beauté ; elle désarme la malice ; et lors même qu'elle se montre seule et dénuée des agréments de l'esprit et de la figure, elle se fait encore aimer.

Ah! son éloge est dans mon cœur, lui dis-je, et ce sont là pour moi des vérités de sentiment.

L'attrait, ajouta-t-il, en est si bien connu, que le vice lui-même, quand il veut nous séduire, n'a pas de plus doux artifice ; et plus adroit que la vertu, souvent il sait mieux qu'elle paraître modeste et craintif. Souvenez-vous, mademoiselle, qu'une femme renonce aux avantages de son sexe, lorsqu'elle perd le caractère d'une timidité touchante. L'empire de la force que la nature a donné à l'homme ne peut se balancer que par celui de la douceur. De quoi vous servirait la supériorité de la raison, de la sagesse, si elle n'était pas attrayante? Et sans le charme que lui prêtent un esprit liant et facile, une tendre et timide voix, un œil encore plus éloquent, quel serait son pouvoir? L'homme est orgueilleux et farouche : c'est un lion que la nature vous donne à dompter, à réduire, à rendre enfin docile et doux ; c'est à vous de l'apprivoiser.

J'entends mes compagnes, lui dis-je, s'avertir de ne pas laisser prendre aux hommes trop d'ascendant. Il est, me répondit Alcime, un ascendant que laisse prendre la faiblesse, et c'est celui dont les hommes abusent. Il en est un que la modestie paraît céder sans résistance, mais qu'elle est sûre d'obtenir et de garder à notre insu, en n'exerçant sur nos esprits d'autre pouvoir que celui d'une raison sage, armée de douceur, de complaisance et de bonté. C'est en ne combattant jamais qu'elle triomphe; elle règne en obéissant.

Je ne vous donne là, mon ami, qu'une faible idée des entretiens qui, sous les yeux d'une mère attentive, se passaient entre lui et moi.

La plus galante des coquettes n'est pas plus empressée à faire devant son miroir l'essai des parures nouvelles qu'elle vient de choisir, que je l'étais moi-même à faire sur mon ame l'essai des conseils vertueux que je venais de recevoir; et je n'étais contente que lorsque mes pensées, mes goûts, mes sentiments s'accordaient avec ses leçons.

Il disait que de bonnes mœurs ne pouvaient être que des mœurs simples; que le bonheur vivait de peu; qu'il ne se conservait pur, et sain, et durable que par cette frugalité dans nos goûts et dans nos désirs; qu'il fallait de bonne heure couper racine aux vices dont le luxe était l'aliment, et qui tous avaient pour principe la mollesse ou la vanité; qu'aucun d'eux n'étant naturel, aucun, dans sa naissance, n'était incorrigible; que s'ils le devenaient, c'était en vieillissant; que les caprices n'étaient le plus souvent qu'un reste d'enfance gâtée; que les fantaisies étaient la maladie d'une ame oisive et d'une tête vide; que la femme qu'elle attaquait, sans cesse tourmentée de besoins renaissants, avait le sort des Danaïdes ; que la mode était, dans le monde, une puissance irrésistible et à laquelle il fallait obéir, mais avec cette condescendance involontaire et retenue qu'on a pour une folle dont on est dépendante et qu'on n'ose contrarier. Il disait que dans une femme l'ostentation des richesses, le goût de la dépense, la prodigalité, n'avait sur l'avarice que l'avantage de répandre ce qu'on n'aurait pas su donner ; qu'il n'y avait point de superflu dans les mains de la bienfaisance ; et que, pour un cœur généreux, jamais l'économie n'épargnerait assez pour suffire à tous ses besoins. Il disait qu'il fallait savoir éviter les mauvais exemples sans faire semblant de les fuir ; que l'indulgence, qui était la sœur et la compagne de la bonté, devait aussi toujours être à côté de la sagesse ; que le sourcil de la colère ou de l'orgueil enlaidissait la beauté même ; que le dédain n'était qu'une arme de parade, trop fragile pour la faiblesse, inutile pour la vertu ; que le faste de la fierté était en nous ce qu'était dans les hommes la jactance de la bravoure, que l'assurance avait plutôt l'air d'appeler le péril que de le mépriser ; que la hauteur qui commandait la déférence et le respect était souvent mal obéie ; que la hardiesse en défiant le blâme ne faisait que le provoquer ; qu'une dignité simple et naturelle était la reine des bienséances, et celle à qui jamais personne ne se permettait de manquer; enfin que le vrai signe d'une vertu paisible et sûre d'elle-même était l'égalité d'une humeur douce et calme, et la candeur d'un front serein.

Quelquefois il me parlait aussi des devoirs d'une épouse et de ceux d'une mère; c'était alors que mon cœur palpitait de la plus douce émotion.

L'amitié, disait-il, bien plus et bien mieux que l'amour, fait le lien d'un bon ménage; un feu que la jeunesse et la beauté auraient allumé seules ne tarderait pas à s'éteindre, si une amitié pure et sainte n'avait soin de l'entretenir; elle en prolongera le charme, et le remplacera lorsqu'il en sera temps.

L'art de rendre l'intérieur de sa maison riant et attirant pour son mari, sera, poursuivait-il, le grand art d'une femme; ses soins, ses complaisances, tout le liant de son esprit, toute la bonté, la gaieté, l'aménité de son caractère, tous les secours qu'elle peut tirer du commerce de l'amitié, toutes les jouissances qu'elle peut réunir dans le cercle de ses amis, pour y retenir son époux et l'accoutumer à s'y plaire, doivent se diriger vers ce but important. Mais le succès, pour en être assuré, demande une constance rare.

Il observait que chez les anciens, dans le temple de l'Hyménée, on n'exposait pas seulement l'image de Vénus; qu'on l'y représentait accompagnée des Muses, environnée des Grâces, surtout ayant à côté d'elle la déesse *Persuasion;* car, disait-on, les Muses ont le don d'accorder les esprits des jeunes époux, comme elles accordent la lyre; les Grâces sont conciliantes; et c'est par la douceur et le charme de la parole que deux cœurs s'attirant l'un l'autre, s'accoutument et se complaisent à n'avoir qu'une volonté.

Alcime aurait voulu que le nouvel époux prît soin d'environner sa femme de bonnes mœurs, de bons exemples et de saines instructions, comme on voit, disait-il, celui qui élève des abeilles rassembler autour de leurs ruches et sur les bords d'un clair ruisseau, les plantes, les arbustes, les arbres à fleurs les plus propres à leur offrir des sucs d'une saveur exquise et d'un parfum délicieux. Mais si l'époux y manque, la femme y doit pourvoir. La société, ajoutait-il, la plus désirable pour elle ne sera point celle des hommes; car les hommes, quoi qu'ils en disent, sont rarement pour une jeune femme des amis désintéressés; et quand même leurs intentions, leurs affections seraient pures, leurs mœurs et leurs maximes ne le sont pas toujours. Je ne l'invite pas non plus à se lier étroitement avec de jeunes femmes; car elles sont comme elle dans l'âge des épreuves; et des liaisons trop intimes la rendant responsable des torts de ses amies, sa propre réputation aurait des risques à courir. D'ailleurs, malgré ces airs de tendresse exaltée, qui sont aujourd'hui à la mode, et qui donnent des scènes de sensibilité, les jalousies de toute espèce sont si communes parmi les jeunes femmes, qu'une amitié inaltérable entre elles est un phénomène trop rare, trop merveilleux pour y compter. C'est donc parmi les femmes sur le déclin des ans et dont la jeunesse innocente a fait honorer la vieillesse, que je l'invite à choisir des amies dont les mœurs communiqueront leur caractère à sa société, leur dignité à sa maison, leur considération à son âge. On la jugera d'après elles; et pour décider l'opinion publique en sa faveur, leur témoignage respecté devancera celui des ans. Le ton donné par leur sagesse sera, chez elle une loi de décence, et il en bannira tous ces airs libres et négligés qui s'introduisent dans le monde, et qu'on y reçoit, disait-il, avec trop d'indulgence et de facilité. Enfin elles lui sauront gré de ses empressements et de ses préférences; et leur amour-propre n'ayant plus rien à démêler avec le sien, son amitié sera payée d'un sincère et tendre retour.

L'écueil qu'il redoutait le plus pour une jeune femme, c'étaient les torts, les vices et les travers de son époux. Rien de plus séduisant et de plus dangereux, disait-il, que l'exemple d'un mari qui enseigne à sa femme le luxe, la dissipation, la mollesse, la volupté. Un âge imprudent et facile, enclin par la nature à l'imitation, le sera plus encore par la complaisance et l'amour; et je regarde comme un prodige la jeune femme qui résiste aux séductions d'un époux vicieux, s'il en est aimé. C'est là cependant le triomphe qu'elle doit remporter et sur lui et sur elle-même. Se conserver modeste et réservée, avec un mari libertin; opposer sans affectation le goût de la retraite et de l'économie à celui des plaisirs bruyants et ruineux; être occupée de ses devoirs à côté de celui qui néglige les siens; le rendre bon et vertueux s'il est possible; au moins ne lui laisser aucune excuse s'il ne l'est pas; ce sont là ses devoirs; et ils portent leur récompense; car sa plus douce consolation des torts de son mari sera d'en être elle-même innocente, et d'avoir mis toute son étude, tous ses soins à l'en corriger.

Cependant qu'elle prenne garde à ne pas trop l'humilier; les blessures de l'amour-propre sont difficiles à guérir; j'en ai même vu d'incurables. S'il est jaloux naturellement et vaguement, c'est un mal dont il faut le plaindre et auquel il faut compatir. S'il est jaloux d'un seul objet, s'il l'est long-temps et sans remède, ce sera le tort de sa femme. Il l'offense, il est vrai; ses soupçons, ses alarmes sont pour elle une injure; eh bien, qu'elle s'en venge, comme il est beau de s'en venger, en lui prouvant qu'il est injuste. N'est-ce pas un triomphe qu'un jaloux confondu? Si, pour ne pas le rassurer, on cherche des excuses, je n'en reçois aucune; l'estime d'un mari, le repos domestique, sont des biens que pour rien au monde il ne faut laisser en péril.

Mais elle-même, si elle est jalouse, et si elle l'est avec raison? Ah! c'est alors qu'elle a besoin de toute sa constance et de tout son courage. Si son amour outragé s'irrite, si elle s'abandonne à ses ressentiments, si le reproche amer ou si le noir dépit empoisonne ses plaintes et se mêle à ses larmes, tout est désespéré. Les Grecs, lorsqu'ils sacrifiaient à Junon nuptiale, ôtaient-le fiel de la victime. C'est sur-tout à la jeune épouse que s'adresse cette leçon : « Qu'une femme, disait
« un sage, dans le moment que la colère la do-
« mine et la défigure, se regarde dans son mi-
« roir, et qu'elle voie si ce n'est pas ainsi que
« sa rivale doit désirer qu'elle se montre à son
« époux. » Oui, croyez-moi, soit pour gagner un cœur, soit pour le retenir, soit pour le ramener, douceur, indulgence et vertu, voilà vos forces véritables. La fable d'*Apollon et Borée* est faite pour vous.

J'écoutais tout cela sans trouble et sans effroi, bien sûre que jamais mon cœur ne serait mis à de telles épreuves.

Il se reprocha cependant l'austérité de ses leçons; et avec un regard charmant par sa douceur: Je vous prêche là, me dit-il, une morale bien sévère! Oh non! lui répondis-je, aucun de ces devoirs ne m'épouvante. J'y vois la gloire d'une femme, et, sinon son bonheur, au moins des adoucissements pour l'amertume de ses peines. Mais ajoutai-je en soupirant, j'espère que mon cœur n'aura point à subir de si rudes épreuves. Non, me dit-il, j'ose répondre que vous n'aurez jamais que des devoirs doux à remplir.

Il en vint à ceux d'une mère; et que ne puis-je vous exprimer avec quelle délicatesse et quelle effusion de sensibilité il m'en fit l'aimable peinture! Il n'en omit aucun; mais le point sur lequel il insista le plus, ce fut sur le précepte du respect que l'on doit à la présence des enfants.

On sait, dit-il, que le plus bel empire et le plus glorieux, comme le plus pénible, c'est de se posséder soi-même, et de savoir se modérer. Cette domination habituelle sur les mouvements de notre ame est le principe de toutes les vertus : elle est la sauve-garde des bonnes mœurs, des bienséances, du repos domestique; elle est la sûreté de l'homme avec lui-même, et des hommes ensemble. Mais dans aucune situation de la vie elle n'est plus indispensable que dans celle des pères et des mères environnés de leurs enfants. Rien de leur exemple n'échappe, ni à l'observation, ni à l'imitation de cette enfance curieuse et docile, de cette adolescence vive et déja susceptible de durables impressions; et autant l'exemple du bien leur sera salutaire, autant et plus celui du mal leur sera-t-il pernicieux; car il n'aura ni correctif, ni préservatif, ni remède; l'autorité l'imprime, l'habitude l'approfondit, le respect même le consacre; et ni autour d'eux, ni en eux-mêmes, aucune voix ne s'élève pour le blâmer.

Mais je m'aperçois, mon ami, reprit madame de Néray, que mon histoire se prolonge; et vous devez être impatient d'apprendre quel en sera le dénouement. Pardon. Jamais on ne craint d'ennuyer en faisant parler un Alcime; mais à-présent que c'est moi qui parle, je vais abréger mon récit.

Après qu'Alcime eut employé deux ans, continua madame de Néray, à me former le caractère; et lorsque me croyant moi-même telle à-peu-près qu'il semblait vouloir que fût sa femme, je n'attendais que le moment où il demanderait ma main; je vis paraître, sous ses auspices, au dîner de madame d'Olme, et bientôt après chez ma mère, un certain M. de Néray, tout brillant de jeunesse, d'esprit et d'agrément, qu'Alcime introduisait, disait-on, dans le monde, et dont il ne parlait qu'avec estime et complaisance, comme espérant de lui tout le bien qu'à son âge pouvaient promettre un cœur droit et sensible, un esprit sage et doux, et sur-tout d'excellentes mœurs.

Tout ce que j'avais lu, tout ce que j'avais entendu dire, tout ce que je savais ou croyais savoir de l'amour, s'accordait à me persuader que c'était de l'amour que j'avais pour Alcime. Je ne brûlais pas comme Sapho; je ne frissonnais pas comme elle; je ne sentais pas ma voix s'éteindre, mes genoux défaillir, mes oreilles tinter, et un feu rapide courir dans mes veines en le voyant;

je n'étais point Sapho; et je n'aurais point fait le saut de Leucade comme elle; mais sans me croire aussi sensible, je me flattais d'aimer Alcime autant que je pouvais aimer. J'étais charmée de sa figure, enchantée de son langage, idolâtre de ses vertus; nul mortel, à ma connaissance, ne me semblait comparable à lui pour l'excellence du caractère, ni pour l'agrément de l'esprit; auprès de lui je ne désirais rien au monde, et par-tout où il n'était pas, il manquait à mes yeux, il manquait à mon cœur; ses entretiens étaient pour moi une source intarissable de délices; je ne m'en rassasiais point; je me les rappelais sans cesse; j'y trouvais tous les jours de nouvelles douceurs. On a, ce semble, quelque raison de se croire amoureuse lorsqu'on en est là; point du tout: Alcime savait mieux que moi ce qui se passait dans mon ame; et bientôt ma mère elle-même vit sa prédiction s'accomplir.

Il est vrai qu'on semblait s'entendre pour faire valoir à mes yeux tout le mérite du jeune homme. Chacun lui faisait à l'envi l'accueil le plus flatteur; et Alcime ne manquait pas de faire naître ou de saisir l'occasion de le mettre en scène.

D'abord il parla peu, mais bien. Ensuite il se laissa insensiblement engager à développer davantage ses sentiments et ses idées; et sur l'article de la jeunesse de ce temps-là, il dit modestement, mais ingénument son avis, en avouant que dans la licence, la mollesse, l'oisiveté où ses pareils passaient leurs plus belles années dans la vanité de leur luxe, dans l'avilissement de leur galanterie, dans la bassesse de leurs goûts et de leurs inclinations, il avait peine à reconnaître le caractère mâle et noble de leurs pères, et qu'il ne voyait plus en eux que des hommes dégénérés.

La sagesse de ses propos, la bienséance de son maintien, le naturel de ses manières, la grâce et la facilité de son langage, l'air dont il l'animait attira mon attention, mais sans me distraire d'Alcime. Seulement dans Néray je crus entendre son disciple. Ce jeune homme, disais-je, a le même bonheur que moi; nous sommes à la même école. Ce fut d'abord entre lui et moi une espèce d'affinité.

Je le revis; et ce jour-là, tandis qu'il exprimait avec vivacité combien il était fier et glorieux de l'amitié dont l'honorait Alcime, l'un de mes regards, en passant, ayant effleuré sa figure, je lui trouvai de la ressemblance avec l'image que, dans ma fantaisie, je me faisais d'Alcibiade. Oui, me dis-je, à moi-même, mais mon Socrate est beau, plus beau même que son disciple. Je me souviens que je fus fort contente de lui avoir donné l'avantage; et pour le lui assurer mieux, je les regardai tour-à-tour. En effet, Néray me parut avoir les traits moins réguliers; et quoique plus jeune et plus vif, cette mobilité de physionomie, cette fraîcheur de teint, ce feu dans le regard, ne m'éblouirent pas assez pour ne pas voir qu'Alcime eût été pour un peintre un beaucoup plus parfait modèle. Néray avait bien dans la taille plus de souplesse et d'élégance; mais Alcime avait plus de dignité dans le maintien. Dans l'un, je ne voyais qu'un simple mortel; et dans l'autre, je croyais voir un dieu. Cette comparaison du dieu et du mortel me semblait si prodigieusement décisive en faveur d'Alcime, que dans ma solitude je ne cessais d'y réfléchir; et ces deux images sans cesse retracées à mon esprit devinrent presque l'unique objet de mes rêveries mélancoliques, car dès-lors je fus triste sans soupçonner pourquoi.

Moi, qui ne m'impatiente guère, je ne pus sans dépit entendre mes compagnes préférer l'élégance, la grâce de Néray à la beauté d'Alcime. Je leur soutins que l'un n'était que du joli moderne, et que l'autre était du bel antique. Mais elles se moquèrent de moi et de l'antiquité, et il n'y en eût pas une à qui l'agrément ne parût préférable à la perfection. Du côté de l'esprit, elles convinrent toutes qu'Alcime était plus raisonnable, mais je vis clairement que la raison était ce qui les séduisait le moins; et parmi elles, ce fut à qui m'abandonnerait mon Alcime, et à qui me disputerait les attentions de Néray. Je crus les leur céder sans regret et sans jalousie; et en songeant avec pitié à la frivolité de ce goût de leur âge : Les voilà, dis-je, toutes éprises de ce jeune arrivant; voyons laquelle aura le bonheur de lui plaire, et s'enorgueillira de la belle conquête où chacune aspire en secret.

Cette curiosité me prit si vivement, et fut bientôt si inquiète, que nulle autre pensée ne pouvait m'en distraire. Quand nous étions ensemble, et Néray avec nous, j'observais tout du coin de l'œil. Comme il était d'une politesse excessive, il ne négligeait rien, il n'oubliait personne; et chacune à son tour obtenait de lui la faveur d'un regard obligeant, ou d'un mot agréable. J'avais mon tour aussi; et je trouvais plaisante l'illusion que j'étais tentée de me faire à moi-même; car il me semblait que ses yeux et le son de sa voix avaient, en s'adressant à moi, quelque chose de singulier qui me distinguait de la foule. Pour détromper mon amour-propre, j'observai le jeune homme avec plus d'attention; et cette singularité, que je n'avais d'abord que légèrement aperçue, prit à mes yeux le caractère d'une sensibilité discrète et réservée, qui semblait ne vouloir se déceler qu'à moi.

O ciel! combien nous sommes vaines, me disais-je avec confusion! me voilà presque intimement persuadée que ce serait à moi que Néray voudrait plaire. Eh bien, je gage que chacune de mes compagnes croit aussi, pour son compte, trouver dans l'accent de sa voix et dans le feu de ses regards la même expression de sensibilité. Heureusement j'ai le cœur épris d'un objet qui l'occupe seul, et qui n'y laisse aucune place. Ces demoiselles courent plus de danger que moi. Amélie est légère, elle lui échappera ; Rosalie est trop nonchalante pour s'en affecter vivement. Adélaïde est fière, et sera peu flattée d'un hommage si partagé ; mais Éléonore est sensible ; et quoiqu'elle n'ait pas fort appuyé sur son éloge, c'est elle qui a le plus rougi quand j'ai contrarié le bien qu'on en disait. Oh ! celle-là y sera prise ; et l'indolente Rosalie pourrait bien s'animer pour lui. Il est riche et bien né ; il n'est aucune d'elles qui ne fût très-flattée de l'avoir pour époux. Déja même peut-être a-t-on sur lui quelque dessein ; et sans cela, pourquoi Alcime l'aurait-il amené ? Oh ! oui, dans tout ceci je soupçonne quelque mystère. Surprise et impatientée de voir que ces idées m'obsédaient malgré moi : Eh que m'importe, dis-je en roulant ma tête sur mon chevet, qu'il épouse Amélie, Adélaïde, Éléonore ? Laissons-les s'envier son choix. Le mien n'est-il pas fait ? Je fus donc plus tranquille ; et j'appelai tant le sommeil qu'il vint et acheva de calmer mes esprits ; mais je ne sais quel songe les troubla de nouveau.

A mon réveil, je me trouvai chagrine. Je le fus tout le jour. Tout me contrariait. Mes crayons étaient mal taillés, ma main était mal assurée, mon *piano* me parut discord, je m'ennuyai à ma toilette, et aucun de mes livres favoris ne put m'amuser ; je les trouvai tous insipides. Alcime heureusement se présentait à ma pensée, mais il y revenait toujours accompagné de son disciple; et l'image de celui-ci était reçue avec humeur. Je critiquais tantôt l'élégance de sa parure, tantôt l'aisance de ses manières, tantôt cette coquetterie de ses yeux et de son langage qui cajolait toutes les femmes, et persuadait à chacune qu'elle était l'objet préféré. Enfin je me disais de lui tout le mal qu'il était possible. Mais cette censure elle-même ne faisait que me retracer plus distinctement son objet; et quand j'avais tout dit, je ne sais quel apologiste prenait en moi si vivement, si éloquemment sa défense, que souvent je restais muette et sans réplique, et d'autant plus mal à mon aise, que dans toute la société j'étais seule de mon avis ; tout le monde en disait du bien.

Cependant ce jour-là une de nos convives, madame Oran, femme sévère, osa dire, en parlant d'Alcime et de Néray, qu'on s'occupait trop du plus jeune; et que pour un objet agréable à la vérité, mais un peu vain, on en négligeait un bien plus intéressant, qui avait la modestie de lui céder la place.

Ma mère, à ce propos, répondit que chez elle personne n'effaçait Alcime. Et en effet, Néray lui-même était sans cesse à genoux devant lui, plein de respect pour ses vertus, de déférence pour ses lumières, et n'exprimant jamais que par un modeste silence la diversité d'opinion qui les divisait quelquefois. Je trouvai donc infiniment injuste la prud'hommie de madame Oran; et je me pris de dépit contre elle. Voilà donc, dis-je, comme je suis moi-même? Et que m'a-t-il fait ce jeune homme? Qu'a-t-il fait à cette pigrièche pour lui envier ses succès! Le voyons-nous s'en prévaloir? N'est-il pas toujours à sa place? N'a-t-il pas même, au lieu de vouloir se produire, le plus grand soin de s'effacer? Et s'il a naturellement dans l'esprit et dans la figure quelque chose de distingué qui lui attire l'attention, est-ce un tort à lui reprocher?

Ainsi, une injustice en corrigeant une autre, je me rangeai du parti du jeune homme; et je me sus bon gré de prendre pitié des absents.

Le jour suivant, nous fûmes invitées à dîner chez madame d'Olme; et j'appris qu'il devait y avoir un concert après le dîner. Je m'y rendis avec ma mère, bien résolue à ne m'occuper que de mon vertueux Alcime.

Placée à table à côté de lui, je ne parlai qu'à lui sans cesse, et pas un seul de mes regards ne disputa ceux de Néray à mes envieuses compagnes. Mais ni l'orgueil d'Adélaïde, ni l'émotion d'Éléonore, en lui parlant, ne m'échappait; et leur air de succès rembrunit ma gaieté. Je tombai dans la rêverie. Alcime m'y laissa plongée quelques moments; et puis, avec un air un peu malin, il me demanda où j'étais? Auprès de vous, lui répondis-je; et je ne serai jamais mieux. Alors il parla du concert, et il me demanda si je chanterais. — Non. — Pourquoi non? — Je ne chante plus que comme les oiseaux, pour égayer ma solitude.

En effet, lorsqu'on fut rangé autour du clavecin, je laissai mes compagnes s'emparer de la scène, et je me tins à côté de ma mère, ayant Alcime devant moi, afin de ne penser qu'à lui. Mais quand vint le moment où les belles mains d'Eléonore, voltigeant sur la harpe, semblaient donner une ame à ces cordes harmonieuses, et que parmi les applaudissements je distinguai ceux du jeune homme; lorsqu'un moment après, j'entendis éclater la voix d'Adélaïde, et que Néray, peut-être offensé de l'oubli où je l'avais laissé, parut se complaire à louer le beau chant qu'il venait d'entendre, j'éprouvai un saisissement que je n'avais jamais connu. C'était comme un glaçon dont le poids me pressait le cœur. Je me sentais pâlir, je respirais à peine, j'avais un voile sur les yeux. Honteuse d'éprouver ce mouvement d'envie, je voulus applaudir, il me fut impossible de joindre mes mains défaillantes. J'allais m'évanouir, lorsque madame d'Olme vint me presser de chanter à mon tour.

Je lui demandai grâce, en lui disant, d'une voix presque éteinte, que je ne chantais plus, et que depuis deux ans j'avais tout oublié. Mais les instances redoublèrent, et furent si pressantes de tous côtés, qu'Alcime et ma mère elle-même pensèrent qu'un refus plus obstiné serait désobligeant. Il fallut obéir. Je pris un livre de musique, et demandai quelques minutes pour aller en silence, dans le salon voisin, repasser l'air qu'il me fallait chanter. Ah! c'était à me ranimer et à reprendre mes esprits que ce temps m'était nécessaire; mais l'émulation fit en moi un prodige presque inoui. Mon cœur se dilata, mon haleine fut libre, les sons que j'essayai furent assurés et brillants, mon ame toute entière passa dans mon organe et se répandit dans ma voix. Je parus, je chantai un air du rôle d'Angélique; jamais je n'ai si bien chanté.

Tout le monde parut dans le ravissement; Néraÿ ne put dissimuler le sien. Il n'osa pas s'adresser à moi; mais en s'approchant de ma mère: Ah! madame! dit-il, que Médor est heureux! A ces mots que j'entendis bien, confuse de sentir que le cœur me battait, je m'avisai de trouver mauvais qu'il m'eût assimilée à cette folle d'Angélique. D'ailleurs, le tour de cet éloge me parut trop galant pour être naturel; et je me dis que ce n'était point là le langage du sentiment.

Dans le trouble de ma conscience, je pris pour un léger reproche l'air riant dont Alcime vint me féliciter. Pardonnez-moi, lui dis-je, un moment d'émulation. Je ne demandais pas à chanter, vous le savez bien; mais puisqu'il l'a fallu, j'ai tâché que ce fût le moins mal qu'il était possible. M'en voilà quitte heureusement!

J'étais bien aise, il faut l'avouer, d'avoir effacé mes rivales ; mais il s'était passé en moi des mouvemens inexplicables ; et mécontente de moi-même, je voulais aussi l'être de ce jeune flatteur qui nous croyait, disais-je, assez vaines, ma mère et moi, pour nous plaire à le voir s'extasier sur un talent que nous savions, grâce au Ciel, l'une et l'autre, réduire à sa juste valeur. Eh, non ! je n'aime pas les louanges exagérées. S'il en veut savoir ma pensée, qu'il revienne, disais-je, me louer devant moi. C'est ce qu'il fit le lendemain ; mais avec tant d'adresse, qu'il n'y eut pas moyen de m'en plaindre. Vous allez voir quel long détour il prit pour en venir à moi.

On parlait chez ma mère de la profusion avec laquelle la nature avait répandu ses richesses. Alcime nous la faisait voir magnifique et inépuisable dans l'épanchement de ses dons. Il me semble à moi, dit Néray, qu'elle mérite également les noms de prodigue et d'avare, et qu'entre ses largesses et son économie, il y a trop d'inégalité. Ne remarquez-vous pas, Alcime, ajouta-t-il, cette extrême inégalité dans les productions des trois règnes, et ne trouvez-vous pas qu'en négligeant la foule, elle a tout accordé à quelques favoris !

De l'or, par exemple, elle a fait une substance incorruptible ; elle y a réuni l'éclat et la beauté de la couleur ; une ductilité merveilleuse et presque infinie, et à cette extrême souplesse une extrême solidité. Elle a donné au diamant une dureté que rien n'effleure, et à qui tout cède, des feux étincelants, les traits d'une lumière la plus brillante et la plus pure, teinte des couleurs de l'iris : à l'aigle un œil perçant, une aile étendue et rapide, et autant de vigueur que d'intrépidité; au cheval la beauté, l'agilité, la force, le courage, l'élégance et la majesté; à tel homme qu'elle a choisi, comme, par exemple, à César, ou comme à notre Charlemagne, la beauté du corps, le génie, les grands talents, la force d'ame, la valeur au plus haut degré; dans telle femme dont elle semble avoir fait à plaisir son plus rare chef-d'œuvre, n'a-t-elle pas réuni de même tout ce qui peut enorgueillir son sexe, attendrir et charmer le nôtre; l'esprit, les grâces, la beauté, et les talents les plus aimables, et les charmes les plus touchants? De tous ces dons accumulés dans une seule, combien de lots riches encore n'aurait-elle pas faits en les distribuant? L'une avec sa beauté, aurait charmé le monde; l'autre, avec son esprit, n'eût pas eu besoin de beauté; une autre, avec cette raison cultivée, embellie, eût captivé les sages; une autre, avec sa voix mélodieuse et tendre, eût ravi, enivré, enflammé tous les cœurs. Et à chacun de ces articles, un regard s'adressait à moi. Il est bien vrai, ajouta-t-il, que dans ces rares phénomènes, la nature doit s'admirer et se trouver belle et riche elle-même; mais tandis qu'elle a mis tant de soins et de complaisance à les produire, à les former, voyez, à l'extrême opposé, combien d'ouvrages que sa main négligente semble à peine avoir ébauchés.

Alcime lui prouva sans peine que, dans le grand dessein de la nature, chaque être, pour tenir sa place et remplir sa destination, avait été pourvu et doué comme il devait l'être. Mais ce dont Néray se souciait le moins dans ce moment, c'était d'avoir raison. Le trait d'éloges était parti, ses yeux me l'avaient asséné; et je l'avais si bien senti et pris pour moi, que la rougeur m'en était montée au visage.

Assurément je n'étais pas assez folle pour me croire reconnaissable dans le portrait d'une femme accomplie. Mais enfin il était visible que le peintre pensait à moi; et il faut avouer que d'abord je lui en sus bon gré; car en fait d'éloge, ce n'est pas tant la ressemblance que l'intention qui nous touche. Alcime, en lui parlant de moi, lui avait pu faire illusion; il avait pu lui-même s'éblouir sur mon compte; une jeune tête s'exalte et s'enivre de ses idées; et si telle était son erreur, ce n'était pas à moi de ne pas la lui pardonner. Mais, comme au bord d'un précipice, la peur fait qu'on se penche du côté opposé, je m'efforçai, pour n'être pas séduite, de voir dans cette adulation, peu de ménagement, peu d'estime pour celle que l'on flatte avec tant d'excès. Me croit-il donc, disais-je, assez dépourvue de modestie pour mettre moi-même mon nom au bas de ce portrait? et si l'on se fût aperçu que j'avais la crédule vanité d'en rougir, à quoi son indiscrétion ne m'eût-elle pas exposée! quel ridicule il m'aurait donné! Ah! quoi qu'en dise Alcime, ce n'est point là un homme délicat et sincère; c'est un de ces trompeurs que l'on trouve par-tout.

L'effet de ces réflexions fut de me donner avec lui un air froid, sévère et chagrin.

Lorsqu'il parlait, je semblais être inattentive; et mes regards passaient négligemment sur lui pour aller se poser bien vîte sur Alcime, et s'y reposer.

Le jeune homme, qui se voyait en faveur dans la société, et même parmi mes compagnes, s'apercevait fort bien qu'avec moi seule il était en disgrâce. Il n'en pénétrait point la cause; mais me croyant frappée de quelque prévention défavorable à son égard, et n'osant ni s'en plaindre, ni s'en expliquer avec moi, il tomba dans une tristesse qui avait l'air de l'abattement. Une langueur mêlée d'un sentiment amer se répandit sur son visage. La vivacité de ses yeux, celle de son esprit et de son caractère parut s'éteindre; je crus voir sa brillante imagination pâlir et se faner comme une fleur dont la tige est blessée. L'ame de tous les agréments de la jeunesse, l'espérance de plaire l'avait abandonné. L'empressement, les prévenances de la société; les amitiés des mères, les regards de leurs filles, ni leurs sourires agaçants, rien ne le ranimait, son ame était comme glacée. J'eus d'abord un soupçon que sa tristesse venait de moi; et me rappelant cette prude que j'avais prise en aversion (car elle avait, ainsi que moi, l'air de ne le voir qu'à regret), je m'accusai de lui ressembler. N'en doutons pas, dis-je en moi-même, c'est d'elle ou de moi qu'il se plaint, ou plutôt de l'une et de l'autre. Me voilà bien associée! J'aime mille fois mieux que ce soit de moi seule. C'est ce que je veux éclaircir.

Cruelle que j'étais! Quelle épreuve le malheureux eut à subir une semaine entière. Je ne puis y penser sans un mouvement de pitié. Si vous avez assisté comme moi aux leçons de physique de l'abbé Nollet, vous avez vu sous un dôme de verre le pauvre oiseau que l'on réduit au dernier souffle de la vie en lui ôtant l'air qu'il respire, et que l'instant d'après on ranime en le lui rendant. Ce fut l'expérience que j'eus la cruauté de faire sur l'ame de mon jeune amant, tantôt en lui parlant avec un peu de bienveillance, tantôt en reprenant avec lui ma froideur. En effet je croyais le voir tour-à-tour expirant ou rendu à la vie par cette alternative d'indifférence et de bonté. Ah! vous concevez bien qu'il me fut impossible de ne pas compatir à sa situation; et une fois persuadée de son amour pour moi, j'eus beau vouloir douter de mon amour pour lui dans l'examen sévère que je fis de moi-même, tout ce qui se passait dans mon esprit et dans mon ame se réunit pour m'accuser. Depuis trois mois que je voyais Néray, j'avais perdu le goût du travail et de la lecture; l'aiguille, les crayons, les livres, me tombaient des mains; je ne désirais plus si vivement les entretiens d'Alcime; je les prolongeais moins; je m'y plaisais encore, mais faiblement, et sans regret je les voyais finir. Si je pensais à lui en son absence, son image ne venait plus qu'à la suite de celle de son jeune disciple; encore voyais-je celle-ci vive, colorée et brillante comme un beau tableau de Rubens; l'autre tous les jours plus ternie, et comme un pastel effacé.

Je vous épargne ici l'ennui de mes affligeants monologues. Vous imaginez assez les reproches que je me fis, de légèreté, d'inconstance, d'ingratitude envers un homme qui avait pris tant de soin de moi, qui m'avait tant aimée, et qui m'aimait encore; qui m'avait instruite et formée à plaisir et comme pour lui, et qui sans doute avait mis en moi l'espérance de son bonheur. Je l'aurai donc trompé, je l'aurai donc trahi! Et voilà ses louanges qui venaient m'accabler en foule. Qui jamais devait à mes yeux être plus aimable que lui? Quelle candeur! quelle sagesse! que de lumières et de vertus! enfin que de droits sur mon cœur! Et comment lui avouer sans honte qu'un autre l'y avait remplacé?

Non, dis-je, ce n'est qu'un caprice, qu'un égarement passager. J'en ferai l'aveu à ma mère, et j'obtiendrai qu'elle me dérobe au péril de revoir ce séduisant jeune homme. Je dîne encore avec lui demain; ce sera la dernière fois.

Le lendemain, lorsque nous arrivâmes ma mère et moi, chez madame d'Olme, Néray y était déja; Alcime n'y était point encore; et au fond de mon cœur, je me plaignis de son abandon dans un moment aussi critique, comme s'il avait dû sentir le besoin que j'avais de lui. Mais en son absence, il occupa l'entretien comme de coutume; et Néray, après s'être répandu en éloges sur cet homme accompli : Qu'il est heureux, dit-il enfin! jeune encore, il jouit de cette considération publique et unanime qui pour un autre serait à peine le prix d'une longue sagesse. Quel don du Ciel que celui d'inspirer tant d'estime, et de si bonne heure! Y a-t-il un père ou une mère qui, avec pleine sécurité, ne lui confiât le destin de sa fille la plus chérie? Et nous, dont rien ne répond encore et que mille exemples accusent, nous sommes obligés d'attendre que l'âge vienne enfin détruire ces funestes préventions. Jusque-là nul moyen de calmer les inquiétudes qu'autorise notre jeunesse. En effet, qu'avons-nous qui dépose en notre faveur? Quelques années d'une conduite sage, mais qui, d'un jour à l'autre, peut, dira-t-on, se démentir. Nous croira-t-on assez sûrs de nous-mêmes pour oser se fier à nous? Plus nos sentiments seront vifs, et moins on osera se promettre qu'ils soient durables. L'excès de notre amour en fera redouter les transports, la fougue et l'ivresse; et pour n'être pas rebuté, il faudra brûler en secret, étouffer nos soupirs, éteindre nos regards, voir tous les jours ce que le Ciel aura formé de plus charmant, et paraître le voir avec indifférence, enfin nous consumer et périr sans oser nous plaindre. Ah! combien d'ennuis et de peines empoisonnent ce qu'on appelle si faussement notre bel âge! Et que ce temps d'épreuve est long et pénible à passer!

En achevant ces mots, l'infortuné jeune homme laissa tomber sur moi un coup-d'œil languissant, mais si douloureux et si tendre que mon cœur en fut pénétré. Dès-lors je fus perdue, et je sentis que le moment d'éviter le péril était passé pour moi. Ce n'est plus à ma mère qu'il faut parler, me dis-je, c'est aux yeux d'Alcime lui-même que mon faible cœur doit s'ouvrir; car je ne veux point le tromper.

Malgré ma résolution, vous jugez quelle répugnance je devais me sentir pour l'aveu que j'avais à faire. Alcime, en me voyant plongée dans une tristesse profonde, n'osant plus lui parler, n'osant lever les yeux sur lui, comprit bien qu'il fallait avoir la bonté de m'encourager.

Mademoiselle, me dit-il, je ne sais pas quel changement s'est fait en vous; mais ce que je sais bien, c'est que vous n'êtes plus la même. Oh non!

lui dis-je, plus la même; et en baissant les yeux je poussai un profond soupir. — Eh bien! qu'est-il donc arrivé? — Ce que vous auriez dû prévoir. — Je n'ai jamais pour vous rien prévu d'affligeant. — Et cependant ce qui m'arrive m'afflige bien, je vous assure; je donnerais mon sang pour avoir pu me l'éviter. — C'est donc quelque accident bien étrange? — Hélas! oui, bien étrange et bien malheureux! — Voyons s'il n'y a point de remède. — Oh non! il n'y en a plus. — Vous le croyez? — Je fais plus, je le sens. — C'est donc votre cœur qui est malade? — Oui, c'est lui. — Vous m'avez souvent promis que de la vie ce cœur n'aurait rien de caché pour moi. — Vous voyez, je vous tiens parole. — Vous allez donc achever de me dire ce que vous avez dans le cœur. — D'abord l'estime la plus tendre, la plus vive reconnaissance, l'admiration la plus profonde pour le plus vertueux des hommes et pour le meilleur des amis. — Est-ce de moi que vous parlez? — Eh! de qui donc? Ah! jusque-là vous n'avez point de rival à craindre; mais, Alcime!.. — Eh bien! mais? (je me mis à pleurer.) Achevez donc, et passez ce *mais* qui vous a étouffé la voix. — Eh bien! mais je n'ai plus pour vous ce sentiment unique et qui m'était si cher, ce penchant de mon ame pour s'unir à la vôtre, enfin ce désir d'être à vous, de ne respirer que pour vous. — Vous l'aviez donc pour moi, ce sentiment? — Oui, je l'avais. — Et comment ne l'avez-

vous plus? — C'est que je l'ai pris pour un autre.
— Je gage que ce jeune et séduisant Néray sera,
sans le savoir, celui qui me l'a dérobé. — Oui,
c'est lui-même. — Ah! je l'ai toujours dit, ce
jeune homme était fait pour vous inspirer de
l'amour. — Eh! si vous l'avez dit, pourquoi me
l'avez-vous donc fait connaître? — C'est qu'il ne
me fallait à moi qu'une bonne et simple amitié.
— Ah! ne méritiez-vous, Alcime, que cette amitié
pure et simple? et si mon cœur était susceptible
d'un sentiment plus vif, n'était-ce pas à vous
qu'il devait être réservé? — Tenez, mademoiselle, sur cet article-là nos cœurs en savent plus
que nous. Pour moi j'en crois le mien, qui me
dit d'être votre ami bien fidèle, bien tendre,
mais de m'en tenir là. — Dieu! combien vous
me soulagez! — Oui, c'est là mon vrai lot; je
l'ai dit à Néray, qui me croyait amoureux de
vous, et qui en était inconsolable. Le bon jeune
homme! il avait résolu de s'éloigner, de ne plus
vous voir, d'aller, que sais-je? au bout du monde,
plutôt que d'être mon rival; et en m'avouant
tout l'amour qu'il avait pour vous dans le cœur,
il me présentait son épée, et me disait de le percer, ce cœur infidèle à notre amitié. — Vous me
faites frémir. Il m'aime donc, Néray? — Oui,
mademoiselle, il vous aime comme je n'aimerai
jamais. Je crois même que votre mère en a soup-
çonné quelque chose. — Ah! ma mère! eh bien!
qu'en dit-elle? — Je crois pouvoir vous assurer

qu'elle pensera comme moi. — Ah! je le vois, c'est vous qui avez tout disposé : Homme incomparable, lui dis-je, achevez, et avec ma mère, décidez de ma destinée. Si vous n'êtes pas un époux, vous serez un père pour moi.

Vous jugez bien qu'entre ma mère et lui tout fut bientôt réglé pour notre mariage; et peu de jours après, je réunis en ma possession les deux plus grands biens de la vie, l'ami le plus parfait et l'époux le plus accompli.

LE FRANC BRETON.

Plémer, riche négociant de Nantes, homme simple, franc, un peu brusque, tête vive, bon cœur, vrai Breton, faisant un voyage à Paris, s'y était logé dans un petit hôtel d'une rue assez solitaire. C'était l'homme du monde le moins avare et le plus économe; il n'avait connu de sa vie aucun des besoins de la vanité.

Un soir, rentrant chez lui et montant l'escalier, il rencontra une vieille femme qui descendait en pleurant. Qu'avez-vous, bonne dame? lui demanda-t-il. Elle se rangea sur le palier, lui fit la révérence, et ne répondit rien. — Qu'avez-vous donc? parlez. On ne pleure pas sans chagrin. — Ah! du chagrin, j'en ai. — Et la cause? Êtes-vous ce qu'on appelle dans la peine? — Non pas moi, monsieur, grâce au Ciel. — Non pas vous! c'est donc le malheur de quelque autre qui vous afflige? — Hélas! oui, monsieur. — Et de qui? allons, courage, expliquez-vous. Comme elle se taisait encore : Ouvrez ma porte, dit-il à son valet; cette femme m'impatiente, et je veux la faire parler. Entrez chez moi, madame, entrez. Nous voilà seuls. Asseyez-vous. Mais, morbleu!

Hé bien, mon voisin, dit-il au malade, vous ne voulez pas voir vos amis ?

Le Franc Breton.

asseyez-vous donc, et dites-moi bien vite qui vous êtes, d'où vous venez, quel est le sujet de vos larmes. — Monsieur, je m'appelle Dupré, je suis veuve, garde-malade, et je sers ici un jeune homme qu'une fièvre lente consume et que je vois abandonné. — Quel est-il ce jeune homme? — Je ne le connais pas. — Le connaît-on dans cet hôtel? — Je ne crois pas : il y est venu tomber malade. — Son nom? — Montalde. — A-t-il l'air honnête? — Hélas! oui; c'est là ce qui m'afflige tant. Il est d'une douceur, d'une bonté!.. C'est lui qui me plaint, moi, de voir les peines qu'il me donne. La nuit, toutes les fois qu'il m'éveille, il en est fâché, et il m'en demande pardon. — Vous le veillez donc toutes les nuits? — O mon dieu, oui. Et comment le délaisserais-je? il n'a que moi au monde. — Pas même un médecin? — Il ne veut pas que j'en appelle. Cependant il se sent mourir, et je crois qu'il en est bien aise. A ces mots, ses pleurs redoublèrent.

Bonne femme!.... et sans doute il est dans le besoin? — Jusqu'ici rien ne lui a manqué; mais il vient de me dire d'aller demain engager sa montre au Mont-de-Piété, et c'est là tout ce qui lui reste; encore devons-nous à l'hôte tous les bouillons de la semaine, et à l'herboriste les plantes que j'ai mises dans sa boisson. — Et vos peines, vos soins, vos veilles? — Ah! que je puisse le sauver; je me croirai assez payée! — Bonne femme! excellente femme! Tenez, d'abord voilà pour vous, et puis voici pour les bouillons et pour les besoins du malade. Laissez-lui croire que sa montre est en gage, entendez-vous? et gardez-la-lui. — Ah! monsieur! — Puis-je le voir? — Il ne voit personne. — Allez lui dire qu'un bon voisin, un homme qui n'est pas d'ici, demande à le voir un moment. — Demain, monsieur, si vous vouliez? — Oh non! diable! les nuits sont longues; je ne dormirais pas; je veux le voir avant de me coucher. Moi, j'aime à dormir en repos.

La bonne femme fit son message, et revint dire qu'avec bien de la peine elle avait obtenu de le laisser entrer.

Il monta au troisième étage; et en entrant : Eh bien! mon voisin, dit-il au malade, vous ne voulez pas voir vos amis? — Mes amis! ah! monsieur, serais-je assez heureux pour en avoir un seul au monde? Si le bien qu'on me dit de vous est sincère, dit le Breton, vous méritez d'en avoir, des amis, et vous en avez au moins un. — Hélas! monsieur, je ne crois pas même être connu de vous. — Pardonnez-moi, je sais que vous êtes honnête; et puis, moi, je suis sans façon, et j'ai bientôt fait connaissance quand je trouve des malheureux. Adieu, mon voisin; je ne veux pas vous fatiguer. Dormez tranquille, et rêvez cette nuit que vous avez trouvé un ami, un véritable ami, dans Plémer, négociant de Nantes. Bonne nuit, mon voisin. Vous avez là une excellente garde : si je tombe malade, elle aura soin de moi.

Montalde se demandait à lui-même s'il n'était pas dans le délire, ou s'il n'avait pas vu en songe un de ces enchanteurs des *Mille et une Nuits*, qui consolent les malheureux. Il voulut savoir de sa garde comment cet étranger avait appris son existence. Par droit de voisinage, lui répondit la bonne femme : dormez tranquille, et me laissez dormir.

Il dormit peu, mais d'un sommeil paisible mêlé de douces rêveries, et le lendemain son nouvel ami vint le voir. Après s'être informé comment la nuit s'était passée : Vous ne voulez donc pas de médecin? lui demanda-t-il. J'en avais deux, répondit le jeune homme, la nature et le temps, à-présent j'en ai trois. — Et quel est l'autre? — L'amitié. J'espère donc, lui dit Plémer, que vous suivrez ses ordonnances. Ma bonne dame, ayez bien soin de mon malade, et que rien ne lui manque, son médecin l'ordonne; il reviendra ce soir.

Montalde, après s'être répandu en éloges sur la bonté de cœur de ce brave Nantais : Avez-vous fait ce que je vous ai dit? demanda-t-il à madame Dupré; ma montre est-elle en gage? mes dettes sont-elles payées? La bonne femme, usant de son empire, lui répondit qu'un malade devait être comme un enfant, et ne se donner aucun soin. Qu'il vous suffise, lui dit-elle, de savoir que tout est payé et que vous ne devez plus rien ; le reste me regarde, et vous devez vous en fier à moi.

Le jeune homme n'insista point, de peur de lui marquer une inquiétude offensante ; mais, dans un moment où elle croyait ses yeux fermés par le sommeil, il lui vit consulter sa montre. Tout est payé, je ne dois plus rien, et ma montre est encore ici, lui dit-il, et vous me la cachez ! Ah ! je pénètre ce mystère ; vous en avez plus dit à mon voisin que vous n'auriez dû lui en dire, et plus que je n'aurais voulu.

La garde ne fit pas semblant de l'écouter ; mais le soir, Plémer fut instruit des inquiétudes du malade. Je m'en vais l'en guérir, dit-il ; et s'étant assis au chevet de son lit, après quelques propos d'humeur sur la sottise et la vanité du luxe de Paris et sur le misérable orgueil de l'opulence : Et vous, jeune homme, lui demanda-t-il, attachez-vous un grand prix à l'argent. Un grand prix, non, dit le malade. Ni moi non plus, dit le Breton ; et comme je ne suis pas glorieux d'en avoir, je ne trouve pas bon que mon ami soit honteux de n'en avoir pas, et de m'avouer qu'il en manque. N'affligez donc plus cette femme de vos puériles délicatesses ; je ne suis pas votre ami pour rien. Ah ! je le vois bien, dit Montalde ; mais moi, comment pourrai-je reconnaître ?... — Oh ! le plus aisément du monde. D'abord, si jamais l'occasion de m'obliger se présente à vous, je vous promets votre revanche, et vous en aurez le plaisir; sinon, vous vous en passerez, et nous n'en serons pas moins quittes. Vous me voudrez du bien; et n'est-ce pas en faire que d'en vouloir? Les cœurs reconnaissants ne restent jamais redevables; le chagrin de devoir n'est pardonnable qu'aux ingrats.

Assurément, dit le malade, ce caractère n'est pas le mien; je me haïrais trop moi-même, si je sentais jamais sur mon cœur le poids d'un bienfait. Je vous avouerai même que, tel que je vous vois, vous êtes celui de tous les hommes que j'aurais préféré pour bienfaiteur, si j'avais eu à choisir; mais encore dois-je m'étonner que dès le premier jour de notre connaissance..... Plémer l'interrompit. Écoutez-moi, dit-il, car il faut qu'un malade laisse parler et parle peu.

Supposons que je sois un Tartare, un Arabe, un Cafre; je passe, je vois mon semblable languissant, abattu; je lui tends la main. Va-t-il me demander qui je suis pour le secourir? Sommes-nous donc si loin de l'état de nature, que l'homme ne soit plus ami de l'homme, s'il ne lui a décliné son nom? Nous nous connaissons peu; cependant nous avons bonne opinion l'un de l'autre. Reposons-nous sur cette pensée, et donnons-nous le temps de nous connaître mieux. Tenez, reprit-il, moi qui ne lis guère, j'ai pourtant lu dans un vieux livre que, je ne sais dans quel pays, lorsqu'un étranger arrivait à la maison, d'abord on commençait par le bien recevoir; on le menait au bain; on l'habillait, s'il était mal vêtu; on lui donnait un bon souper, un bon lit; et le lendemain, on lui demandait son nom, son pays, sa naissance, ses aventures. Alors, si l'on se convenait, on se touchait la main, on était amis pour la vie; sinon, bon jour et bon voyage. Le bien n'en était pas moins fait, et l'on n'y pensait plus. Cette politesse en valait bien une autre, n'est-ce pas? Eh bien! c'est la mienne. Ici, c'est moi qui exerce envers vous l'hospitalité jusqu'à votre convalescence. Alors nous nous expliquerons. Jusque-là tenez-vous tranquille et ne m'impatientez pas; car je n'ai pas travaillé trente ans à amasser du bien pour être contrarié dans l'usage que j'en veux faire.

Voilà, dit le jeune homme, une bien nouvelle manière de faire agréer ses bienfaits!

Le jour suivant, Plémer vint lui annoncer un médecin qu'il lui amenait, et pour lequel, en dînant avec lui, il avait conçu de l'estime. Il a mangé, dit-il, d'un appétit à faire envie, et il a bu d'autant. Je lui ai demandé s'il digérait de même. Oui, fort bien, m'a-t-il répondu, sans perdre un coup de dent. — S'il était quelquefois malade? — Non, jamais. — Quelle était sa recette et son régime? — L'exercice, et, au besoin, la diète et l'eau. — Quelle était sa méthode en médecine? — Observer la nature, et la laisser aller, quand elle va bien toute seule; la suivre et l'aider quelquefois. Je lui ai parlé de votre fièvre lente. — Fièvre lente, à son âge? chagrin d'infortune ou d'amour. Cet homme-là n'est pas un sot. Je vous l'amène, il va venir.

Il vint, consulta le malade, causa quelques moments tête-à-tête avec lui, et répondit de sa guérison. Monsieur, dit-il au bon Plémer, en s'en allant, ce jeune homme vous doit la vie, sans vous le coup était mortel. La garde le suivit pour payer sa visite, et Plémer s'aperçut qu'il refusait. Non, monsieur, non, dit-il, en s'avançant, nous sommes riches; avec nous, s'il vous plaît, point de ces façons-là; gardez votre noblesse pour des infortunés.

A-présent me voilà tranquille, dit-il à son malade; vous ne me verrez plus que rarement. Je vais vaquer à mes affaires. Mais gardez votre montre; car il faut qu'un malade puisse au moins, quand il ne dort pas, compter les heures de la nuit. La nuit, le jour, lui dit Montalde, ce sera toujours l'heure de la reconnaissance. — Dites celle de l'amitié.

Le calme répandu dans l'ame du jeune homme se glissa dans ses veines; et la fièvre, sensiblement affaiblie de jour en jour, s'éteignit et fit place à la sérénité d'une douce convalescence. C'est dans l'âge où était Montalde que la nature en peu de temps se renouvelle et répare ses forces: Plémer eut le plaisir de voir son jeune ami se ranimer comme une fleur qu'il aurait arrosée, lorsqu'elle expirait de langueur.

A-présent, lui dit-il un jour, lorsqu'il fut en pleine santé, apprenez-moi par quelle infortune un jeune homme bien né, bien élevé comme vous l'êtes, est tombé dans l'état où je vous ai trouvé.

Je suis jeune, et l'histoire de mes malheurs serait bien longue, lui dit Montalde, si je vous en faisais tous les tristes détails; mais je vais vous en dire assez.

Je suis né au pied du Mont-d'Or, dans le plus beau pays de la nature. Nommer la Limagne d'Auvergne, c'est la décrire; et tout le monde sait quelle est la riante fertilité de cette agréable contrée. Mais par un contraste affligeant et difficile à concevoir, dans ce pays si riche, le plus grand nombre des habitants est pauvre ou malaisé. Ma famille était de ce nombre. Je ne laissai pas d'être élevé avec soin; et la vue habituelle d'une belle nature, d'un côté, ces aspects majestueux de nos montagnes, de l'autre, ce tableau romantique de nos vergers, ces collines couronnées de pampres, et au bas, ces belles prairies semées d'arbres chargés de fruits, où serpentent à plein canal les eaux des sources de Roya, aussi pures que le crystal; enfin les travaux, les plaisirs, les mœurs de nos campagnes avaient fait sur mon ame de si vives impressions, qu'en me les retraçant, je me flattai d'être né poëte. Mes essais furent applaudis par un public peu difficile; et j'avoue que j'étais loin de le croire trop indulgent. Énivré de louanges, et fondant l'espérance de ma fortune sur mon talent, j'engageai mon père à ne pas s'inquiéter de moi dans le partage de ses biens; mes sœurs furent dotées avec tout l'avantage que permettait la loi; et mon père étant mort après les avoir établies, je laissai ma mère auprès d'elles, jouir, comme elle fait encore, du peu de bien dont j'avais hérité, me réservant à peine de quoi vivre à Paris le peu de temps qu'il me fallait pour y commencer ma carrière.

Presque en y arrivant, j'allai voir un homme aussi célèbre par sa bonté que par son goût et ses lumières, le sage d'Alembert. Je n'ai jamais connu de plus vrai philosophe. Il l'avait été dès l'enfance. Tel que l'avait fait la nature, tel on le voyait tous les jours et dans toutes les situations : rien d'apprêté, rien de factice, rien même d'arrangé dans ce grand caractère. Ses petites impatiences, ses naïves faiblesses, ses colères d'enfant, comme on les appelait, se laissaient voir en lui aussi ingénument que les pensées les plus sublimes et que les sentiments les plus fermes et les plus hauts.

Un accueil simple et doux encouragea ma confiance. Je lui parlai des espérances que l'on m'avait fait concevoir; et, en le suppliant de les évaluer, je lui ouvris mon portefeuille. Est-ce bien, me dit-il, la vérité sévère que vous me demandez? Hélas! oui, lui dis-je en tremblant; il n'y a que celle-là de bonne. Elle ressemble à ces remèdes dont l'amertume fait la vertu. Cela étant, me dit-il, lisons. Nous lûmes. Ah! monsieur, quel souffle rapide dissipa mes illusions! Tout ce que j'avais cru nouveau dans mes écrits était usé; tout ce que j'avais peint l'avait été mille fois mieux; il mit sous mes yeux mes modèles, et je me vis anéanti. Il s'aperçut de mon abattement, et pour me relever, il voulut bien me dire que, livré à moi-même, et aussi dénué que je l'avais été de conseils et d'exemples, il était encore étonné que l'instinct m'eût si bien conduit. Mais il me fit considérer le champ de la poésie comme tout moissonné, et le trésor de l'imagination comme une mine d'or fouillée, épuisée de veine en veine. Je ne prétends pas, reprit-il, que, dans ses profondeurs, il n'y ait encore quelques filons réservés au génie; mais il faut y creuser; le travail en est long; et je vous avertis que, même après une étude assidue et de l'art et de la nature, rien n'est plus incertain, plus rare que le succès du talent poétique, et rien de plus infructueux.

Vous me rendez, lui dis-je, un grand service; mais l'erreur était douce; le remède est cruel. Ainsi, pour moi, plus de poésie! Mais si ce moyen de percer la foule et d'exister m'est interdit, que vais-je devenir? Vous êtes à confesse, me dit-il; puis-je en sûreté répondre de vos mœurs? Je lui ouvris mon ame, et ne lui cachai rien des peccadilles de ma jeunesse. Allons, me dit-il, en souriant, il n'y a pas de mal à tout cela. Mais à-présent c'est à vous de voir si vous vous sentez le courage de sacrifier une partie de votre liberté à l'avantage de vivre à Paris, tranquille, au-dessus du besoin, dans une situation commode pour observer le monde, et vous former le goût.

J'acceptai ces conditions, et peu de jours après, je fus chargé de l'éducation des enfants de la comtesse de Ventaumont.

En me traçant une méthode d'éducation pour mes disciples, d'Alembert avait eu la bonté de me donner aussi pour moi quelques préceptes de conduite.

Dans la maison où vous allez être, m'avait-il dit, la familiarité ne vous convient avec personne; évitez-la comme un écueil. Si on oubliait avec vous la dignité de votre état, ne l'oubliez jamais vous-même, et faites-la sentir avec une douce fierté. La réserve, la politesse, l'air simple du respect, quand vous sentirez qu'il est dû, voilà les bienséances de votre situation. Souvenez-vous que vous avez affaire à l'orgueil qu'il ne faut ni blesser ni flatter. Parlez peu, écoutez-vous bien. La mesure, la précision, la justesse, le naturel dans l'expression comme dans la pensée, sont le partage du bon esprit; et celui-là est bien reçu par-tout: le bel esprit ne l'est pas de même; on le punit de ses succès. Que la vérité dans votre bouche soit le langage d'un homme libre, mais modeste. Il y a pour la sincérité un ton qui n'offense jamais. — Gardez-vous bien d'être plaisant, et ne répondez même à la plaisanterie que par un froid silence : c'est un jeu qui doit être égal; il ne le serait pas pour vous. Ne visez pas non plus à la finesse, car c'est un but qu'on manque trop souvent; et des prétentions manquées, c'est là peut-être la plus risible. Enfin, en attendant que l'usage du monde vous ait appris à dire avec agrément des choses ou communes ou frivoles, faites aux beaux parleurs le plaisir dont ils sont le plus reconnaissants, celui de les bien écouter.

Vous avez raison, dit Plémer, ce d'Alembert était un homme de bon sens. Eh bien! reprit Montalde, ses leçons furent inutiles; j'eus beau les suivre de mon mieux, dans trois mois je fus renvoyé.

Monsieur le comte, en me regardant de toute sa hauteur, me fit sentir à quelle distance infinie je devais me tenir d'un homme comme lui. Il m'honorait quelquefois d'un affable *comment vous va ?* mais en passant, et sans écouter ma réponse. Une fois cependant, il daigna me demander compte des études de ses enfants. Je lui parlai de la méthode que d'Alembert m'avait tracée. Voyons, dit-il, en y jetant les yeux; et un moment après : Que d'inutilités! Du latin! à quoi bon? De la morale! cela s'apprend tout seul à la cour et dans le grand monde. De la métaphysique! Ah, M. d'Alembert, des définitions, des analyses à mes enfants! Un peu d'histoire passe; non pas celle des peuples, mais celle des familles; un abrégé de Moréri, que vous leur donnerez en thêmes; voilà ce qu'il faut. Je veux qu'ils connaissent leur monde, et que dans l'occasion ils puissent dire d'où chacun vient. Quant à ma propre généalogie, je vous recommande deux choses; l'une, qu'ils la sachent par cœur, l'autre, qu'ils n'en parlent jamais ; car il faut sentir ce qu'on est; mais il ne faut humilier personne. J'ai toute ma vie été modeste, et je m'en suis fort bien trouvé.

Ah! quel fat que monsieur le comte, s'écria le Breton! Et bien, reprit Montalde, monsieur le comte était un homme aisé à vivre, en comparaison de madame la comtesse; car tout glorieux qu'il était, comme il n'en faisait pas mystère, dès qu'on avait connu son faible, il n'y avait qu'à le ménager.

Mais pour madame la comtesse, on ne savait jamais ce qu'elle était, ni ce qu'elle voulait. Du matin au soir, d'une heure à l'autre, c'était les deux extrêmes : affable, douce, familière, haute, arrogante, dédaigneuse, elle passait d'une modestie excessive à un orgueil démesuré. On eût dit qu'elle était deux. Ah! si elle avait été ma femme, disait le bon Plémer, comme dans peu de temps je vous l'aurais égalisée!

Lorsqu'elle semblait dédaigner les avantages de la naissance, je me gardais bien d'être de son avis, reprit Montalde; seulement j'avouais que dans ces avantages, il y avait plus de bonheur que de gloire, et qu'il était plus raisonnable de s'en féliciter que de s'en applaudir.

Vous l'avez entendu, disait-elle à ses femmes? C'est un apprenti philosophe que M. d'Alembert a bien voulu nous envoyer, pour nous guérir du péché de l'orgueil. Et une heure après, je la trouvais haute comme les nues, daignant à peine me parler.

Vingt fois je lui avais entendu dire que rien n'était plus fade, plus insipide que des éloges donnés en face. Je n'avais pas besoin de ces avis pour ménager sa modestie, et j'étais avec elle aussi économe de louanges qu'elle semblait le désirer; mais je la voyais mécontente toutes les fois que je manquais d'appuyer et de renchérir sur le bien que l'on disait d'elle, ou qu'elle en disait elle-même. Assurément elle détestait l'adulation, et tout le monde le savait bien; mais me croyais-je obligé pour cela d'être déplaisant avec elle? Et entre la flatterie et l'impolitesse, n'y avait-il pas un milieu, et des nuances délicates que je devais savoir observer et saisir?

Un jour, s'étant fait lire un des thêmes de ses enfants, elle en fut indignée au point qu'elle ne put s'en taire. Votre provincial, dit-elle à d'Alembert, n'estime rien que les vieilleries. Il parle à mes enfants de la mère des Gracques, et ne leur dit pas un mot de la leur, qui, sans vanité, la vaut bien.

Enfin le jour de sa fête arriva. Elle avait su que je faisais des vers : elle ne doutait pas que je n'en eusse fait pour elle ; et le matin, en me voyant paraître à sa toilette avec ses enfants, la voilà qui se dresse sur son fauteuil, sans doute préparée à nous entendre tous les trois lui réciter quelques belles tirades. Quelle fut sa surprise lorsque ses deux enfants, en lui baisant la main, lui souhaitèrent la bonne fête comme à une simple bourgeoise, avec quelques mots tendres où leur cœur s'exprimait mieux que n'aurait fait mon esprit ! Quoi, monsieur ! me demanda-t-elle, est-ce là tout ce que mes enfants ont à me dire dans un jour comme celui-ci ? — La nature a parlé, madame ; l'art n'a pas osé s'y mêler : il ose encore moins se montrer, ajoutai-je, dans mon respectueux hommage ! Un sourire amer réprima son dépit. Votre respectueux hommage ! Rien de plus neuf assurément, dit-elle, et rien de mieux tourné que ce compliment-là. Allez, monsieur, voilà qui est bien. Dès ce moment je fus absolument perdu dans son esprit, et il fallut songer à ma retraite.

Mais le comte, qui s'accommodait assez de moi, ne voulut pas me renvoyer d'une façon humiliante, et il me proposa pour secrétaire à son ami, le marquis de Fervac, qu'on envoyait en ambassade; je lui fus présenté par lui, et dès le premier entretien j'eus le bonheur d'être agréé

Le marquis était un jeune homme plein de cet esprit naturel et brillant, qui a tant de succès dans le monde, mais auquel ni l'étude, ni la réflexion, n'avaient presque rien ajouté. Toute lecture sérieuse lui était insoutenable; il ne pouvait pas même achever celle d'un roman, s'il était un peu long, et il allait bien vite au dénouement, savoir si l'amant malheureux s'était noyé de désespoir, ou s'il avait fléchi la rigueur de son inhumaine, ou s'il s'en était consolé.

M. Montalde, me dit-il, quand je fus installé chez lui, nous partons dans trois mois; et il faut, d'ici là que je sache parler supérieurement bien de tout ce que contiennent les portefeuilles et les volumes que voilà. Or je vous déclare que je n'ai ni le loisir ni le courage de lire ce fatras de négociations et de correspondances. Il faut pourtant que ce soit vous ou moi qui dévorions cette lecture. Ce sera moi, lui dis-je, monsieur l'ambassadeur, la conséquence est évidente. En faisant vos extraits, ajouta-t-il, souvenez-vous de ce cuisinier qui avait réduit la quintessence de six douzaines de jambons à une petite fiole. Le langage diplomatique est compressible comme l'air; et dans ce petit portefeuille je veux avoir en poche tous ces in-folio. Vous travaillerez tout le jour; le soir nous irons au spectacle, et vous serez de mes soupers.

Je me livrai à ce travail avec d'autant plus d'ardeur que j'y voyais pour mon avenir un moyen de me rendre utile; et le marquis m'en récompensait en m'associant à ses plaisirs.

Parmi les danseuses de l'Opéra, il avait une maîtresse fort jolie et assez aimable; elle s'appelait Émilie. Tous les soirs nous soupions chez elle avec des filles de son état et des jeunes gens assortis. Le secret de mon petit talent de poëte ayant percé, je ne sais comment, on m'invitait à réciter mes vers, et on voulait bien les entendre avec cette indulgente politesse qui se donne l'air du plaisir. Je ne vous dissimule pas que j'étais fort sensible à ces petits succès.

Émilie avait la bonté d'oublier avec moi cette sévérité de nymphe de Diane qui en imposait à sa cour; et comme elle était sûre que je respecterais en elle l'objet du culte de mon ambassadeur, elle voulait bien quelquefois se rendre avec moi familière; ses camarades l'imitaient. Ainsi quelquefois, dans un coin, j'égayais avec elle le sérieux des bienséances et du respect qui régnait au souper. Vous vous moquez, dit Plémer. Du respect! du sérieux! des bienséances! chez une nymphe d'Opéra! et qu'y faisait-on?

— De l'esprit, de la galanterie délicate et légère; quelquefois de la politique; et moi, de temps en temps, un peu de poésie, l'épithalame de deux serins, le dialogue de deux perruches, ou le triomphe d'Émilie dans un pas qu'elle avait dansé, et que l'on avait applaudi. Chacune des jeunes convives ambitionnait la petite gloire d'être célébrée à son tour; et cette ambition m'attirait des attentions particulières.

La maîtresse d'un jeune duc, bien sec, bien triste, bien usé, et d'autant plus jaloux qu'il avait moins de droits de l'être, Apolline était celle qui me faisait le plus d'amitiés. Comme elle était un peu maligne, elle s'amusait avec moi des ridicules de la petite cour. Une fois que le sérieux du souper l'avait ennuyée : Savez-vous, me dit-elle, que tel de ces messieurs que vous voyez bien sages, bien respectueux avec nous le soir, a été le matin un fat impertinent chez des dames de qualité?

Je lui demandai la raison de ce contraste si singulier. Rien de plus simple, me dit-elle : chez nous la liberté n'a d'accès que dans le boudoir, et là, elle n'est introduite que par billets signés de l'amour ou de la fortune; au lieu que dans le monde... Le duc l'interrompit en s'approchant de nous, et il me demanda si j'aurais ce jour-là quelque jolie chose à leur dire. Oui, reprit Apolline, une pièce fort amusante sur la maussaderie des amants jaloux et taquins. Le duc fit la grimace, et il tourna sur le talon.

Pourquoi lui avez-vous dit cela, demandai-je à la jeune espiègle? Pour lui apprendre, me dit-elle, à n'être pas impertinent. Est-ce qu'on ne vous amène ici que pour dire des vers? C'est un fort joli instrument que votre lyre poétique, mais le plaisir de l'entendre est une faveur qu'il faut savoir rendre plus rare. Le talent, comme la beauté, s'avilit quand il se prodigue; et il y a pour vous aussi une coquetterie que je vous apprendrai.

Je lui répondis qu'au contraire j'avais toujours pensé que les petites choses n'avaient de prix qu'autant qu'on ne les faisait pas valoir, et que dans la facilité il y avait une bonne grâce qui nous conciliait l'indulgence. Point du tout, me dit-elle; sachez qu'en votre absence vous êtes jugé comme un homme qui est obligé d'être amusant. Cela me choque, moi qui vous aime, et qui vous vois vous livrer bonnement aux perfides cajoleries qu'on vous fait pour vous mettre en jeu. Je la remerciai, et je lui promis bien de me tenir un peu plus en réserve. Mais votre duc est fâché, lui dis-je, et cela m'inquiète. Oh non, soyez tranquille, me dit-elle; je suis comme un chasseur qui corrige son chien quand il a fait quelque sottise; mais j'ai beau le châtier, il revient sous le fouet. Tenez, ne le voyez-vous pas qui déja rôde autour de nous? Félicitez-moi, lui dit-elle; j'ai fait la conquête de M. de Montalde; il me fait l'honneur de venir dîner avec moi demain. Vous en serez? Il nous récitera ses vers sur le jaloux maussade. Non, répondit le duc, je n'aurai pas le plaisir de l'entendre. Et en s'éloignant, il ajouta, j'ai des vers par-dessus les yeux.

Je vois, dit-il à mon ambassadeur, que votre fat de secrétaire s'avise de faire le galant, et cherche à s'introduire avec ses petits vers; dites-lui, je vous prie, de ne pas se rendre assidu chez Apolline. Je ne le trouverais pas bon; et je serais fâché qu'un homme qui vous appartient me donnât de l'humeur.

On me fit à souper bien des agaceries pour tirer, disait-on, ma muse de cette rêverie qui attristait les plaisirs. Mais ma muse leur tint rigueur.

Vous n'avez pas été aussi aimable et aussi complaisant que de coutume, me dit l'ambassadeur en me ramenant; qu'aviez-vous donc? quelque caprice de poëte? Monsieur l'ambassadeur, lui répondis-je, personne n'est aimable tous les jours, et je ne me crois pas obligé d'être tous les jours complaisant. — Dites la vérité : vous avez de l'amour en tête. — De l'amour, non, assurément. — Je vous vois cependant bien préoccupé, bien épris de cette petite Apolline. Mais croyez-moi, ne vous y jouez pas; le duc le trouverait mauvais. Ce serait là le moindre de mes soucis, lui répondis-je. Vous auriez tort, répliqua-t-il d'un ton plus imposant. Le duc est mon ami, et je ne voudrais pas qu'il eût à se plaindre de moi. — De vous, monsieur l'ambassadeur! Et qu'aurait de commun avec votre excellence ma liaison avec Apolline? Répondez-vous de moi? Mais un peu, me dit-il; n'est-ce pas moi qui vous amène?

Et ne serais-je pas la cause?... — Oh! la cause très-innocente. — Quoi qu'il en soit, vous me ferez plaisir de laisser en paix mes amis. Le moyen, dis-je, en est facile : c'est de ne plus être de vos soupers, et je n'en serai plus. Pourquoi donc, me dit-il? — Parce que je me trouve désormais déplacé dans le cercle de vos plaisirs. — Vous y êtes, ce me semble, assez bien reçu cependant? — Oui, mais comme témoin, pour y contribuer; et ce rôle, je vous l'avoue, ne va point à mon caractère. — Vous êtes fier, M. de Montalde! — Un peu, monsieur l'ambassadeur. — Mais de bonne foi, voulez-vous que nous ayons la complaisance de vous laisser cajoler nos maîtresses? Je dois vous respecter, lui dis-je, dans la vôtre, mais dans celle-là seulement. Ce n'est pas que les autres me fassent plus d'envie; et, quoique Apolline m'amuse, je prouverai en ne la voyant pas, qu'elle ne me tient point au cœur. Mais je veux être libre; et si je donnais à quelqu'un le droit de me défendre ce qui pourrait me plaire, je ne le serais plus. Évitons, je vous en supplie, toute discussion sur ce point.

Le lendemain, j'écrivis à Apolline que je serais privé du plaisir de dîner chez elle, et je ne lui en dis pas la cause. Mais le soir, dans sa loge, le duc eut la sottise de se vanter que c'était lui qui m'avait fait défendre de la voir, sans quoi j'aurais eu mon congé. Oui-dà? dit-elle; eh bien, je vous donne le vôtre. Il fut renvoyé sur-le-champ. Il m'attribua sa disgrâce, et furieux, il alla s'en plaindre à mon ambassadeur, qui me sacrifia à son ressentiment.

Et cette brave fille, cette Apolline, dit Plémer, vous l'allâtes voir, je l'espère? — Hélas! non; j'étais triste, j'étais préoccupé de ma situation; je ne voulus pas l'associer à mes chagrins et à mon infortune. Mais en répondant au billet qu'elle eût la bonté de m'écrire, pour m'annoncer le renvoi de son duc, je lui exprimai combien j'étais sensible à ce procédé généreux. A votre place, dit Plémer, je n'y aurais pas tenu; et vous êtes plus sage que je ne l'ai jamais été. C'est que vous n'avez jamais eu, lui dit Montalde, l'inquiétude du lendemain. C'est un grand moraliste que le malheur; et dans ce moment-là, plus que jamais, j'étais à son école.

Alors on vint les avertir que leur dîner était servi. Dépêchons-nous de l'expédier, dit le Breton; je suis impatient d'apprendre ce que vous allez devenir.

Vous vous doutez bien, dit Montalde en reprenant le fil de son histoire, que j'allai trouver mon officieux d'Alembert. Au récit de mes infortunes, il s'impatienta, et m'interrompit plus d'une fois par des mouvements de colère, tantôt contre le sot orgueil, tantôt contre la vanité, plus sotte encore, disait-il, qui va briguant de petits succès, et quêtant de fausses louanges. Moi, par exemple, qu'allais-je faire dans ces jolis soupers?

n'aurais-je pas dû voir que je n'y étais point à ma place? Mais je vous gronde, reprit-il ; je prends bien mon temps pour cela! Pardon. Revenez dans trois jours; et oubliez mon algarade. Je m'en vais m'occuper de vous.

J'ai fait bien des pas inutiles, me dit-il en me revoyant; mais enfin je crois avoir une bonne idée. Ne m'avez-vous pas dit que vers la fin de vos études vous aviez fait un peu de droit? Un peu, lui dis-je. — Hé bien! je connais dans la robe un grand déblayeur de procès; il a pour aide un vieux secrétaire auquel il veut donner un élève à former pour le remplacer au besoin; je vais vous proposer pour remplir cette place; le travail en sera pénible, mais utile; en peu de temps vous serez plus instruit que la foule des avocats; sans suivre les écoles, vous aurez pris vos grades; et si vous vous sentez les talents du barreau, vous vous y produirez. J'embrassai ce projet, et il me rendit le courage.

L'homme de robe chez qui j'entrai, M. de Ferbois, était un personnage d'une gravité froide, d'un calme inaltérable, et de cette douce apathie que ni le bien, ni le mal d'autrui ne dérange de son repos. Il rapportait deux cents procès dans son année, et tous les jours, après avoir décidé du sort de deux familles, enrichi l'une et ruiné l'autre, il retournait chez lui aussi tranquille que s'il venait de prendre l'air. Que voulez-vous, disait-il en dînant? c'est le sort des procès de faire en même temps des heureux et des malheureux; il faut bien que l'on s'y accoutume. Un juge est comme un chirurgien, et il n'aurait pas la main sûre s'il se laissait trop émouvoir. J'étais frappé de ces raisons, et seulement j'en concluais que je serais un mauvais juge.

M. Rapin, le secrétaire à l'école duquel on m'avait mis, était aussi doué d'une rare dureté d'ame; mais il y joignait la rudesse; et cette brusquerie d'humeur et de langage qu'il avait avec les clients, il l'appelait intégrité. J'y fus trompé deux ou trois mois.

Mon assiduité patiente au travail dont il m'accablait, ma diligence à l'expédier, ma modestie et ma docilité à le soumettre à ses lumières, le soulagement, et peut-être l'avantage qu'il en tirait, m'avaient gagné sa bienveillance; et aux légères marques de bonté dont M. de Ferbois m'honorait de temps en temps, j'augurais bien des témoignages que lui rendait de moi M. Rapin.

Celui-ci tirait tous les mois d'une cassette, plus ou moins pleine, ce qui m'en revenait, disait-il, pour mon lot; et cette légère rétribution me suffisait si bien, que je me trouvais à mon aise. Ma seule peine était d'apprendre quelquefois qu'à la suite de mes extraits, les conclusions du rapporteur avaient été tout l'opposé de celles que le bon sens m'auraient dictées. Je m'en plaignais à d'Alembert, qui, en m'écoutant, faisait la moue. J'en témoignai aussi un jour ma surprise à M. Rapin. De quoi vous mêlez-vous, me dit-il brusquement? Quand vous avez dépouillé un procès et remis le travail au juge, votre tâche est remplie, il n'y faut plus penser. Les affaires ont tant de faces, les lois tant d'aspects différents ! Et puis, qu'importe de quel côté penche la balance du juge, et quel est le sort des procès? Perte ou gain, tout devient égal au bout de l'an dans la somme du bien public; il ne s'en perd pas une obole; et les procès ne sont, à les bien prendre, qu'un moyen de circulation.

Je ne fus pas édifié de cette leçon de mon maître. Ce jeu de *croix ou pile* sur le sort des procès, et cette circulation où la perte et le gain, tout revenait au même, altéra un peu le respect que j'aurais voulu lui devoir; et peu de temps après j'achevai de le bien connaître.

Attaqué de la goutte et retenu chez lui, il fut obligé de me laisser seul quelque temps livré à moi-même, au milieu des plaideurs. Il en prit de l'inquiétude. J'allais bien tous les jours lui rendre compte de mon travail et des audiences que j'avais données; mais je voyais qu'il avait avec moi quelque peine d'esprit qu'il ne me communiquait pas. Un jour, après avoir examiné un extrait important que je lui présentais: Voilà qui est fort bien, me dit-il; mais avez-vous vu les parties? Je répondis que je les avais vues. — Eh bien? — Je les ai écoutées l'une et l'autre avec attention. — Eh bien? — Elles s'en sont

allées satisfaites de mon accueil. — Et voilà tout!
— Oui, monsieur, voilà tout. Je leur ai dit d'être tranquilles, et que j'expédierais leur affaire au plutôt. — Au plutôt! mais vraiment je ne m'étonne pas si chacun s'en va satisfait. Avec ces façons-là il n'y en aurait pas un...... A ces mots, il s'interrompit; et après avoir réfléchi quelques instants : Non, cette affaire-là n'est point pressée, me dit-il; attendons. En voici une qui presse davantage. Les plaideurs pour et contre m'ont fait demander à me voir. Je vous les enverrai. Écoutez-les, ne leur promettez rien, et n'ayez pas l'air si facile; vous me direz comment ils se seront conduits.

Ils vinrent; je les écoutai patiemment, mais froidement, comme Rapin me l'avait prescrit; et l'un des deux, plus inquiet que l'autre de cet accueil sévère, laissa sur mon bureau un rouleau d'or que je n'aperçus que lorsque le client fut déja loin. Je pris cela pour une offense, et je courus chez mon goutteux lui conter mon humiliation.

Rapin me regarde avec un air sournois, et un souris moqueur qui me fut de mauvais augure. Vous avez bien raison d'être offensé, me dit-il! Ce plaideur est un sot, un impertinent..... Laissez-moi là son or; et qu'il ose venir à moi, je le relancerai, je le tancerai d'importance. Au moins dites-lui bien, repris-je, que je n'avais pas vu l'affront qu'il me faisait. — Je n'y manquerai pas. —

Que j'ai couru après lui. — Fort bien. — Que je l'ai rappelé. — Sans doute. — Et que si j'avais su où le trouver je serais allé lui jeter au nez son infâme présent. — Je dirai tout cela. Il faut avoir l'ame bien basse, continuai-je, pour en supposer une corruptible et vénale dans le secrétaire d'un juge ! Il est vrai, dit Rapin, cela crie vengeance; et nous ne sommes pas d'humeur à souffrir de pareils affronts. Mais laissez-moi, je suis dans l'accès de ma goutte, et je n'ai pas besoin de m'échauffer le sang.

Ah ! le vieux Rapin, dit Plémer ! je gage qu'il s'est moqué de vous, et qu'il gardera le rouleau. J'en eus quelque soupçon, reprit Montalde; et je me promis bien de savoir du plaideur s'il le lui aurait rendu. Mais Rapin, qui ne voulait pas d'éclaircissements là-dessus prévint mes informations. Le lendemain, lorsque j'allai présenter mon travail à M. de Ferbois, il me reçut d'un air plus accueillant, plus affable que de coutume. M. de Montalde, me dit-il, je suis content de votre assiduité, de votre diligence; mais vous êtes bien neuf dans les affaires ! Le bon M. Rapin n'a pas eu le temps de vous former; il est malade, et pour le suppléer, j'ai besoin d'un homme plus mûr et plus instruit que vous ne pouvez l'être. J'en suis fâché, j'estime vos talents et vos mœurs. Allez, comptez sur moi : je vous protégerai, et je rendrai de vous les meilleurs témoignages.

Je m'en allai sans aucun regret de n'être plus à cette école, mais persuadé qu'un mauvais génie se plaisait à me repousser dans le fond de l'abyme d'où je voulais sortir.

M'y voilà retombé, disais-je; et que faire pour m'en tirer? aller encore être importun à ce bon d'Alembert, après qu'il avait épuisé tous les moyens de me servir ! Il y aurait eu de la bassesse. Priver ma mère du peu de bien que je lui avais laissé ! Être à charge à mes sœurs, et rapporter dans mon pays toute l'humiliation de mes espérances trompées ! plutôt mourir. Mais puisqu'enfin je n'avais plus qu'à me casser la tête, pourquoi ne pas le rendre utile à mon pays, ce courage du désespoir? Il me restait encore la ressource honorable de mourir en soldat; je voulus m'engager. Hélas ! en me toisant, l'enrôleur me trouva trop petit de six lignes.

Rien jusques-là ne m'avait été plus indifférent que la mesure de ma taille; je n'y avais même jamais pensé. Mais il est pour l'ame des situations où un surcroît d'adversité, quelque léger qu'il soit, achève de l'abattre. La pensée que j'étais le rebut même de la milice, me saisit, me pressa le cœur; et je sentis le fiel qui passait dans mon sang s'épancher jusque sur mes lèvres, je sentis courir dans mes veines le frisson de la fièvre lente dont vous m'avez vu consumé. Je vins avec le peu d'argent qui me restait tomber malade dans cet hôtel, et je demandai une garde. Le Ciel m'envoya cette femme si charitable, cette bonne Dupré; il m'a depuis envoyé le meilleur et le plus généreux des hommes; le Ciel ne veut donc pas que je sois toujours malheureux.

Non, reprit Plémer, non, vous ne le serez plus, ou bien nous le serons ensemble. Il y a long-temps que je cherche un homme qui chez moi, à la tête de mon commerce, soit un autre moi-même; et il ne tient qu'à vous d'être cet homme-là.

Montalde, pénétré de reconnaissance et de joie, serait tombé aux genoux de Plémer, si celui-ci ne l'eût relevé brusquement. Oh! point de ces transports, dit-il, je ne les aime pas; ils ont l'air de l'étonnement; et je ne veux pas qu'on s'étonne quand je fais une chose honnête. L'air de Paris ne nous convient ni à l'un ni à l'autre: mes affaires y sont finies; mes adieux y sont faits; ma chaise est à deux places; partons demain pour Nantes; la bonne dame Dupré, votre garde, nous y suivra.

Je vous demande, lui dit Montalde, le temps d'instruire le digne d'Alembert de ma bonne fortune, et de prendre congé de lui. Allons le voir ensemble, dit Plémer: je ne veux point partir sans embrasser cet homme-là.

D'Alembert fit un haut-le-corps en voyant paraître Montalde. Vous voilà, lui dit-il! je vous ai cru noyé. Qu'êtes-vous devenu depuis que M. de Ferbois vous a remercié? J'ai été malade, lui dit

Montalde, et je n'ai pas osé.....—Belle discrétion, qui met un pauvre homme au supplice! Avais-je mérité que vous me fissiez un mystère de l'état où vous vous trouviez? Montalde lui conta tout ce qui lui était arrivé. Ah! monsieur, s'écria le philosophe en parlant à Plémer, la bonne chose que la richesse dans des mains bienfaisantes! et de quelle peine vous me tirez! ce diable d'homme m'a rendu plus malheureux que lui. Il y a deux mois que je ne dors point, et que je le cherche comme une épingle. Allez, monsieur, je devrais être furieux contre vous, et je ne vous pardonne qu'en considération de cet excellent homme qui a la bonté de vous aimer. Ma foi si je suis bon, reprit Plémer, je trouve un homme encore meilleur que moi; et j'en suis bien aise : je ne croyais pas qu'il y en eût. Adieu, monsieur, je n'oublierai jamais votre colère. Ils s'embrassèrent comme d'anciens amis; et le lendemain, Plémer et Montalde partirent.

Dans ce voyage, la santé de Montalde acheva de se rétablir. Son ame enfin se reposait dans un calme délicieux; son bonheur lui semblait un rêve; et le charmant spectacle de la fertilité que lui offraient les bords de la Loire, contribuait encore à son enchantement.

Vous allez être transplanté, lui dit Plémer, dans un monde nouveau, je vous en avertis. Mes livres de négoce ne ressemblent pas à de la poésie, mais vous y trouverez peut-être une sorte d'intelligence qui vaut bien celle du bel-esprit. Ce n'est pas une petite chose que dé combiner les besoins, les facultés, les moyens d'échange de tous les pays des deux mondes, et de calculer pour soi-même les hasards, les périls, les avantages d'un commerce qui embrasse la terre et les mers. J'espère que dans ces spéculations la tête même d'un poëte ne sera pas à l'étroit; et si je ne me trompe, ce genre de travail est plus digne de vous que le grimoire de la politique et que celui de la chicane.

Dans la situation d'où vous m'avez tiré, lui dit Montalde, tout ce qui peut honnêtement donner à vivre m'eût été bon; mais rien au monde ne pouvait mieux me convenir que de m'attacher pour la vie à un homme à qui je la dois.

Montalde en arrivant à Nantes, y trouva de nouveaux objets d'estime et de vénération. La maison de Plémer était le modèle de l'ordre. Sa femme, avec une noblesse naturelle, une dignité simple, une vigilance imposante, présidait à l'intérieur domestique; elle avait l'œil à tout. Plémer ne s'y mêlait de rien. Sa fille, sous le doux empire de cette mère vertueuse, était chargée de tous les soins qui demandaient de l'activité.

Gabrielle (c'était le nom de cette fille unique) semblait n'avoir jamais eu le loisir de s'apercevoir qu'elle était belle; et ni son miroir, ni son cœur, ne lui avaient dit encore, quoiqu'elle eût dix-huit ans, à quoi ces beaux yeux noirs et ces longues paupières, ces traits si doux, ce teint si frais, cette bouche où l'on croyait voir des feuilles de jasmin briller parmi les roses, cette taille souple et légère où se formaient déja tant de charmes naissants, étaient destinés par l'amour. Montalde le sut avant elle, et ce fut pour lui la dernière et la plus douloureuse épreuve du malheur.

Lui qui, au milieu des plus aimables vices, avait sauvé sa liberté de toutes leurs séductions, trouva l'écueil de cette liberté dans un regard de l'innocence; et son cœur ne fut pas seul atteint du trait inévitable qui lui était réservé.

Plémer impatient de compter à sa femme la rencontre qu'il avait faite, se livra indiscrètement au plaisir de louer, devant sa jeune fille, le caractère de Montalde, la bonté, la candeur, l'élévation de son ame, le courage simple et modeste avec lequel il avait préféré l'infortune à l'humiliation, et sa noble délicatesse, et sa douceur inaltérable dans l'abandon où il était réduit entre la misère et la mort. A ce récit, le bon Plémer s'applaudissait de voir couler les larmes de sa fille, sans songer au péril que courait à l'entendre le cœur de cette jeune enfant.

Ce fut cet éloge imprudent, plus que la vue de Montalde, qui fit sur l'ame de Gabrielle cette première impression qui ne s'efface plus. Elle la reçut sans alarmes. Elle était loin de soupçonner, dans une émotion si douce, l'intérêt dangereux qui s'y mêlait à son insu.

Montalde ne fut guère plus alarmé du ravissement que lui causa la vue de l'innocente Gabrielle. Ni la douceur de son regard, ni le charme de son langage, ni l'aimable simplicité de ses manières, ni cette grâce ravissante qui accompagnait négligemment toutes ses actions, rien dans la fille de son ami ne lui parut à redouter. Il se croyait bien sûr de ne la voir jamais qu'avec ce plaisir pur que nous cause la perfection des ouvrages de la nature; mais lorsqu'il s'aperçut que le son de sa voix le pénétrait jusqu'au fond de l'ame, qu'il ne pouvait la voir paraître sans un frémissement secret, qu'il sentait son cœur tressaillir lorsqu'elle daignait lui sourire, que la parole expirait sur ses lèvres toutes les fois qu'en lui parlant ses yeux se fixaient sur les siens; que son image le poursuivait sans cesse, et que dans la veille il ne pouvait avoir d'autre pensée, ni dans le sommeil d'autre songe : Qu'est-ce donc qui se passe en moi, se dit-il à lui-même, et de quel prix, en arrivant, payé-je les bontés d'un homme qui m'a retiré du tombeau? Moi, de l'amour! moi, malheureux! pour une fille destinée à posséder des biens immenses, et à choisir dans les plus hautes classes le plus fortuné des époux! Il est impossible, sans doute, de la voir sans être ému, saisi, ravi d'étonnement; jamais dans sa simplicité la nature ne fut si belle. Mais que l'admiration qu'elle me cause soit innocente comme ses charmes : loin de moi l'espérance, et avec l'espérance loin de moi le désir, loin de moi la pensée de troubler un moment le repos, la sérénité de cette ame paisible et pure! Aimons-la, mais comme ma sœur : son père n'est-il pas le mien?

Cette résolution bien prise, Montalde se sentit réconcilié avec lui-même. Il fut calme, mais il fut triste; et le travail dont il était chargé, servit d'excuse à sa tristesse. Il est, disait Plémer, naturellement sérieux.

La confiance que lui marquait ce brave homme était sans réserve. En l'initiant aux plus savantes spéculations du commerce, il le voyait avec étonnement les saisir d'un coup-d'œil, les embrasser, quelquefois les étendre, et parcourir de la pensée toutes les branches de cette science vaste jusque dans ses derniers rameaux.

Mon ami, lui dit-il au bout de quelques mois, ce n'est pas l'esprit du commerce que vous avez, c'en est le vrai génie; et si vous n'allez pas un jour plus loin que moi, ce sera votre faute. Je vous prédis la plus haute fortune, si vous y employez vos moyens. En attendant, je dois vous faire un sort. Je le ferai modeste; n'allez pas me fâcher en me contrariant.

Vous serez avec moi six ans à la tête de mes affaires. Votre travail ne peut s'apprécier au-dessous de deux mille écus.... Non pas moins, s'il vous plaît. Laissez-moi dire jusqu'au bout. Vous êtes sage, et cent pistoles suffiront à votre dépense. Voilà donc, au bout de six ans, dix mille écus d'épargne bien assurés; ils sont à vous. Eh bien, dès-à-présent employons vos économies, et plaçons-les sur un de mes navires. S'il revient à bon port deux fois, vos fonds auront doublé. Et s'il périt, dit le jeune homme! S'il périt, dit Plémer, nous recommencerons, vous me devrez encore six ans. Ma vie entière, s'écria Montalde. Je le veux bien, dit Plémer en riant; mon marché n'en est que meilleur; et vous voyez que je ne risque rien à vous faire quelques avances.

Je vois, monsieur, reprit Montalde, que vous voulez en agir en père. Eh bien! faites pour votre enfant tout ce qu'il vous plaira. Loin d'en rougir, il fera gloire de tout devoir à vos bontés.

La situation de Montalde, après cet entretien, n'en fut que plus pénible; car de nouveaux bienfaits étaient pour lui des liens nouveaux; et la ressource des ames faibles, l'éloignement ne lui était plus permis. Retenu dans les chaînes de la reconnaissance, il se voyait condamné à vivre auprès de celle qu'il adorait, sans même oser aspirer à lui plaire. Dans peu elle allait s'engager; il fallait que son cœur fût libre de suivre le don de sa main; vouloir porter atteinte à cette liberté, aurait été pour lui le crime du plus vil, du plus détestable des hommes. L'amitié, la confiance, la plus sainte hospitalité, tout serait trahi par un mot, par un regard, par un soupir qui décelerait son amour. Ah! plutôt mille morts que de vivre un moment chargé d'une si noire ingratitude ! Tout dans cette maison m'est sacré, disait-il, et je n'ai que le choix d'y être un monstre ou d'y être un héros. Un héros, oui, je le serai, si j'ai la force de me vaincre, et je l'aurai ; le Ciel à qui je la demande sera juste en me l'accordant.

Dès-lors toutes les puissances de son ame se réunirent pour commander à ses yeux, à sa voix, à son cœur, de tenir caché le secret de sa passion, qui tous les jours allait croissant, et que l'innocente ingénuité de Gabrielle ne cessait d'enflammer encore.

A Paris, comme la prétention de former à son gré le caractère d'une jeune femme est la chimère de tous les maris, l'attention de toutes les mères est d'élever leurs filles dans un état de réserve et de dissimulation qui ne laisse rien voir de décidé en elles. Une fille à marier est dans le monde une espèce de chrysalide jusqu'au moment qu'en déployant ses ailes, elle se change en papillon. En province, on n'a pas le même soin de tenir caché le naturel d'une jeune personne ; et ce n'est pas pour elle une règle de bienséance de garder le secret de son ame et de son esprit. Dès l'enfance, on avait donc laissé à Gabrielle la liberté d'exprimer sa pensée et les mouvements de son cœur. Mais soit par la continuité et l'habitude des bons exemples, soit par ce sentiment exquis qui est l'instinct des ames bien nées, il n'y avait jamais eu rien de répréhensible dans cette heureuse liberté.

Gabrielle ne fut pas plus gênée lorsque Montalde fut admis dans l'intimité de la maison. Madame Plémer avait pour lui de ces attentions délicates qui ne veulent pas même être aperçues, et qui sont d'autant plus flatteuses qu'elles s'emblent involontaires. Gabrielle les imitait. C'était un mélange d'estime et de bienveillance habituelle, qui, sans avoir rien de familier, n'avait rien que de naturel ; et cette politesse de sentiment qui fait le charme de l'amitié, n'aurait laissé voir à Montalde aucune différence entre Gabrielle et sa mère. Mais à des signes imperceptibles pour tout autre que pour lui-même, tantôt à la douce langueur d'un regard reposé sur lui, tantôt à l'altération de l'accent d'une voix timide, quelquefois à une faible teinte de rougeur dont elle s'animait en lui adressant la parole, ou bien au léger tremblement de cette belle main qui lui versait du thé, le plus souvent à l'émotion dont elle était saisie lorsqu'il exprimait à sa mère l'excès de sa reconnaissance, il crut voir qu'elle avait pour lui plus que de la simple amitié ; et ce fut alors qu'il éprouva le plus cruel des tourments de l'amour, celui auprès duquel la soif de Tantale n'était qu'une peine légère.

Ou je me fais illusion, disait-il, ou ce sont là des symptômes d'amour, d'un amour faible à sa naissance et qu'heureusement elle ignore, mais qui peut faire à son insu de dangereux progrès. Que vais-je devenir? Ah! c'est à-présent que j'ai besoin de tout mon courage. Et plus la sensibilité de Gabrielle se décelait par mille traits naïfs qu'il n'apercevait que trop bien, plus, sous un air sérieux et modeste, la sienne se tenait retirée au fond de son cœur. Ce cœur brûlait, mais d'un feu caché dont ses yeux même ne laissaient échapper presque aucune étincelle : heureux s'il n'avait eu que ces premiers combats à soutenir.

Plémer, en rappelant devant sa femme et devant sa fille les aventures de Montalde, l'avait plaisanté quelquefois sur la maladresse qu'il avait eue de ne pas composer pour la fête de sa comtesse quelque belle pièce de vers. Gabrielle saisit cette plaisanterie; et lorsque vint la fête de sa mère, elle demanda au jeune homme s'il laisserait passer de même ce beau jour sans le célébrer par quelques couplets de chanson. — Et qui les chantera? — Moi, lui répondit-elle. Jugez de quelle ardeur sa verve s'anima! L'esprit n'y fut pour rien; mais le sentiment le plus pur, la piété la plus touchante, l'amour filial qui, lui-même, avait passé dans l'ame du poëte, dicta l'éloge de cette digne mère que sa fille devait chanter. Tous les traits de son caractère y étaient peints sans être flattés, et avec des couleurs si douces et des touches si délicates, que la plus modeste des femmes pouvait l'entendre sans rougir; c'était le miroir de son ame.

Plémer, avec sa brusquerie, était un homme profondément sensible. La voix de sa fille, l'éloge le plus naïf et le plus juste d'une femme qu'il adorait, la présence de ses amis, le spectacle charmant de cette fête domestique, tout cela réuni, l'émut au point que ses larmes coulèrent. Celles de madame Plémer inondaient son visage, le jeune cœur de Gabrielle interrompait à chaque instant sa voix par des sanglots, et au dernier couplet, qu'elle eut bien de la peine à faire entendre, elle tomba dans les bras de sa mère. Plémer vint aussi l'embrasser; et les amis de la maison s'empressaient tous à lui faire hommage de l'attendrissement dont ils étaient saisis; Montalde seul se tenait éloigné.

- Venez, monsieur, lui dit la mère; venez, que je vous remercie des sentiments délicieux que vous me faites éprouver. Il s'inclina pour lui baiser la main : mais elle l'embrassa; et en se relevant, il se sentit presser la main par les deux mains de Gabrielle, qui lui dit en pleurant encore, et d'une voix qui eût amolli le marbre : Ah! monsieur, que mon père a bien raison de vous aimer! Dès ce moment il se crut perdu.

Le soir, l'illumination de l'un des navires de Plémer annonça dans le port la fête et le souper qu'il y donnait pour bouquet à sa femme. Elle y fut menée en triomphe au son des instruments, tenant sa fille par la main, et quoiqu'ils n'eussent invité à cette fête que des amis, le cortége en était nombreux. Le souper fut splendide; et durant le souper, les deux bords de la Loire ne cessèrent de retentir du bruit d'un concert ravissant. Jamais plus douce joie n'avait régné dans une fête; mais cette joie fit bientôt place aux alarmes les plus cruelles.

Lorsqu'on se retira, la lune répandait du haut du ciel la clarté la plus pure; elle servait de fanal aux rameurs; et Plémer ayant pris de sages précautions pour que sans péril tout son monde fût ramené du vaisseau sur la rive, se retirait lui-même le plus heureux des hommes, lorsqu'en mettant le pied sur la chaloupe, il glisse et tombe dans les eaux. Montalde s'y élance après lui, et sans savoir nager, et sans autre soutien que le bout d'un cordage qui pendait à la barque, il saisit Plémer d'une main et le dispute aux flots qui le roulaient sous le navire. A l'instant même les matelots viennent à leur secours, et les enlèvent tous les deux.

Quand Plémer fut sur la chaloupe, et qu'il eut repris l'usage de ses sens : Eh bien! dit-il à Montalde, à-présent qui de nous deux est insolvable? Le jeune homme, encore tout saisi de l'effroi qu'il lui avait causé, l'embrassait et pleurait de joie. Ils arrivent au bord où madame Plémer, sa fille, ses amis, les attendaient épouvantés des cris qu'ils avaient entendus. Rassurez-vous, leur dit Plémer en abordant; grâce au Ciel, me voilà; je l'ai échappé belle! J'étais tombé dans l'eau, j'allais périr; c'est Montalde qui m'a sauvé. A ces mots, madame Plémer embrasse son époux; et Gabrielle, dans un transport de reconnaissance et de joie, saisit et serre dans ses bras le libérateur de son père. Ah! je vous dois plus que la vie, lui dit-elle en le pressant contre son sein. O Dieu! s'écria-t-il en s'arrachant des bras de celle qu'il adorait, ô Dieu ne m'abandonnez pas! Madame Plémer à son tour embrassa le jeune homme; et avec elle au moins il put céder au mouvement d'une mutuelle amitié. Tout fut mêlé dans ce moment d'un reste de frayeur et d'un excès de joie; et ni le cœur de Gabrielle, ni celui de Montalde n'eut le temps de se consulter.

Mais lorsque, rendus à eux-mêmes, chacun des deux put réfléchir à ce qui venait de se passer : Que lui ai-je donc fait, se demanda-t-elle en pleurant, pour m'avoir rebutée avec tant de rigueur? J'ai oublié un moment, je l'avoue, les bienséances de mon âge; mais dans quel moment, et pourquoi? J'ai embrassé Montalde, comme j'aurais embrassé l'autel du dieu qui aurait sauvé mon père. Ah! Montalde! si ce mouvement, tout involontaire qu'il a été, vous semble indigne d'une ame vertueuse, vous avez été orphelin dès le berceau, jamais une mère ne vous a souri, jamais un père ne vous a caressé; vous ne connaissez ni la force des liens du sang, ni la tendresse de la nature. Cruel, comment avez-vous pu me traiter aussi sévèrement? Qu'avez-vous donc pensé de moi?

Gabrielle ne dormit point; son lit fut baigné de ses larmes; et dans cette longue insomnie, sa tête se troubla, son sang s'alluma dans ses veines, son haleine brûlante ne s'exhalait plus qu'en soupirs. Enfin se rappelant ce qu'elle avait entendu dire des tourments de l'amour : Ah! c'en est fait de moi, dit-elle, j'ai senti ce cœur généreux palpiter sur mon sein; un feu rapide a passé dans mon sang, et c'est ce feu qui me dévore. O mon père! pardonnez-moi l'ivresse et le délire de ma reconnaissance. Puis-je ne pas aimer, puis-je aimer assez le mortel qui, au péril de sa vie, vous a sauvé? Qui, après vous, après ma mère, il est ce que j'ai de plus cher au monde. Je sais qu'il est sans bien; mais que serait pour moi la fortune la plus brillante en comparaison de vos jours que je lui dois! Ah! que ce soit là sa richesse, et que la fille de Plémer n'ait jamais d'autre époux que celui qui a sauvé son père.

La situation de Montalde était mille fois plus cruelle. Innocent jusque-là, il ne se sentait plus la force de la garder cette innocence, qu'un malheureux moment lui ferait perdre pour jamais. Les vils moyens de séduction étaient loin de son ame; il s'estimait assez pour ne craindre de son amour rien de lâche, rien de honteux. Mais malgré lui, cette aimable enfant était peut-être déja séduite; et si son cœur était atteint; si elle respirait près de lui le feu dont il brûlait lui-même; si bientôt enfin l'un et l'autre ils en étaient au point de ne pouvoir plus se cacher une passion sans espoir, quelle serait l'issue de cet abyme de malheur où il l'aurait laissée tomber, où il serait tombé lui-même? Un crime involontaire, dont on a prévu le péril sans l'éviter, n'est-il donc plus un crime? N'ai-je pas eu, se disait-il, et n'ai-je pas encore le recours de la fuite et le refuge de l'absence?

Loin de moi les lâches excuses d'une passion insurmontable! Loin de moi cette probité qui s'étale en belles paroles, et qui se croit lavée par de vaines excuses, de la honte de succomber! Non, jamais l'honneur et la foi ne doivent courir aucun risque; dès que le succès de l'épreuve est douteux, il faut l'éviter; et ce courage encore me reste. Il m'est affreux de me séparer du seul ami que j'avais au monde; il m'est affreux de retomber dans la misère et dans l'abandon; il m'est encore bien plus affreux de m'éloigner de Gabrielle; mais plus cet effort est pénible, plus il est nécessaire. Ainsi parlait Montalde; et impatient de s'assurer de lui-même en consommant ses sacrifices, il attendait le jour pour aller voir Plémer. — L'aller voir! et que lui dirai-je! Comblé de ses bienfaits, honoré de sa confiance, pénétré des bontés qu'avec tant de franchise il me prodigue tous les jours, comment aurai-je le courage de lui annoncer que je le quitte! Et quelle excuse lui donnerai-je de ce départ précipité? Il le faut cependant, il faut paraître injuste, ingrat, mal-honnête homme, et ne pas l'être. O chère estime de moi-même! doux témoignage de mon cœur! vous me suivrez dans mon exil, dans ma misère, dans cette vie errante et douloureuse que je traînerai loin de Nantes, loin de cette maison respectable et chérie où toutes les prospérités semblaient se présenter à moi! vous me suivrez! et, s'il est possible, ce sera vous qui me consolerez! A ces mots, son cœur soulagé laissait éclater ses soupirs, et des ruisseaux de larmes s'épanchaient de ses yeux. Ainsi la nuit s'était passée lorsqu'il descendit chez Plémer, résolu de prendre congé de lui, mais aussi pâle, aussi tremblant qu'un criminel que l'on mène au supplice.

En descendant, il rencontra la bonne madame Dupré, qu'on avait appelée à Nantes, et dont madame Plémer avait fait l'économe de sa maison. Eh bon dieu! lui dit-elle, dans quel état vous êtes! Les yeux battus, le teint plombé! le visage défait! Allez-vous être encore malade? J'espère que non, dit-il; mais il est vrai que je ne suis pas bien. Je crois connaître votre mal, reprit-elle; et je crains bien que celui-ci ne soit pas facile à guérir. Mon mal, à moi! reprit Montalde avec surprise : quel est-il? que voulez-vous dire? — Ah! M. de Montalde, ce n'est pas avec moi que vous pouvez dissimuler. Je vous aime; et depuis que je suis dans cette maison, je vous observe, et je vous plains. Madame, reprit-il, je ne vous entends pas; mais quoi que vous pensiez de moi, je vous conjure de vous taire. Oh non, dit-elle en s'en allant, n'ayez pas peur; ce ne sera pas moi qui parlerai. Mais vous! mais cette pauvre enfant!.... Ah! prenez bien garde à vos yeux.

Eh bien, se dit-il à lui-même, voilà que cette bonne femme a pénétré le secret de mon cœur. Non, l'amour ne peut-être long-temps caché; et si je ne veux pas que le mien se trahisse, il faut que je m'éloigne. Allons, et ne différons plus.

Savez-vous, mon ami, lui dit Plémer en le voyant, que Gabrielle se ressent de l'impression que lui fit hier l'accident de son père? Elle a eu cette nuit une fièvre brûlante; et il lui en reste encore un violent mal de tête. Sa mère est auprès d'elle : je vais la voir; venez la voir aussi. Ce sera un calmant pour elle que la vue de mon sauveur. Montalde le suivit auprès du lit de Gabrielle.

Et quoi, ma fille, lui dit Plémer, tu n'es pas encore rassurée! Nous voilà tous les deux, le péril est passé; tu n'as plus qu'à te réjouir. Montalde a eu peur comme toi! il en est pâle encore; mais moi je ne m'en ressens plus, et jamais la vie ne m'a été plus douce que depuis que je la lui dois. Les yeux de Gabrielle, attachés sur son père tandis qu'il lui parlait, brillaient de l'éclat le plus vif. N'a-t-elle pas encore un peu de fièvre, demanda-t-il à madame Plémer? Voyons. Je ne m'y connais guère. Vous qui devez vous y connaître, Montalde, tâtez-lui le pouls. Eh bien! oui, c'est moi, c'est son père qui vous demande de lui tâter le pouls. Avez-vous peur que sa main ne vous brûle? ou que son mal de tête ne soit contagieux? Montalde s'approche en tremblant; et Gabrielle, en laissant tomber son bras sous la main de Montalde, tient ses yeux attachés sur les yeux de sa mère, comme pour y puiser la force dont son faible cœur a besoin. Mais lorsqu'elle sentit la main de son amant lui presser doucement l'artère, il lui prit un tressaillement qu'elle voulut lui dérober en retirant sa main. O par combien de traits imperceptibles et pénétrants l'amour se décèle à l'amour!

Montalde, en s'efforçant de cacher son émotion, dit que le pouls n'était pas bien remis, mais que dans peu il serait tranquille. Je l'espère, dit Gabrielle, levant les yeux au ciel : je serais trop à plaindre si le trouble que m'a causé la nuit dernière était durable : j'en avais l'esprit égaré. Ah, ma fille! lui dit sa mère, avec des cœurs tels que les nôtres, il est bien difficile et bien rare qu'on soit heureux! Bon! si le Ciel nous eût faits, dit Plémer, moins sensibles et moins aimants, goûterions-nous si bien les délices d'un bon ménage? Croyez-vous qu'à vivre pour soi l'on trouve mieux son compte? On s'épargne des peines; mais de quels doux plaisirs ne se prive-t-on pas? Qui n'aime point n'est point aimé, et quel charme a pour lui la vie? Je sais ce que me coûte ma sensibilité; mais quelque mal qu'elle me cause, tenez, je n'en donnerais pas un seul grain pour des monceaux d'or. Ne pensez-vous pas comme moi, Montalde? Hélas! dit le jeune homme, ce n'est pas en aimant ce qu'on doit aimer qu'on peut se trouver trop sensible; on croirait bien plutôt ne l'être pas assez. Ces mots accompagnés d'un regard qui avait fait la ronde, répandirent un peu de calme dans les veines de Gabrielle. Mais ce calme, que ses parents prirent pour celui de son ame, ne fut que celui de ses sens, et Montalde y vit la langueur d'une profonde mélancolie. Il en savait la cause; il vit qu'il était temps d'y apporter le plus prompt remède; et il alla trouver Plémer.

Monsieur, lui dit-il en l'abordant, je vais vous étonner. Mais quelque étrange que vous semble la résolution que j'ai prise, ne m'en demandez pas la cause, et daignez me la pardonner. Je vous chéris et vous révère comme l'ami le plus vertueux, le plus rare. Un père n'eût pas fait pour moi plus que vous, je le sais, je ne l'oublierai de ma vie; et cependant je vous conjure de me permettre de vous quitter. Plémer sauta de son fauteuil, de surprise et d'étonnement. Me quitter! vous, Montalde! et pourquoi, s'il vous plaît? vous aurait-on donné chez moi quelque désagrément? j'aurais peine à le croire. — Hélas, monsieur! je n'y reçois que des marques d'estime, de bienveillance et de bonté. — Qu'est-ce donc qui vous en éloigne? Le sort que je vous fais est bien modique; mais parlez, je puis..... — Ah! ne m'accablez pas d'un soupçon trop injuste : mon cœur vous est connu; c'est à regret, vous le savez, que j'ai permis à vos bienfaits de passer de si loin toutes mes espérances. Je n'ai que trop à me louer de la noblesse de votre ame. Vous n'êtes que trop généreux. — Et sans aucun mécontentement vous voulez me quitter! — J'en suis au désespoir; mais le plus saint devoir me l'ordonne. — J'entends; votre mère gémit de votre éloignement? Elle vous demande auprès d'elle? Mon ami, faites-la venir : cette maison sera la sienne; ma femme sera son amie; nous n'en serons que plus heureux. Oppressé de tant de bontés, Montalde répondit que sa mère ne souffrait point de son absence; qu'il la savait tranquille et contente auprès de ses sœurs; et qu'elle ne manquait de rien. Dites-moi donc, insista Plémer, ce qui vous force à m'abandonner. Ma destinée, dit le jeune homme. — Oh pour le coup je ne vous conçois plus! dit Plémer avec violence. Votre destinée! ah, Montalde! la destinée est la vaine excuse des torts qui n'en ont plus aucune; et ce n'est pas avec ce mot vide de sens qu'un homme comme vous doit se justifier. J'appelle, dit Montalde, ma destinée, un caractère inquiet, inconstant que j'ai reçu de la nature, et qui ne peut me laisser en repos dans aucune situation; vous l'avez vu. — Je vous ai vu quitter une comtesse impertinente, un arrogant marquis, un je ne sais quel juge, et son fripon de secrétaire ; il n'y a rien d'étonnant dans tout cela. Mais moi, qui suis un homme simple, un bon homme, moi qui vous aime, moi qui comptais passer ma vie avec vous !... Non, monsieur, ce caprice n'est pas croyable. Il y a là-dedans quelque chose d'incompréhensible pour moi ; et si vous ne m'expliquez pas ce que c'est, je vous tiens pour un méchant homme ou pour un fou. Vous n'avez qu'à choisir. Oui, pour un fou, j'y consens, dit Montalde, en se jetant aux genoux de Plémer ; mais pour un méchant, non, non, je vous en conjure ! je vous aime, je vous révère, je ne suis point ingrat, je donnerais pour vous tout mon sang..... — Et vous me quittez ! Montalde, levez-vous, regardez-moi en face. Pour une ame comme la vôtre, cette légèreté, ce caprice, cette inconstance n'est pas dans la nature. — De grâce, interrompit le jeune homme, cessez de me mettre à la gêne, et abandonnez-moi à mon malheur. — Eh non, morbleu, je ne veux pas vous y abandonner ; je veux savoir, en perdant mon ami, comment et pourquoi je le perds. S'il s'en était allé lorsqu'il n'avait encore rien fait pour moi, je l'aurais laissé libre ; et quoiqu'il m'eût navré le cœur, je lui aurais pardonné. Mais après m'avoir sauvé la vie, après m'avoir attaché à lui par les liens les plus doux, les plus forts, vouloir les rompre et me quitter ! Non, dit-il en pleurant, non, je ne le souffrirai point, ou je saurai pourquoi. — Je suis désolé de vous dire que vous ne le saurez jamais. — Non? Eh bien, je le sais, votre silence me l'explique : vous êtes amoureux ou de ma femme ou de ma fille. Oui, monsieur; c'est là ce secret que je ne puis vous arracher. — Moi, monsieur, amoureux de votre femme! — Pourquoi pas, reprit brusquement le bon homme? Elle est encore assez jolie pour donner de l'amour ; mais si ce n'est pas elle qui vous tourne la tête, c'est donc ma fille? — Hélas! oui, monsieur. — Eh malheureux! que ne parliez-vous? Il y a six mois que je vous la destine.

Si l'on mourait de joie, Montalde en serait mort. Il tomba comme un homme étourdi d'un coup de tonnerre; et les lèvres collées sur les pieds de Plémer, il y resta comme abymé. La peste! dit Plémer en le regardant à ses pieds, vous étiez donc bien amoureux! pauvre garçon! et vous vous en alliez résolument sans me rien dire, de peur de me fâcher! Vous me connaissiez mal. Voilà pourtant ce que j'appelle un honnête homme. Levez-vous, et venez que je vous mène à votre belle-mère. Ah! quand je lui raconterai cette scène et son dénouement, comme elle va rire et pleurer! Et ma fille! ah! c'est elle qui sentira le prix d'un cœur si vraiment estimable. Elle vous aimera tendrement, j'en suis sûr. Oui, je l'espère, dit Montalde, car elle daigne croire que son père me doit la vie; et de tous mes droits sur son cœur, ce sera toujours le plus saint.

Madame, dit Plémer à sa femme en lui amenant Montalde, voilà un homme à qui je demande quel prix mérite ce qu'il a fait pour nous en me sauvant; il veut vous en rendre l'arbitre (Gabrielle était présente). Et moi, dit madame Plémer, j'en fais juge ma fille. Gabrielle rougit, et après un moment de silence : Que peut-il y avoir, dit-elle, de comparable à ce bienfait? Toute notre fortune, et ce n'est point assez. De l'argent! dit Plémer avec dédain; il n'aime pas l'argent. Mais toi, ne connais-tu, ma fille, rien de meilleur à lui offrir? Elle baissa les yeux. — Je vous ai dit, mon père, qu'il n'y a rien d'assez précieux pour nous acquitter envers lui. Si j'étais à ta place, lui dit sa mère, je saurais bien que lui donner. — Et moi aussi, ma mère, si j'étais à la vôtre. — Et moi, si j'étais à la sienne, dit Plémer, je saurais bien que demander. Mais puisque aucun de vous ne veut s'expliquer, je m'explique : Je donne à Montalde la main de ma fille; et moi, son cœur, dit madame Plémer; et moi, ma vie, dit modestement Gabrielle; il est bien juste que je vive pour lui, quand c'est par lui que vous vivez. Apprenez, dit Plémer, que le cœur plein d'amour, il voulait s'en aller plutôt que de troubler la paix d'une honnête famille. C'est là ce que j'estime en lui, plus que ce qu'il a fait pour moi. Car entre mille hommes capables d'un moment de courage et d'un mouvement de bonté, à peine s'en trouve-t-il un d'invariablement honnête ; et c'est cet homme rare, cet ami de mon cœur, que je vous donne, à vous pour gendre, ma bonne femme ; à vous, ma fille, pour époux.

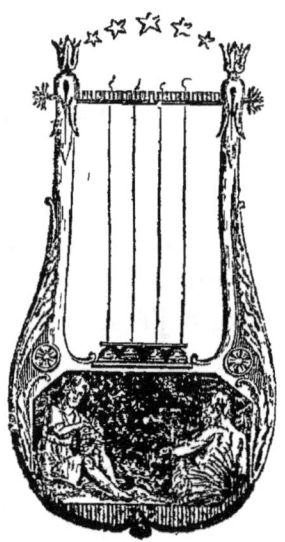

L'ERREUR D'UN BON PÈRE.

Un jour que Voltaire était malade, nous étions auprès de son lit, le sage Vauvenargue, le bon Cideville et moi, bien jeune encore. Voltaire parlait de Térence, du charme de son naturel, de la pureté de son style, de la vérité, mais de la faiblesse de son pinceau. Par exemple, nous disait-il, ce caractère si singulier, et cependant si vrai, d'un père qui se punit lui-même d'avoir trop usé de rigueur envers un fils son unique espérance, qu'il a réduit à s'éloigner de lui; ce caractère, qu'il pouvait rendre si touchant, il l'a manqué. Nous lûmes la première scène. Voyez, dit Voltaire, l'intérêt qu'elle annonce; et dans la suite, cet intérêt s'évanouit : ce Menédême n'est plus rien qu'un bonhomme presque imbécille.

Je connais, dit Cideville, dans ma province, un Menédême octogénaire, qui, après avoir été bien malheureux, a fini par être le plus heureux des hommes. Voyons, lui dit Voltaire, et Cideville reprit ainsi :

J'avais pour guide et pour modèle, dans mon état d'homme de Robe, un magistrat célèbre par son intégrité encore plus que par ses lumières, le président de Vaneville. Les plus belles années de ma jeunesse s'étaient passées auprès de lui. Veuf et remarié, il avait trois enfants ; un fils de sa première femme, qu'il avait tendrement aimée ; et deux de la seconde, qu'il aimait encore plus. Je le croyais heureux dans son intérieur domestique, et la sérénité peinte sur son visage me faisait cette illusion ; mais insensiblement je vis son humeur s'obscurcir. Bientôt j'appris qu'il envoyait son fils aîné loin de la ville à l'école d'un maître dont on parlait avec éloge ; c'était le prieur d'un village voisin de la forêt de Lions.

A quelques mois de là, M. de Vaneville me parut agité d'une violente inquiétude : il n'était pas homme à laisser pénétrer ce qui se passait dans son ame ; et trop respectueux pour le lui demander, je me bornai à redoubler de soins auprès de lui. Il me vit sensible à ses peines et il m'en sut bon gré ; mais il ne m'en dit point la cause. Peu d'années après, il perdit ses deux autres enfants et sa seconde femme. Je lui en marquai mon affliction ; et lui, d'un air sévère, *le Ciel est juste*, me dit-il. Ces mots furent accompagnés d'un soupir et d'un long silence. Enfin il m'annonça qu'il allait s'éloigner du monde et se retirer dans un petit domaine solitaire, appelé Flamais, voisin de Neufchâtel. Ses adieux furent tristes ; et dans les miens, je lui demandai la permission de lui écrire et de l'aller voir quelquefois.

Mon ami, me dit-il avec une douceur mélancolique, je ne vous oublierai jamais; laissez-moi cependant quelque temps seul avec moi-même; dès que j'aurai repris le goût de la société, ce sera sûrement la vôtre que je souhaiterai. Attendez que je vous écrive. Et en m'embrassant il ajouta : Adieu, Cideville, ne vous mariez pas deux fois.

Ce conseil, qui semblait lui échapper malgré lui, n'avait cependant aucun trait avec sa situation présente. Il avait eu deux femmes; mais il était veuf. C'était sur-tout depuis son veuvage que son cœur me semblait flétri; et j'attribuais à la solitude où il était réduit cet ennui de lui-même dont je le voyais consumé. Il partit, et je fus trois ans sans recevoir de ses nouvelles; je m'en croyais presque oublié. Il m'écrivit enfin de l'aller voir. Je me rendis bien vîte auprès de lui; et en arrivant, je le trouvai à table à côté d'une jeune et jolie villageoise, ayant vis-à-vis d'eux un jeune villageois et un homme d'un âge plus avancé, qui, vêtu simplement, avait encore l'air de la ville. Pour lui, dans son extérieur à demi-rustique, rien ne me rappelait mon ancien président; et au lieu de cette ample et fausse chevelure à laquelle mes yeux étaient accoutumés, je ne lui vis plus qu'un front chauve et couronné de cheveux blancs; j'avais peine à le reconnaître.

Venez, me dit-il, mon ami, venez vous asseoir

au milieu de ma famille; embrassez mon fils et sa femme. Oui, sous cet habit simple, c'est ma bru, c'est mademoiselle de Léonval que vous voyez, pupille de ce galant homme, mon voisin, M. de Nelcour, à qui je dois tout le bonheur de mes vieux ans. Vous avez cru voir, je parie, dans ces jeunes époux mon jardinier et ma jardinière? Vous ne vous êtes pas trompé; c'est leur état, et c'est aussi le mien; nous cultivons ensemble les jardins que vous allez voir.

Le dîner fut bon, mais frugal et assez semblable à celui des disciples de Pythagore : peu de viandes, mais des légumes excellents et en abondance, et des clayons chargés de fruits délicieux.

Oui, délicieux, dit Voltaire; mais passons vîte dans les jardins. Je suis impatient d'entendre ce que le vieillard va vous dire.

Eh non! de grâce, dit Vauvenargue, laissez-nous voir un moment à table ce bon père avec ses enfants : on est si bien soi-même avec d'honnêtes gens heureux!

Ils l'étaient tous les trois, continua Cideville, chacun selon son caractère : le père, en homme dont le cœur long-temps oppressé de tristesse venait de s'ouvrir à la joie; le fils, en homme qui se glorifiait d'être enfin parvenu à rendre heureux son père; la jeune femme, d'un air modeste, mais sensible, se félicitant d'ajouter au bonheur de l'un et de l'autre, et jouissant de leur tendresse mutuelle autant que de l'amour qu'elle leur inspirait.

La promenade après le dîner nous dispersa dans les jardins : on y reconnaissait l'œil et la main du maître. C'était le luxe de la nature, le spectacle de l'abondance répandue sans symétrie, avec tout l'agrément de la variété. Aux branches du prunier s'entrelaçait la vigne; un quinconce de cerisiers ombrageait des planches de fraises; des espaliers fertiles formaient l'enceinte des carrés où pommait la laitue et où se gonflait le melon. Tout cela, dit Voltaire, avec de l'harmonie pourrait être agréable en vers; mais, mon ami, l'art de conter en prose, c'est de décrire légèrement et de passer vite à la scène.

M'y voilà, dit Cideville.

Dès que l'on s'aperçut que M. de Vaneville voulait être seul avec moi, on s'éloigna de nous. Alors nous nous assîmes sous un berceau de chèvrefeuille; et ce vertueux homme me prenant par la main : Vous voyez, me dit-il, à quoi se passe à-présent ma vie; elle est pleine, tranquille, agréablement occupée; et le travail, l'appétit, le sommeil, le repos de l'ame, un doux et paisible intérêt aux scènes de l'année, variées par les saisons, mes soins récompensés, et presque tous les ans mes espérances fidèlement remplies; enfin par-dessus tout, le doux spectacle des amours et du bonheur de mes enfants : voilà les biens que le Ciel réservait à la vieillesse de votre ami. Ce n'est pas le soir d'un beau jour, mais c'est le plus beau soir du jour le plus sombre et le plus horrible.

Vous avez vu mon cœur flétri par le chagrin. Je vous en ai dérobé la cause; mais, Cideville, je puis enfin le déposer dans votre sein, ce secret si long-temps caché.

Après avoir perdu une femme aimable et sensible, n'ayant d'elle qu'un fils encore enfant, je sentis douloureusement le vide de mon ame et la solitude de ma maison. Au lieu que le bonheur de mes soirées m'avait jusqu'alors consolé, dédommagé des travaux du jour, l'image de ce deuil silencieux et solitaire que je retrouverais chez moi en y rentrant fut tous les jours pour moi une perspective effrayante; et je désespérais de m'y accoutumer, lorsque j'entendis, dans le monde, parler d'une fille bien née, et d'un âge où l'esprit, les mœurs, le caractère, doivent être formés. On la citait comme un modèle de raison, de bonté, de sagesse et de modestie. Je voulus la connaître, et je vis, en effet, ou du moins je crus voir qu'elle méritait ces éloges. Je l'épousai. Elle fut telle qu'on me l'avait promise, jusqu'au moment où elle devint mère, ou plutôt elle fut pour moi toujours la même jusqu'à sa mort; et ce ne fut qu'à mon insu, et à l'égard du fils de ma première femme, qu'elle changea de caractère, et que l'excès de l'amour maternel anéantit en elle tout autre sentiment.

Je l'avais vue, au commencement de notre mariage, chérir mon fils presqu'aussi tendrement que s'il avait été le sien; et lorsqu'elle changea, elle mit tant d'adresse à me cacher l'aversion qu'elle avait prise pour cet enfant, que je ne m'en aperçus jamais.

Tout occupé des fonctions de ma place, vous savez si j'avais la liberté de suivre l'éducation de mes fils. J'en laissais le soin à ma femme; elle en fit son affaire, et ceux qu'elle y employait lui étaient subordonnés : ainsi, même en les consultant, je ne savais que ce qu'elle voulait que l'on me fît savoir ou que l'on me fît croire.

Son chagrin profond et secret était de penser que l'enfant de ma première femme avait mêmes droits que les siens au partage de ma fortune. C'était pour elle un étranger qui venait leur voler leur bien. Vous concevez quelle amertume cette aversion dut répandre sur les premières années de mon enfant. A cet âge, l'homme est doué d'un sentiment très-vif d'équité naturelle, et mon fils sentit de bonne heure qu'on était injuste envers lui.

Je l'ai remarqué, dit Voltaire; l'enfant, s'il est justement puni, se soumet sans murmure : il s'est jugé lui-même; et lorsqu'il se révolte, c'est que le châtiment qu'il subit n'est pas mérité. Il y a donc bien, dit Vauvenargue avec sa douce voix, une loi primitive gravée au fond des ames? Et quel est le graveur? Le même que mon horloger, dit Voltaire, le même que l'ouvrier de la grande pendule dont Newton a connu le balancier et le ressort. Mais passons, car notre vieillard m'intéresse, et il nous attend.

Je m'aperçus, continua M. de Vaneville, que le caractère de mon fils s'altérait. La tristesse, la défiance, je ne sais quelle timidité sombre était peinte sur son visage. Comme le souci des affaires était aussi empreint habituellement sur mon front, mon enfant me craignait; et cet air caressant, cet accueil doux et tendre qui l'aurait rassuré, ne lui annonçait jamais en moi un père indulgent et facile. On lui inspirait pour moi, sous le nom de respect, une frayeur qui réprimait ses plaintes. Ainsi rebuté, châtié durement et à tous propos, jaloux sur-tout des préférences que l'on donnait à ses deux frères, et comparant, au fond de sa petite ame ulcérée, les complaisances qu'on avait pour eux aux rigueurs qu'on avait pour lui, il devint tous les jours plus triste et plus chagrin. J'achevai de l'aigrir par des réprimandes cruelles. Il se crut rebuté de moi, il se crut haï de son père; et la nature perdant ainsi sa dernière espérance et sa dernière consolation, il tomba dans un découragement stupide qu'on prit pour de l'obstination à ne vouloir s'appliquer à rien.

Je lui parlais quelquefois raison, mais une raison dure et froide : je le grondais; il m'écoutait avec des yeux fixes où je voyais rouler des larmes que mes lèvres, malheureux père, auraient au moins dû sécher quelquefois! Mais son silence, qui était celui du désespoir, je l'attribuais à une dureté d'ame et de caractère. Ah! c'était moi qui étais dur envers lui. Je finis par le repousser, et alors il devint réellement farouche.

Le pauvre enfant! quels rebuts n'eut-il pas à souffrir et à dévorer!

Les bras de sa nourrice étaient son seul asyle; et lorsqu'elle venait le voir, il s'y jetait à corps perdu, et baignait son sein de ses larmes. O ma bonne, ô mon unique mère! lui disait-il avec des sanglots, je n'ai que vous au monde! vous seule avez pitié de moi! mais pourquoi m'avez-vous nourri? pourquoi ma véritable mère, ma mère, hélas! que j'ai perdue, pourquoi m'a-t-elle donné la vie? Que ne m'avez-vous, l'une et l'autre, étouffé au berceau? Pauvre orphelin! oui, je le suis, je le suis de père et de mère. Il n'y a plus de père pour moi, il n'y en a plus; une marâtre lui a endurci le cœur pour un fils qui n'est pas le sien. Sa nourrice fondait en larmes, l'embrassait, lui disait tout ce que sa tendresse lui inspirait de plus consolant; mais rien ne l'appaisait; et pour comble de cruauté, ma femme ayant appris les scènes de douleur qui se passaient entre mon fils et Julienne, sa nourrice, et prévoyant peut-être qu'elle m'en instruirait, lui fit défendre de revenir.

Mon fils le sut. Il avait douze ans; son caractère avait pris de la force. Il éclata, pour la première fois, en reproches violents contre sa belle-mère, lui dit que par respect pour moi il avait enduré toutes ses autres injustices; mais que lui envier sa dernière, son unique consolation, le priver de voir sa nourrice, afin qu'il ne lui restât pas même l'ombre d'une mère, c'était un trait de barbarie dont une marâtre seule était capable; et que, puisqu'elle n'était plus pour lui qu'une furie, il voulait la fuir. Obtenez, lui dit-il, d'un père que vous avez dénaturé, obtenez qu'il me chasse de sa maison : c'est la dernière grâce que lui demande son enfant.

Vous croyez bien que de ces plaintes on ne me rapporta que ce qu'elles avaient d'atroce. *Une marâtre, une furie, un père dénaturé,* voilà, me dit ma femme, voilà comme à douze ans il parle de vous et de moi. Je vous afflige, et je suis moi-même inconsolable de voir un tel caractère se décider dans un enfant. Mais le naturel dans un âge aussi tendre n'est peut-être pas inflexible. On m'a parlé d'un homme sage, qui, dans un prieuré voisin de la forêt de Lions, prend chez lui des enfants, et les élève avec le plus grand soin. Il a sur-tout le don de leur plier le caractère; et les esprits les plus opiniâtres, il les rend dociles et doux. Elle m'en cita des exemples; et en m'en voyant accablé : Que voulez-vous, dit-elle, c'est un mal d'où peut naître un bien. L'ame de votre fils annonce une grande énergie; mais il faut le dompter, si vous ne voulez pas que sa fougue l'emporte aux excès les plus effrayants.

Qu'aurais-je opposé à ces conseils, persuadé, comme je l'étais, que les violences de mon fils étaient un vice de la nature? Je consentis à son éloignement qu'il semblait désirer lui-même. Un village, une solitude au fond d'une forêt, rien ne put le faire balancer.

Le jour de son départ, lorsqu'il vint prendre congé de moi, il s'avança d'un air sérieux et posé qui m'aurait surpris dans un homme. Allez, mon fils, lui dis-je, allez apprendre à vous vaincre vous-même, et revenez à moi dans quelque temps plus docile et plus modéré. Embrassez-moi : adieu. Ce fut dans ce moment que son pauvre cœur se brisa. Au lieu de se jeter entre mes bras, le malheureux se prosterna, me prit la main..... Ah ! mon ami, je crois encore sentir sur cette main l'impression brûlante de ses lèvres. Tu n'es donc pas insensible, lui dis-je en le voyant suffoqué de sanglots? Insensible, moi ! ah ! mon père, dit-il d'une voix déchirante. Eh bien ! repris-je, si tu es né bon, si tu aimes ton père, promets-lui de te corriger. Me corriger, de quoi? demanda-t-il d'une voix étouffée. Quel est le crime de votre enfant? Est-ce de n'avoir plus de mère? Est-ce d'avoir... Il s'arrêta, et levant sur mes yeux un regard qui me perça l'ame : Mon père, me dit-il, mon père, au nom de celle qui n'est plus, bénissez votre enfant, il va se séparer de vous. Il était à mes pieds; et tandis que je lui donnais ma bénédiction, il les arrosait de ses larmes.

J'étais attendri comme lui; et la nature, qui me parlait dans ses regards et dans mon cœur, allait nous réconcilier; mes bras allaient s'ouvrir, le pardon était sur mes lèvres. Hélas! un mot de plus, que de tourments je me fusse épargnés!

Dans ce moment parut sa belle-mère avec ses deux enfants. Mon fils, lui dis-je, levez-vous, baisez la main à madame, et demandez-lui ses bontés. A ces mots ses larmes tarirent, toute son ame se révolta, et un regard d'indignation fut le seul adieu que ma femme reçut de lui. Je lui dis d'embrasser ses frères, il les rebuta fièrement; et revenant tomber à mes genoux : Mon père, me dit-il, pardon ! je vous aime, je vous révère; mais ne me forcez pas à baiser la main qui m'opprime; ne me commandez pas d'embrasser... Levez-vous, enfant dénaturé, je ne vous connais plus, lui dis-je; et comme il s'éloignait avec l'égarement du désespoir sur le visage: Qu'il parte, m'écriai-je, et qu'il ne reparaisse jamais devant mes yeux.

Ce que j'avais vu de la fougue et de l'âpreté de son caractère, la persuasion où j'étais que sa haine pour sa belle-mère était injuste, et l'espérance que l'éloignement, l'âge, les soins et les leçons d'un maître, homme de bien, corrigeraient en lui ce mauvais naturel; tout cela, dis-je, adoucit dans mon ame l'impression de ses adieux, et je ne vis dans son absence qu'un bien pour lui et pour moi-même.

Mais la funeste prévention qui l'avait perdu dans l'esprit de son père le poursuivit auprès de son instituteur. Cet honnête homme était un composé de mœurs rustiques et de mœurs pédantesques. Vous jugez comment il s'y prit pour corriger un caractère qu'on lui annonçait comme indomptable, et qu'on lui ordonnait de rompre, s'il ne pouvait le fléchir. Une discipline sévère et triste, un ton rude, une règle étroite et rigoureuse, toujours accompagnée de menaces et de châtiments; tout ce que la domination a de plus rebutant et l'esclavage de plus pénible, fut le système d'éducation auquel fut soumis mon enfant. Il en fut révolté, et il prit en aversion tous les devoirs qu'un maître si dur lui imposait.

Mais ce qui l'affligeait le plus, c'était d'entendre dire, lorsqu'il se plaignait de la gêne et de la rigueur de sa situation, que telle était la volonté d'un père justement irrité. Justement irrité! s'écriait-il en versant des larmes amères; ah! s'il avait connu, ah! s'il pouvait connaître le cœur de son enfant! Périssent les méchants qui ont aigri le cœur d'un bon père! Périsse le serpent qui chaque jour ne cesse d'y verser son venin! Et quand son maître lui reprochait de haïr l'étude: Non, disait-il, ce n'est pas l'étude que je hais, c'est la vie; et je ne sais pourquoi je diffère à m'en délivrer.

Tout sévère qu'était son maître, il fallait bien, pour le calmer, qu'il s'adoucît quelquefois lui-même. Mon fils avait donc par intervalles des moments de dissipation ; mais il n'usait de sa liberté que pour chercher la solitude ; et lorsqu'on l'y trouvait plongé dans sa noire mélancolie, et qu'on lui en demandait la cause : Je suis malade, disait-il. — Et où est votre mal ? Il est là, répondait-il en se frappant le sein à l'endroit où battait son cœur.

Si dès-lors j'avais su ce que j'ai su depuis, j'aurais senti mon injustice, et je serais allé, en dépit de ma femme, embrasser, consoler mon malheureux enfant. Une seule de mes caresses, une marque de mon amour aurait changé son caractère ; il se fût adouci, attendri dans mes bras. Mais ce n'était jamais à moi que son maître écrivait, et je ne voyais de ses lettres que ce qu'il y avait de désolant pour moi. Enfin un trait de cruauté que je ne puis pardonner, même à l'ombre de celle qui en a été coupable, c'est de m'avoir soustrait les lettres que mon fils m'écrivait dans les accès de sa douleur.

Ce fut le désespoir où le réduisit mon silence qui lui fit prendre enfin sa dernière résolution. Il s'échappa ; et le voisinage de la forêt de Lions ayant favorisé sa fuite, une nuit lui suffit pour le dérober aux poursuites d'un homme qui avait peu de moyens de faire courir après lui.

Lorsque je reçus la nouvelle de son évasion,

ou de sa mort peut-être, j'éprouvai la commotion qu'un accident aussi funeste peut causer à l'ame d'un père. Mais ma femme eut l'adresse d'étourdir ma douleur, en feignant de ne voir dans cet événement qu'une folie de jeunesse, et en m'assurant que dans peu de jours, ou mon fils serait ramené, ou il reviendrait de lui-même. En attendant, nous convînmes ensemble de n'en faire aucun bruit; mais je n'épargnai rien pour tâcher de le retrouver. Celle de mes idées qui me donna le change, fut que mon fils se serait sauvé sur quelque navire marchand, comme il arrive aux enfants du peuple. Je fis écrire dans les ports; et, sans le nommer, j'y donnai son signalement. Mais les recherches les plus exactes et les plus diligentes me furent inutiles; et au bout de six mois d'espérances trompées, j'eus la cruelle persuasion que mon fils n'était plus.

On ne négligea rien pour me distraire de ma douleur et pour occuper ma tendresse de l'intérêt de voir s'élever sous mes yeux les deux enfants qui me restaient. Mais comme si la nature eût voulu se venger des cruautés d'une marâtre, ses deux enfants nous furent enlevés comme par un souffle rapide; cette contagion, parmi nous si funeste au premier âge de la vie, les frappa tous les deux à-la-fois; et leur inconsolable mère les suivit de près au tombeau.

Me voilà seul, accablé de peines; mais ne me croyant point coupable, j'aurais eu le courage d'endurer patiemment toute la rigueur de mon sort, si le Ciel, qui ne laisse rien d'impuni, ne m'eût fait découvrir, au fond d'un secrétaire, les lettres déchirantes que mon malheureux fils m'avait écrites dans son exil, et que ma femme m'avait cachées. Ah! mon ami, ce fut dès ce moment que je sentis s'attacher à mon cœur ce chagrin profond et cruel dont vous l'avez vu dévoré.

Quel style que celui de ces lettres! Je me souviens de la dernière, et vous allez l'entendre: « Quoi, mon père! me disait-il, jamais un mot « de consolation pour votre malheureux enfant! « Dix lettres les plus tendres et les plus sup- « pliantes, dix lettres arrosées des larmes d'un « fils innocent, et qui ne vous demande que de « cesser de le haïr, n'ont pu me l'obtenir cette « dernière grâce! O mon père! écrivez-le-moi ce « mot qui me rendra la vie : *Mon enfant, je ne* « *te hais point*. Ces sacrés caractères tracés de « votre main seront baisés mille fois le jour; ils « seront empreints sur mes lèvres, ils seront gra- « vés dans mon cœur. Il est pour vous ce cœur « plein de respect et de tendresse; ce n'est pas « de vous qu'il se plaint; cessez donc de le dé- « chirer. Il a eu le courage de tout souffrir jus- « qu'à-présent; mais le silence, l'abandon, l'oubli « ou la haine d'un père est un malheur au-des- « sus de ses forces; je sens qu'il y va succomber. »

Figurez-vous, s'il est possible, poursuivit M. de Vaneville, quelle fut ma douleur et mon indignation. Avoir intercepté les lettres de mon fils, et nous avoir fait croire, à lui que je l'abandonnais, à moi qu'il bravait ma colère! Rien de plus criminel; et ce n'est qu'à vous seul que je l'ai révélé ce funeste et honteux secret.

Voyez, nous dit Voltaire, comme le sentiment le plus doux, le plus tendre de la nature, l'amour d'une mère pour ses enfants, devient lui-même atroce et funeste dans ses excès! Hélas! dit Vauvenargue, toutes les passions sont les filles de l'amour-propre; pour être injustes et cruelles, elles n'ont qu'à lui ressembler.

Alors, reprit Cideville, mon vieillard me conta comment, plus solitaire que jamais dans son intérieur, il y était poursuivi par des réflexions déchirantes. Je me rappelais, disait-il, mille traits de la haine que cette femme injuste avait conçue pour mon fils, et que j'aurais dû remarquer à travers ses déguisements; je m'indignais d'avoir été capable d'une si aveugle faiblesse. Tantôt j'accusais la nature de n'avoir point parlé en faveur de mon sang; tantôt je me faisais un crime de ne l'avoir point écoutée; et mes ressentiments se tournaient contre moi. Ma maison me devint affreuse; le monde, où je croyais que tous les yeux me demandaient mon fils, me fut insupportable; et vous sûtes alors la résolution que je pris de le fuir et de me cacher.

J'allais partir, lorsque pour achever de me navrer le cœur, la nourrice de mon malheureux fils, Julienne, ayant appris que je l'avais perdu, vint me trouver toute éplorée; et dans l'effusion de son ame, elle me révéla le secret de leurs entretiens. Non, jamais père n'a éprouvé le mal qu'elle me fit en me les racontant. J'y vis tous les chagrins, tous les dégoûts qu'il avait dévorés sans oser m'en faire une plainte. Je vis que dans ce cœur si cruellement déchiré, son amour, son respect pour moi, étaient restés inaltérables; je vis enfin que j'avais été un mauvais père envers le meilleur des enfants. Et peut-être il n'est plus! m'écriai-je en me renversant, et je suis cause de sa mort, et mon crime est irréparable!

La pauvre femme, en mêlant ses larmes aux miennes, essaya de me consoler. Non, monsieur, me dit-elle, à moins que l'on n'ait eu la cruauté d'attenter à sa vie, et Dieu me garde de le croire! ou que quelque accident n'ait abrégé ses jours, votre fils n'est point mort. Vingt fois, dans la violence de ses chagrins, il m'a dit que si sa vie était à lui, sa résolution serait prise; mais aussitôt cet aimable enfant, levant les yeux et les mains vers le ciel, s'écriait : Non, elle est à vous, ô mon Dieu! vous me l'avez donnée cette triste et pénible vie; vous seul avez droit de me l'ôter; mais vous voyez tout ce que j'endure, ajoutait-il : pour récompense, rendez-moi quelque jour les bontés de mon père; j'oublierai dans ses bras tout ce que j'aurai pu souffrir.

Je repris donc quelque espérance; mais alors

je me figurai ce qu'il devait souffrir encore; et toute consolation fut éloignée de mon cœur. Je me serais reproché comme un crime le plus petit mouvement de joie; une vie agreste et frugale avait encore trop de douceurs; je ne me pardonnais pas même les moments de diversion que pouvait faire à ma tristesse la culture de mes jardins. Ce travail, me disais-je, est volontaire et doux; et celui auquel la misère a condamné mon fils est dur et sans relâche; je m'amuse à parer une terre fertile; et lui peut-être, en gémissant, il défriche une terre ingrate, et la baigne de ses sueurs; des mets simples, mais abondants, vont être servis à ma table; et lui, que sais-je si un mauvais pain, un pain arrosé de ses larmes, ne lui manque pas quelquefois? Que sais-je si, sur un navire à la merci des flots, au milieu des orages, excédé de fatigue des manœuvres du jour, il n'est pas réveillé la nuit au bruit des vents et des tempêtes, tandis que je vais mollement goûter un tranquille sommeil? Oh! non, il n'était pas tranquille ce sommeil où me poursuivait l'image de mon fils. A table, je croyais le voir pâle et languissant devant moi, et tous les mets dont je goûtais me semblaient mêlés d'amertume. Enfin, vous le dirai-je? quand je me voyais seul en présence de cette image, les larmes coulaient de mes yeux; je tendais les bras à mon fils, et je lui demandais pardon.

C'est ainsi, mon ami, que dans ma solitude,

compagnon des travaux de ces hommes agrestes, à qui, pour dédommagement, la nature a donné la joie, mais que ma tristesse affligeait, j'ai passé trois ans de ma vie; et je ne vous peins que faiblement ce long deuil de l'ame d'un père, cette immense nuit de douleur.

Cependant qu'était devenu mon fils? et comment l'ai-je retrouvé? c'est ce que je lui laisse à vous conter lui-même quand vous serez seul avec lui.

Alors les deux époux et leur ami étant venus nous joindre, la promenade se dirigea vers le coteau, d'où nous jouîmes du spectacle du labourage, majestueusement terminé par un beau coucher du soleil.

Le lendemain, en se promenant avec moi, le jeune homme reprit l'histoire de sa fuite, où son père l'avait laissée.

Monsieur, me dit-il, si mon père vous a parlé de mon enfance, mes torts vous sont connus; je suis né violent; ma sensibilité fut mise à des épreuves douloureuses; je ne sus pas la modérer; ce fut la source de nos malheurs. Je n'avais plus de mère; et mon père était tout pour moi. Je l'aimais du fond de mon ame; je fus jaloux de son amour. Cette jalousie me rendit triste, impatient, farouche; et mon père désespérant de m'apprivoiser, m'éloigna. Dans cet exil où j'aurais eu besoin d'être adouci, je fus sévèrement traité; et ne croyant jamais pouvoir être plus malheureux, je m'évadai. Je m'étais fait céder, en échange de mon habit, le vêtement d'un pasteur de mon âge; sous ce déguisement je me dépaysai. Je cheminais la nuit, évitant les villages, et par des sentiers détournés, j'allais cherchant quelque ferme isolée où l'on eût besoin d'un pasteur. Enfin ce fut dans un hameau voisin de Fleury et d'Aumale que je trouvai l'objet de mon ambition.

Dans cet état libre et tranquille, ayant du pain et du laitage en abondance, dormant sur de la paille fraîche, et m'éveillant au point du jour pour commander aux animaux dociles que je menais au pâturage, je n'aurais pas été à plaindre, si au souvenir de mes peines ne s'était pas mêlé le souvenir d'un père que je croyais voir irrité, menaçant et inexorable, me préparer des châtiments dès que l'on m'aurait retrouvé.

Au bout de quelques mois, cette inquiétude cessa, et j'eus la cruelle assurance d'être oublié ou d'être abandonné. Alors ma tristesse plus calme n'en fut que plus profonde; et le silence des campagnes, la vaste solitude qui s'étendait autour de moi, et dans laquelle j'étais errant, ne fit que me plonger plus avant tous les jours dans ma sombre mélancolie; sur-tout quand ma pensée se fixait sur l'abyme qui me séparait de mon père, et que je disais en moi-même: *Je ne le verrai plus*, je tombais dans l'abattement. Ma faible tête y aurait succombé, sans la douce distraction qu'heureusement je m'étais ménagée ; car moins ennemi de l'étude que de la gêne, je n'avais pu me détacher de mon livre chéri ; Virgile ne me quittait pas. Les *Églogues* m'associaient à Tityre et à Mélibée, et moi-même, en me déguisant, j'y avais pris le nom d'Alexis : les *Géorgiques* ennoblissaient à mes yeux mon nouvel état ; j'y voyais la campagne honorée par mon poëte ; je le lisais avec orgueil.

Un jour qu'à l'ombre d'un vieux saule, je m'étais livré à cette lecture consolante, je m'endormis ; et pendant mon sommeil, vint à passer auprès de moi un homme retiré du monde, et rendu misanthrope par de justes ressentiments ; c'était ce M. de Nelcour. Il aperçut un livre ouvert sous la main d'un jeune pasteur. Cette nouveauté l'étonna. Curieux de savoir quel était ce livre, il se baissa, et il vit que c'était Virgile. Il ne voulut pas m'éveiller ; mais dans sa promenade, rôdant autour du saule, il ne me perdit point de vue, et à mon réveil, il vint à moi.

Jeune homme, me dit-il, je viens de voir à côté de vous quelque chose de bien étrange, un livre ouvert, et ce livre est Virgile ! Est-ce que vous lisez Virgile ? Et si telle a été votre éducation, par quel malheur êtes-vous réduit à la condition de pasteur ?

Il n'est pas, lui dis-je, impossible qu'un orphelin, bien élevé, tombe dans la misère ; je suis cet orphelin. Il voulut savoir d'où je venais, quel était mon nom, ma naissance : Je m'appelle Alexis, lui dis-je, vous voyez d'ici mon hameau; vous n'avez pas besoin d'en savoir davantage. Et comme il semblait s'étonner de ma dissimulation, je m'étonnai à mon tour qu'un passant me demandât des confidences. La fierté de cette réponse lui inspira pour moi de l'estime.

Je vous sais bon gré, me dit-il, d'être prudent, quoique jeune encore. Eh! que n'ai-je su, comme vous, de bonne heure, ne pas me fier aux passants! Cependant ma curiosité est si naturelle et si juste, qu'au moins, ajouta-t-il, devez-vous la croire innocente; et l'intérêt qu'inspirent le malheur et votre âge suffit pour la justifier.

Je lui fis des excuses d'avoir si mal répondu à cette marque de bienveillance. Mais, monsieur, lui dis-je, à quoi bon se souvenir, dans le malheur, de ce qu'on a été et de ce qu'on n'est plus? C'est au moins un surcroît de peine. Je veux n'être connu que pour un pasteur que je suis. Ce n'est ni à vos yeux, ni aux miens que je rougis de l'être; Virgile nous a dit que les dieux l'ont été; mais tout le monde ne sait pas combien la vie pastorale a été honorée et devrait l'être encore. J'oserai donc, sans savoir qui vous êtes, vous supplier de ne point me trahir. Je suis un enfant délaissé, mais je gagne ma vie en me rendant utile : et vous la troubleriez cette vie innocente, si vous abusiez du secret que vous m'avez surpris dans mon sommeil : au nom de ce que vous avez de plus cher au monde, ajoutai-je, promettez-moi de le garder.

Je vous le promets, me dit-il, mais à condition qu'il me sera permis de venir passer avec vous quelques heures du temps que vous serez au pâturage. Comme vous, mon enfant, je connais le malheur; j'ai, comme vous, le goût de l'étude, j'aime Virgile, nous le lirons ensemble; et lorsque nous serons plus connus, plus sûrs l'un de l'autre, une confiance mutuelle mêlera ses épanchements aux charmes de nos entretiens.

Quoi! s'écria Voltaire, il ne l'emmena point? Patience, dit Vauvenargue, il ne le connaît pas, et Alexis peut fort bien n'être qu'un petit libertin. Qu'importe, dit Voltaire, ce libertin lisait Virgile, il était fier de garder un troupeau, et il supportait le malheur.

Ce galant homme, reprit Alexis (car il s'appelait de ce nom), revint assidûment se promener au pâturage. Nous y passions ensemble une partie des beaux-jours de l'automne, et ces jours coulaient doucement. Virgile, Horace qu'il m'avait fait connaître, et que je commençais à goûter comme lui, quelques livres français qu'il apportait et qu'il me faisait lire, Montagne, La Fontaine, Racine et Fénélon, se disputaient notre loisir.

Mais dans les intervalles de nos lectures, M. de Nelcour essayait de temps en temps de pénétrer le secret de mon infortune. Est-il possible, me dit-il un jour, qu'un enfant comme vous n'ait pas au moins trouvé dans sa famille ou dans le monde quelqu'un qui l'ait pris en pitié? Je n'ai, lui dis-je, imploré la pitié de personne : tout jeune que je suis, je sais que dans le monde les malheureux sont importuns.

Ah! que vous avez bien raison, me dit-il (car, sans le savoir, je touchais à l'endroit sensible de son ame); et alors il me raconta qu'il avait été dans sa jeunesse ce qu'on appelle un homme aimable; qu'il s'était ruiné à être libéral; que de cent bons amis qu'il avait eus à ses soupers et à ses fêtes, pas un seul, dans sa décadence, ne lui avait offert son secours; que les femmes qui le citaient comme un modèle de galanterie et d'agrément, l'avaient trouvé changé à faire peur dès qu'elles l'avaient su ruiné; et que plus sage à ses dépens, il avait pris, sans balancer, le parti de vendre ses biens, de payer ses dettes, et de se retirer dans un petit domaine, le seul qu'il se fût réservé.

Je l'écoutais avec intérêt, me contant ses folies, sa crédulité vaine, ses illusions, ses erreurs, mais sa confiance n'attira point la mienne; et voyant qu'elle lui échappait toutes les fois qu'il voulait la surprendre, il prit le parti sage de la laisser venir.

Oh çà, mon cher Alexis, me dit-il un jour, voici bientôt l'hiver, et nous allons ne plus nous voir; savez-vous que cela m'afflige? Cela m'afflige aussi, lui dis-je en soupirant. Pourquoi donc, reprit-il, nous affliger l'un l'autre? pourquoi nous séparer? Dans ce village de Fleury, tout voisin de votre hameau, je vis tranquille et solitaire; et des débris de ma fortune, j'ai conservé de quoi vieillir assez heureux encore; venez y être heureux avec moi. Le plus doux de mes soins est d'élever une jeune orpheline pour qui j'ai beaucoup de tendresse; si vous partagez son asyle, j'aurai deux enfants au lieu d'un.

Monsieur, lui dis-je, il y a dans vos bontés un caractère de franchise qui me fait un devoir de vous parler à cœur ouvert. Ma passion dominante est l'amour de la liberté, et je ne connais d'homme libre que celui qui, n'ayant à faire qu'à lui-même et à la nature, force par son travail la terre à le nourrir. Je veux devenir cet homme-là; je veux être ou le laboureur, ou le jardinier de Virgile.

Avec moi, me dit-il, vous serez l'un et l'autre : une bonne ferme à régir, un beau jardin à cultiver; voilà ce que je vous propose. Pour la conduite de la ferme, j'y suis novice encore; nous nous en instruirons ensemble. Pour la culture du jardin, je me crois en état d'en donner des leçons. Cette espérance me décida; et après avoir pris congé de ma fermière, je suivis M. de Nelcour.

Je trouvai, en effet chez lui, un jardin cultivé,

soigné à faire envie, et une petite Natalie, âgée de neuf ans, belle comme le jour.

Vous voyez, me dit-il, dans cette aimable enfant le charme de ma solitude. Elle ne me doit pas la vie; mais l'habitude de nous aimer nous est devenue si naturelle, que le lien de l'adoption nous tient lieu de celui du sang. En épousant sa mère, veuve de M. de Léonval, capitaine de grenadiers, tué à l'attaque de Denain, j'adoptai cette enfant qu'il laissait sans fortune, glorieux d'acquitter ainsi ma patrie envers ce brave homme. Natalie annonçait déja le caractère le plus aimable; et presque aussi chérie de moi que de sa mère, elle rendait notre union plus tendre encore et plus heureuse; mais ce bonheur fut de peu de durée; et bientôt Natalie et moi nous eûmes à pleurer, elle une bonne mère, et moi une excellente femme. Mon ami, me dit-elle en mourant, je vous lègue ma fille; c'est mon unique bien. Servez-lui de père et de mère. Je le promis, et je tins parole; mais comme je n'ai plus de fortune à laisser à ma chère enfant, je l'élève dans la simplicité des mœurs, des goûts et des plaisirs champêtres. Cette ferme sera sa dot, ce ménage sera le sien.

Je ne sais quelle était la pensée de M. de Nelcour en me parlant ainsi; mais pour moi, dès lors je crus voir quelque légère vraisemblance dans l'espoir d'être un jour l'époux de Natalie; et je me pris pour elle de ce tendre intérêt qui, en passant par tous les degrés des amitiés de mon âge et du sien, devient amour dès que l'amour peut naître.

Chéri moi-même de M. de Nelcour, nos travaux, nos lectures, nos promenades, les soins que nous donnions à l'éducation de Natalie, la plus précieuse de nos plantes, tout était commun entre nous. Nos jours étaient remplis, nos nuits étaient paisibles. Les mois et les saisons s'écoulaient à Fleury avec la rapidité de la pensée; et M. de Nelcour ne cessait de dire qu'il n'avait rien laissé dans le monde qui fût digne de ses regrets. Mais moi j'y avais laissé un père, et son image venait sans cesse me reprocher d'être heureux loin de lui.

L'intéressante et belle Natalie répondait à nos soins avec une docilité charmante. Grâce à la vie active qu'elle menait à notre exemple, sa taille, en s'élevant, déployait mille charmes; elle avait la souplesse des arbrisseaux qu'elle avait plantés; son teint avait l'éclat des fleurs et la fraîcheur des fruits que ses mains cultivaient; et mise en simple jardinière, tantôt la serpette à la main, tantôt le clayon sur la tête, ou la corbeille au pli du bras, vous l'auriez prise pour la déesse dont elle recueillait les dons.

Adieu l'étude, disait Voltaire, le jardin va tout envahir. Oh! non, reprit Cideville, l'étude avait son tour; et c'était là que par des traits d'un naturel ingénieux, l'esprit et l'ame de Natalie, son caractère, et quelquefois le sentiment qui l'animait, se laissait voir dans toute sa candeur.

Comme moi, me disait Alexis, Natalie s'apercevait du progrès que faisait en elle et en moi-même notre mutuelle amitié, mais nous étions loin tous les deux d'en prendre aucune inquiétude. Bien aises d'être ensemble, occupés l'un de l'autre, elle avec sa douce gaieté, moi avec ma mélancolie, nous respirions l'amour comme on respire l'air, nous jouissions du plaisir de nous voir comme on jouit de la lumière : une heureuse sécurité nous en dérobait le péril. Mais vint le temps où M. de Nelcour, plus clairvoyant que nous et moins tranquille, n'osa plus nous laisser sur la foi de notre innocence; et quand Natalie eut seize ans, il résolut, ou de savoir de moi si j'étais fait pour elle, ou de m'en éloigner.

Alexis, me dit-il, je crois avoir assez longtemps attendu votre confiance : elle était due à mon amitié; elle s'y est refusée; je ne m'en plaindrai point. Mais dans l'âge où vous êtes, il ne m'est plus permis de vous retenir près de moi, qu'au titre le plus saint : c'est à vous de me dire si vous avez le droit d'y prétendre.

Oui, monsieur, je l'aurais ce droit, lui répondis-je, et ma naissance me le donne; mais mon malheur me l'interdit. Je suis dans la disgrâce d'un père, hélas! cruellement trompé, et non moins à plaindre que moi, car il est obsédé par les ennemis de son sang; et c'est de sa bonté que leur malice abuse. Homme juste, mais faible, hélas! c'est son secret et non pas le mien que j'ai cru devoir vous cacher; c'est pour ne pas l'accuser à vos yeux, c'est pour ne pas vous réduire vous-même à la cruelle alternative de me livrer à sa colère, ou de me dérober à lui, que je ne vous l'ai pas nommé. Ne le blâmez donc pas ce silence religieux, et qui ne m'est que trop pénible. Vous saurez qui je suis, lorsque le Ciel m'aura rendu l'indulgence et l'amour d'un père. Alors, s'il en est temps encore, Alexis viendra mettre aux pieds de Natalie, aux pieds de votre aimable enfant, la fortune que sa naissance lui aura permis d'espérer. Jusque-là je m'éloigne le cœur plein de regrets, de reconnaissance et d'amour. Ne m'oubliez jamais, monsieur; daignez m'aimer encore, moi qui vous chérirai toujours.

Mon ami, me dit-il, il m'est doux de savoir qu'un sentiment si vertueux vous a seul imposé silence. Oui, sans doute, malheur aux enfants dont la plainte révèle les torts de leur père! Mais moi, j'en aurais un bien cruel envers vous, si je vous laissais me quitter sans vous assurer une place; j'en ai une à vous proposer. Non loin d'ici, auprès de Neufchâtel, dans le village de Flamais, s'est retiré, depuis quelque temps, un homme respectable, qui s'est fait, m'a-t-on dit, la même occupation que moi. Il cherche un jardinier habile; je crois en être assez connu pour vous recommander à lui : c'est le président de Vaneville.

Jugez de l'émotion que ce nom me causa. Saisi, troublé d'étonnement, je respirais à peine; je sentais que ma voix allait s'éteindre sur mes lèvres. Il me vit pâlissant, interdit, immobile; il attribua mon saisissement à mon amour pour Natalie et à la violence que se faisait mon cœur. Allons, mon ami, du courage, me dit-il; c'est pour nous, sans doute, une résolution pénible que de nous séparer; mais notre situation la rend inévitable.

Je ne répondis rien; j'avais d'autres pensées que celles qu'il me supposait. Je brûlais du désir d'aller revoir mon père; mais je croyais retrouver près de lui ma mortelle ennemie avec ses deux enfants. Comment allais-je être reçu?

L'homme à qui je vais vous proposer, ajouta M. de Nelcour, est la probité même; et sous un air austère, tout le monde convient qu'il a de la bonté. Il est triste; mais sa tristesse le rend intéressant, car il est bien à plaindre! il a perdu sa femme et deux enfants, sa dernière espérance. Il est seul à Flamais, il est livré à sa douleur. Ce sera pour lui, je l'espère, une consolation que d'avoir près de lui un jeune homme aussi bon, aussi estimable que vous.

Ces nouvelles firent en moi une révolution soudaine: mais au lieu de la joie qu'elles auraient pu me causer, ce fut un sentiment religieux qui me saisit; car dans ces malheurs si rapides, je crus voir, je l'avoue, un châtiment surnaturel. Dès ce moment, vous pensez bien que ma résolution fut prise. Oui, monsieur, écrivez, lui dis-je, offrez-lui mes services à ce vertueux solitaire; mais ne lui dites rien de ce que vous savez de moi.

Il écrivit, il fit l'éloge de mes mœurs, de mon caractère, de mon habileté dans l'art de la culture; et, sans laisser rien entrevoir de ma première éducation, il répondit de moi. Je fus agréé; je partis; mais l'impatience où j'étais de revoir mon père ne me rendit pas insensible au regret de quitter ma chère Natalie. Adieu, lui dis-je, mademoiselle. En m'éloignant de vous je ne renonce pas à l'espérance de vous servir. Puissent les jeunes arbres que nous avons plantés et cultivés ensemble vous faire souvenir quelquefois d'Alexis! Puissiez-vous en cueillant ces pommes, et ces pêches qui vous ressemblent, désirer qu'Alexis les cueillît encore avec vous!

La pauvre enfant laissa couler des larmes, et d'une voix qui me toucha sensiblement, elle me dit ces mots: Adieu, Alexis. Je serais bien fâchée de ne plus vous revoir. Souvenez-vous de Natalie.

Je pris le chemin de Flamais, le cœur rempli de joie et d'espérance, d'inquiétude et de frayeur. J'allais revoir mon père; mais j'allais le revoir pleurant une femme que j'avais offensée, et deux enfants que j'avais rebutés. Si plus soumis et plus docile, je lui étais resté; si j'avais su me vaincre et tout souffrir, il aurait eu en moi un fils pour essuyer ses larmes. Mais malheureux! après ma révolte et ma fuite, après un coupable abandon, comment paraître devant lui? Aurais-je, avant que d'être reconnu, le temps d'expier mes erreurs, d'adoucir ses ressentiments, et d'amener son cœur à la clémence? Sept ans d'absence et de travail, tous mes traits altérés, mes cheveux et mon teint brunis; ce vêtement, cet air rustique, pouvaient me rendre méconnaissable à d'autres yeux; mais le serais-je aux yeux d'un père? Eh bien, disais-je, si la nature lui parle et me trahit, je saisirai l'instant de tomber à ses pieds; et au lieu de son indulgence, j'implorerai sa miséricorde..... Mais alors mon pardon sera celui d'un criminel à qui son juge aura fait grâce; et qui sait s'il ne verra point dans M. de Nelcour le complice de son enfant, et le complaisant inhumain qui lui aura dérobé ma fuite? Ah! s'il se frappe de cette idée, plus d'espérance de me concilier pour notre aimable Natalie sa bienveillance et sa faveur. Telles furent les réflexions dont je fus occupé dans mon voyage de Fleury à Flamais; et j'y arrivai tremblant d'être reconnu par mon père.

Hélas! soit que ses yeux, affaiblis par les larmes, ne vissent plus en moi que des traits vagues et confus, soit que je fusse réellement changé au point d'être méconnaissable, il ne se douta point qu'il revoyait son fils. Mais moi, quelle impression soudaine et déchirante n'éprouvai-je pas à sa vue! Le chagrin, encore plus que l'âge, avait ridé son front; les pleurs que je lui avais coûtés semblaient avoir sillonné ses joues; la tristesse l'avait courbé vers le tombeau.

O Dieu de la nature! tu sais quel mouvement de douleur et d'amour m'allait prosterner à ses pieds. Mais tout-à-coup je me sentis intimidé par mes remords; je le fus par cet air austère, par cette tristesse profonde qui sur son visage annonçait un cœur dès-long-temps ulcéré. En tremblant, je le suppliai d'être assuré de mon obéissance et de mon zèle pour son service. Il me dit de le suivre, me promena dans ses jardins, m'y distribua mes travaux, me ramena dans la demeure qui m'était destinée, et en attendant que mon petit ménage fût établi, il pourvut à tous mes besoins. A demain, me dit-il en me quittant : de bonne-heure, à l'aube du jour, je serai moi-même à l'ouvrage.

Je dormis peu cette nuit-là, comme vous croyez bien; mais j'éprouvai un soulagement inexprimable à me voir auprès de mon père, inconnu, et placé au gré de mes souhaits, pour mériter son indulgence, et pour lui faire voir combien j'étais changé. Rien ne me serait plus facile, en le servant, que de lui montrer une douceur inaltérable, une docilité parfaite, une obéissance profonde; je ferais mes délices, plutôt que mes devoirs, de prévenir ses volontés; et ce serait ce saint respect, cette piété filiale qui, dans son jardinier, lui ferait enfin reconnaître et pardonner son malheureux enfant. Mais pour dissimuler et contenir en moi les mouvements de la nature, il fallait du courage ; et je me promis d'en avoir.

Le lendemain, l'aurore et moi nous le trouvâmes dans ses allées. Le travail fut silencieux, et seulement à de longs intervalles, quelques mots rompaient ce silence. Il me demanda d'où j'étais. Je répondis d'Anet : ce fut mon unique mensonge. — Avez-vous encore votre père? — Oui, grâce au Ciel. — Et votre mère? — Je ne l'ai plus. Il soupira profondément. — Et que fait votre père?—Il travaille au jardin.—Est-il jeune encore? — Il commence à être vieux. — N'a-t-il que vous d'enfants? — Non, il n'a plus que moi. — Et vous l'avez quitté! — Il l'a voulu lui-même. —Il est donc à son aise, et il peut se passer de vous? — Oui ; mais si je mérite les bontés de mon maître, j'espère qu'il nous permettra de nous réunir près de lui. Alexis, me dit-il, soyez tel avec moi que vous avez été chez M. de Nelcour, sage, laborieux, honnête; et dans peu, je vous le promets, vous aurez ici votre père : ce ne sera pas moi qui vous en priverai. A ces mots, il se détourna, et je lui vis essuyer ses larmes.

Je lui ai rappelé depuis ce premier entretien. Ah! m'a-t-il dit, tu ne vis pas l'impression que faisait sur mon cœur chaque mot que tu répondais. Il y avait alors plus d'un an que les noms de père et de fils n'avaient pu sortir de ma bouche : je ne me sentais pas la force de les prononcer, c'était comme un poids sur mon cœur, et avec toi, je me soulageais à les dire et à les entendre.

Satisfait de me voir redoubler tous les jours d'activité, de diligence, lui créant un jardin nouveau, lui enseignant avec modestie une culture qui lui était inconnue, mon père avait quelquefois la bonté de modérer mon ardeur au travail, et un penchant involontaire le ramenait sans cesse auprès de moi. Alexis, quel âge avez-vous? me demanda-t-il un jour. —Vingt-un ans. —Vingt-un ans! Il poussa un soupir, et il garda un long silence.

Ah! dit Vauvenargue à Voltaire, *il me rappelle Egisthe; Egisthe est de son âge!*

Après quelque tour de jardin qu'il fit, reprit Alexis, pour soulager son ame, il revint à moi et me dit : Alexis, n'êtes-vous pas dans l'intention de vous marier? Oui, monsieur, j'y ai pensé, lui dis-je; et si tel est votre bon plaisir et la volonté de mon père, je crois avoir trouvé à Fleury celle qui me rendrait heureux. Quel âge a-t-elle? — Elle a seize ans. — Appartient-elle à des gens honnêtes? — C'est la fille d'un homme qui a donné son sang pour l'État. — Bonne extraction! — A l'âge de sept ans elle a perdu sa mère, ainsi que moi. — Pauvres enfants! Et qui a pris soin d'elle! — C'est M. de Nelcour. — Elle est jolie sans doute? — Quand elle serait laide, elle serait aimable encore : c'est la douceur, la bonté même; M. de Nelcour la chérit comme si elle était son enfant. — C'est donc un homme charitable, un homme bienfaisant que M. de Nelcour? — Oui, monsieur, un excellent homme; et ses bontés pour Natalie et pour moi vous en sont témoins. Il a fait des folies, reprit mon père; mais les folies d'un homme faible et facile, je les pardonne : il est encore, hélas! bien heureux que cette faiblesse ne lui ait coûté que sa fortune. Elle coûte souvent plus cher. Sait-il que vous aimez Natalie? — Il s'en doute. — C'est pour cela peut-être qu'il vous éloigne d'elle? — Peut-être bien. — Pourquoi ne vous a-t-il pas mariés? — Ah! monsieur, il fallait le consentement de mon père; et je n'ai pas osé le demander. — Pourquoi? — L'orpheline n'a presque rien. — Elle a sa bonté, sa sagesse, son heureux naturel; c'est une riche dot que cela. — Oui, monsieur; mais mon père!.... Ah! je tremble de lui parler. — Il est donc bien sévère envers vous, votre père? — Il l'a été, monsieur; mais il n'en est pas moins sensible; et, si je l'osais dire, il est bon comme vous. — En ce cas, j'espère obtenir qu'il consente à vous rendre heureux. S'il s'obstinait pourtant, je vous préviens que je n'ai point d'autorité à opposer à celle d'un père; et vous-même, Alexis, il faudrait lui obéir. — Oui, monsieur, oui, je le promets, quand il s'agirait de ma vie. Jamais enfant n'a respecté son père et ne l'a aimé plus que moi. Je ne vous cache point que je trouve dans Natalie tout ce qu'on peut désirer dans sa femme, que je l'aime bien tendrement, et que pour moi il n'y a pas de bonheur sans elle. Mais mon père n'aurait qu'à me dire : Mon fils, il faut y renoncer, me suivre, et ne la plus revoir; j'obéirais sans murmurer. Ah! l'heureux père, s'écria le mien! Alexis, va-t'en dès demain dire à M. de Nelcour qu'il me fasse l'honneur de me venir voir à Flamais, et qu'il m'amène l'orpheline. Je serai auprès de ton père son intercesseur et le tien. Mais je veux ta parole, que tant que je vivrai, vous ne me quitterez jamais. Je suis vieux, je suis seul, j'ai besoin de consolation; j'en ai besoin plus que tu ne peux croire. Au moins, vous m'aimerez vous autres, et je vous traiterai tous les deux comme mes enfants.

A ces mots déchirants pour moi, je tombai à ses pieds, je les baignais de larmes, et j'allais me faire connaître. Mais si les chagrins du passé se renouvelant dans son ame, il n'allait plus voir Natalie d'un œil si favorable; si même il refusait de la voir!... Je tremblais de détruire nos espérances, et dans le désordre où j'étais, mon père ne vit qu'un jeune homme amoureux et reconnaissant.

Le lendemain j'arrive chez M. de Nelcour, le cœur tout palpitant de joie. Vous avez mis, lui dis-je, le comble à vos bienfaits; et je viens vous en rendre grâces. Ce M. de Vaneville, ce vertueux vieillard qui se consumait de tristesse, et que le Ciel a voulu consoler..... Monsieur, adorez avec moi la main qui m'a conduit : M. de Vaneville est mon père. Oui, c'est de vous que le Ciel s'est servi pour me ramener à mon père; c'est à vous, monsieur, que je dois l'espérance de le fléchir. Faites appeler Natalie. C'est d'elle qu'il dépend d'achever mon bonheur, et je veux l'y intéresser.

Elle vint. Je leur racontai ce qui s'était passé entre mon père et moi; et à mesure que Natalie apprenait mon secret, son émotion, sa rougeur, son innocente et naïve joie me laissait pénétrer le sien. Elle nous avoua qu'elle avait pleuré mon absence, qu'elle avait bien souvent gémi de ne pouvoir pas être jardinière avec moi; que son bon ange lui avait prédit en songe qu'elle n'aurait jamais d'autre mari qu'Alexis; et qu'elle avait fait vœu, si son rêve s'accomplissait, que sous un berceau du jardin que nous cultiverions ensemble, nous élèverions un autel à cet ange consolateur.

Nous partîmes ensemble, M. de Nelcour, elle, et moi. Elle parut devant mon père, vêtue en simple villageoise; et sa grâce, sa modestie, l'ingénuité de son langage, le naturel de son esprit, et cette teinte de culture qui s'y laissait apercevoir à son insu, charmèrent notre bon vieillard. Sa beauté la rendit encore plus intéressante à ses yeux. Il témoigna combien il savait gré à M. de Nelcour d'avoir cultivé son enfance; il le retint trois jours chez lui, et durant ces trois jours il ne fut occupé que de notre aimable orpheline. Enfin, comme elle allait retourner à Fleury : Je suis décidé, me dit-il, je vais écrire à votre père. Vous porterez ma lettre; et si, comme je le présume, il approuve ce mariage, vous l'amenerez avec vous. Dites-moi son nom, dites-moi le nom du père de Natalie.

Ce fut alors que je sentis frémir toutes les fibres de mon corps et palpiter toutes mes veines.

Monsieur, lui dis-je, vous me voyez tremblant de l'aveu que je vais vous faire. Ce n'est pas assez de solliciter le consentement de mon père; et puisque vous avez tant de bonté pour moi, c'est d'abord mon pardon, ma grâce qu'il faut implorer. Votre grâce, reprit mon père avec étonnement? Seriez-vous criminel? — Oui, monsieur, je le suis. Oui, c'est un fils coupable et repentant qu'il faut mettre à ses pieds; si mes larmes vous touchent, c'est par-là qu'il faut l'attendrir; car pour ne rien dissimuler à mon généreux protecteur, ma première jeunesse a peut-être causé de cruels chagrins à mon père. Comment cela, me demanda-t-il d'un air interdit et troublé? — Par ma violence indomptable, par mes fougueux emportements.

Il m'écoutait, il frémissait, ses yeux étaient attachés sur les miens, et je voyais le tremblement de ses genoux et de ses mains redoubler à chacune de mes paroles. Ah! m'écriai-je enfin, au nom de la nature, au nom de votre sang, monsieur, demandez grâce pour un jeune insensé qui s'est dérobé à son père, et qui depuis sept ans n'ose paraître devant lui. A ces mots je me prosternai. Ah! malheureux! c'est toi, s'écria-t-il en se précipitant sur moi et en me serrant dans ses bras; et moi, suffoqué de sanglots, je me sentais inondé de ses larmes. Ah! celles-ci sont douces, me dit-il; laisse-les couler. J'en ai versé de plus amères. — Ah! mon père! mon père!

Me les pardonnez-vous? — Oui, je te les pardonne, et tout est oublié, puisque tu m'es rendu. Mais tu ne viens pas affliger, désoler encore ma vieillesse; quelle est donc cette jeune fille que tu veux épouser? — Rassurez-vous, mon père : Mademoiselle de Léonval n'est pas indigne de porter votre nom; à ces mots tout fut éclairci.

Venez, monsieur, dit-il à M. de Nelcour, venez que je vous remercie. Que ne vous dois-je pas! Vous me rendez mon fils, vous me le rendez corrigé. Et vous, fille d'un homme dont je chéris le sang, et dont j'honore la mémoire, venez faire avec votre époux les délices de mes vieux ans. Nous fûmes mariés dans ce même village; et pour habits de noces, nous voulûmes garder ceux que nous avions à Fleury.

Tel fut le récit d'Alexis; et quand il eut fini, nous retournâmes vers son père.

Cideville, me dit celui-ci, à-présent que vous savez tout, soyez notre conseil. Mes enfants se trouvent heureux auprès de moi; dois-je les y laisser? M. de Nelcour est d'avis que, dans ce petit coin du monde, menant ensemble obscurément une vie active et paisible, élevant nos petits enfants, heureux à peu de frais, et assez riches pour nous donner les plaisirs de la bienfaisance, nous formions comme une tribu d'amis de la campagne, que l'on bénira tous les jours.

Il a raison, s'écria Voltaire. Ce qu'il propose là est ma chimère favorite; ils seront trop heureux de la réaliser. J'étais de l'avis de Voltaire; mais lui, s'apercevant que Vauvenargue n'en était pas : Mes amis, nous dit-il, dans les temps de contagion il faut se tenir hors des lignes. Pensez donc que c'était alors le temps de la régence. Et quelle était, dans ce temps-là, la place d'un homme de bien et d'une jeune et innocente femme? Oui, j'aurais dit à ces deux époux : Tenez-vous là, faites-moi des enfants bien sains, bien vigoureux; qu'ils aiment comme vous la nature et la poésie, qu'ils apprennent de leur père à lire Virgile et Horace, et à cultiver leur jardin.

Vauvenargue sourit, et prenant la parole : Je donnerais, dit-il, ce conseil à des ames d'une trempe molle et flexible; car l'homme de ce caractère serait bientôt vicieux par faiblesse, au milieu des vices du temps. Mais si je rencontrais un homme d'une probité vigoureuse, et dont la bonté naturelle eût autant de ressort que celle d'Alexis; si à côté de lui je trouvais une femme habituée dès l'enfance à des mœurs simples et modestes et à se rendre heureuse par des goûts innocents; je ne leur ferais pas l'injure de les tenir éloignés du monde; je les presserais au contraire d'aller lui apprendre à rougir. Le rare mérite, en effet, que celui d'être bon parmi les bons! C'est en face du vice, et du vice effronté, qu'il est beau d'être vertueux. Et puis pour acquitter la dette de la naissance et de la fortune, n'y a-t-il qu'à vivre en philosophe? et le fils d'un homme de lois n'est-il fait que pour végéter parmi les plantes de son jardin? Que M. de Nelcour, qui a laissé dans le monde les débris de son opulence, reste tranquille dans le port, et s'y console de son naufrage; que M. de Vaneville, qui a blanchi sous le faix des devoirs d'une grande place, se repose après ses travaux; cela est juste, et j'y consens. Mais je veux que son fils, assez jeune encore pour s'instruire et pour se rendre utile, vienne à son tour payer le tribut de ses veilles, de ses talents, de ses vertus; et que son aimable compagne vienne montrer à ses pareilles que leur dignité, leur bonheur, leurs plaisirs les plus purs, comme leur véritable gloire, tiennent à leurs devoirs fidèlement remplis.

Tel fut, reprit Cideville, le sentiment de notre bon vieillard et celui des jeunes époux.

A la bonne heure, dit Voltaire; cela est plus

beau, j'en conviens. Mais si, dans le monde, Alexis devient un libertin, et Natalie une friponne, je le mets sur votre conscience; et ce n'est pas moi qui réponds que cela n'arrivera point.

Non, c'est moi, dit Cideville; et comme ils ont passé déja plus de vingt ans ensemble, aussi unis, et presque aussi amoureux l'un de l'autre qu'ils l'étaient à Fleury, tout occupés du soin d'élever leurs enfants et de leur inspirer la bonté de leur ame, je crois pouvoir les citer pour exemple des vertueux ménages que le monde n'a point gâtés. Aussi leur père, qu'ils vont voir tous les ans dans sa retraite de Flamais, a-t-il fait graver sur l'autel qu'il a élevé dans son jardin, au bon ange de Natalie, et sur lequel sont placés les bustes des deux époux, a-t-il fait, dis-je, graver ce témoignage que l'envie elle-même n'a jamais démenti :

<blockquote>
Belle Aréthuse, ainsi ton onde fortunée
Roule, au sein furieux d'Amphitrite étonnée,
Un crystal toujours pur, et des flots toujours clairs
Que jamais ne corrompt l'amertume des mers.
</blockquote>

O Dieu! s'écria-t-il, qu'ai-je fait? et dans quel état mon imprudence vous a mise.

La Cassette.

LA CASSETTE.

Hortense de Livernon avait reçu de la nature des qualités qui se trouvent souvent ensemble dans une jeune femme, mais qui sont rarement d'accord : elle était née avec une ame honnête, un cœur sensible et un esprit léger. Elle avait eu deux éducations qui ne s'accordaient guère mieux : l'une auprès de sa bonne mère, qui lui recommandait sans cesse d'être modeste et raisonnable; et l'autre devant son miroir, qui, tous les matins, lui répétait qu'elle était belle et faite pour avoir les plus brillants succès.

Dans la fleur de cette beauté, mariée au marquis de Vervanne, elle vécut avec lui trois ans dans la plus parfaite union. On ne leur reprochait que d'être dans le monde trop uniquement occupés l'un de l'autre. Ils avaient chez eux, disait-on, assez le temps d'être amoureux, et l'on prenait la liberté de les avertir, en ami, du ridicule qu'ils se donnaient.

Insensiblement le mari devint moins empressé, moins assidu; la femme, moins indifférente aux soins qu'on prenait de lui plaire. Quand l'un des deux se faisait attendre, on observa que l'autre regardait moins souvent à sa montre et n'avait plus l'air si distrait. Les voilà, disait-on, qui deviennent plus raisonnables; et l'on trouvait bien juste qu'après une première ardeur, ce beau feu se fût rallenti : il n'y aurait pas eu moyen de vivre avec eux plus long-temps, si cet amour avait duré.

Cependant, quoique l'espérance de succéder attirât chez la jeune femme un grand nombre de prétendants, et que, sans en flatter aucun, elle n'eût pas non plus l'air de dédaigner leurs hommages; quoique, de son côté, le marquis n'eût plus auprès d'elle ces assiduités gênantes qui rendent les maris importuns pour les aspirants, tout annonçait encore entre eux la plus heureuse intelligence; et six ans s'étaient écoulés sans qu'on y eût aperçu le plus petit nuage, lorsque tout-à-coup l'on apprit qu'ils étaient séparés, et que la femme venait d'être renvoyée à sa mère, au fond d'une province, dans ce vieux château solitaire de Livernon, que la veuve habitait.

Cette nouvelle, qui tomba comme une bombe au milieu du monde, donna lieu à mille conjectures; mais en se combattant, elles se détruisaient, et l'on ne savait plus ce qu'on devait penser de ce terrible événement. Hortense, naturellement douce et bonne, s'était fait pardonner sa beauté, son bonheur; et ni la malice des femmes, ni la légèreté des hommes n'osait lui croire un tort sérieux et réel. Supposé même qu'elle en eût eu quelqu'un par accident, un mari qui lui-même avait enfin repris le ton de la galanterie, et qu'on voyait dans les coulisses protéger de jeunes talents, n'était peut-être pas au-dessus du reproche. Il aurait dû, en homme sage, dissimuler ce qui pouvait fort bien n'être qu'une légèreté. Et le moyen de vivre ensemble, si mutuellement on ne se passait rien? Après tout, cette jeune femme avait été parfaitement décente, et si bien que personne, avant cette aventure, n'avait surpris en elle rien qui pût donner lieu au plus léger soupçon. C'était un mérite assez rare que celui de garder ainsi les bienséances, et une si bonne conduite méritait des égards et des ménagements. Sur-tout l'éclat d'une rupture et le brusque renvoi d'une femme à sa mère était impardonnable dans un homme bien né; mais ce qui rendait le mari plus odieux encore, c'était la dureté qu'il avait, disait-on, de refuser aux larmes de sa femme la consolation d'emmener avec elle sa fille unique dans son exil : aussi, dès ce moment, fut-il regardé dans le monde comme un homme sans ame, comme un être dénaturé.

Pour lui, solitaire et sauvage, après l'emportement qui lui avait fait divulguer son malheur, il s'inquiétait peu de ce qu'on pouvait dire et penser de lui dans ce monde où il n'était plus et dont il ne voulait plus être. Un soin plus cruel l'occupait; c'était de détacher son cœur de cette femme si long-temps chérie.

L'infidélité dont elle était punie n'avait que trop le caractère d'une évidence irrésistible, et le comble de la faiblesse aurait été de chercher une excuse où il ne pouvait y en avoir. Eh! comment douterais-je qu'elle fût coupable, disait-il, après l'avoir moi-même surprise dans les bras d'un autre, dans les bras d'un ami perfide, qui ne venait chez moi, qui ne me prodiguait tant de soins, tant de complaisances, que pour m'assassiner. Le traître! il est parti, sa fuite l'a dérobé à ma vengeance; et sans un autre éclat plus humiliant pour moi encore, je ne puis courir après lui. C'est lui qui, avec cet art flatteur et détestable où il excelle, aura séduit la malheureuse qui l'écoutait peut-être innocemment, et qui, sans voir le piége, s'y laissait attirer. Quel fléau que ces hommes séduisants et pervers qui vont se jouant de l'honneur et du repos d'une famille! Ah! c'est l'oisiveté, la vanité des femmes, leur coquetterie imprudente, leur crédulité insensée, leur inconstance qui les perd; mais nous qui, tous tant que nous sommes, passons notre jeunesse à inventer des artifices pour abuser leur innocence et triompher de leur faiblesse, avec quelle rigueur nous les en punissons si elles viennent à succomber! Moi, par exemple, moi, qui me suis fait aussi un triomphe de leur défaite, combien je le déteste aujourd'hui dans un autre, ce crime dont à peine je daignais m'accuser, et de quel châtiment cruel je punis une femme faible et bien moins coupable que moi! non, je ne la hais point; et après l'avoir adorée, je l'aime encore assez pour la plaindre et pour la pleurer; mais par un mouvement involontaire, irrésistible, je me sens repoussé loin d'elle. Il serait impossible à mon cœur d'approcher du sien. Je n'ai jamais manqué à la foi que je lui ai jurée, elle seule a trahi ses serments, elle m'a trompé. J'aurais beau l'adorer, je ne la verrai plus : ce serait pour moi un supplice; je croirais la revoir encore dans les bras d'un rival aimé : cette image est ineffaçable, elle me poursuivra toujours.

Alors, se rappelant ses trompeuses caresses et le langage tendre qu'elle lui avait tenu tant de fois en présence même du perfide Onval qu'elle aimait : Non, non, s'écriait-il, jamais le souvenir de tant de perfidie ne sortira de ma pensée, et l'image de mon rival est comme un spectre horrible qui se présentera sans cesse entre elle et moi. Elle me demande sa fille!.... Non, ma fille n'est plus la sienne; elle a perdu le droit de l'avoir auprès d'elle. Ma fille n'ira point apprendre à flatter, à tromper, à trahir un crédule époux.

Étrange cruauté de l'amour-propre dans le cœur des hommes! Mais plus ils sont honnêtes et sensibles, plus ils seront inexorables dans ce triste ressentiment.

Malheureux à l'excès, Vervanne fut neuf ans

solitaire et inaccessible. Sa fille, élevée avec soin dans un couvent, eut cependant la liberté d'écrire quelquefois à sa mère, mais sous les yeux de madame l'abbesse. La marquise, dans ses réponses, ne lui exprimait que vaguement le regret d'être éloignée d'elle; mais le cœur maternel s'y soulageait du moins par mille effusions de tendresse et d'amour; et parmi les sages conseils dont ses lettres étaient remplies, la piété filiale, le respect pour un père, l'abandon à ses volontés, étaient sans cesse recommandés comme les devoirs les plus saints.

Vervanne, à qui sa fille communiquait les lettres de sa mère, les lisait en silence, les lui rendait de même; mais lorsqu'il était seul, livré à ses réflexions : Ciel! disait-il en gémissant, que de qualités estimables un moment de faiblesse et d'erreur a déshonorées! Quel fonds d'honnêteté et de vertu, peut-être, un fol amour a dégradé!

Hortense, dans ses lettres, parlait peu d'elle-même et rarement de sa santé. Cependant, comme Sydonie lui en demandait instamment des nouvelles, elle n'avait pu lui cacher qu'elle se sentait affaiblie. C'était plutôt lui dissimuler que lui dire le dépérissement où elle était tombée, et aux yeux de sa propre mère, elle s'abstenait de s'en plaindre; mais comment le lui déguiser?

La bonne madame de Livernon s'aperçut du progrès du mal et voulut y apporter remède. Ah!

ma mère, lui dit sa fille, le remède ou plutôt le soulagement dont j'aurais besoin, ce serait de voir mon enfant. Trois jours après, Vervanne reçut de madame de Livernon une lettre écrite en ces mots :

« Je ne puis plus vous cacher, monsieur, que
« la santé de ma fille est sérieusement affectée.
« Elle demande Sydonie, elle désire ardemment
« de la voir. Dans l'état où elle est réduite, vous
« n'aurez pas la cruauté de lui envier cette con-
« solation. Bientôt peut-être, hélas ! vous laissera-
« t-elle à vous-même d'inutiles et longs regrets ;
« car votre cœur est bon et finira par être juste.
« Épargnez-vous du moins le remords déchirant
« d'avoir refusé à une mère la douceur d'embras-
« ser sa fille et de lui dire adieu, avant de..... Je
« ne puis tracer ce mot funeste. Je suis mère, et
« je touche au moment de ne l'être plus. Accor-
« dez-nous, monsieur, cette dernière grâce ; je
« vous la demande à genoux, au nom de la na-
« ture. Dans un mois Sydonie sera de retour
« auprès de vous. »

Le cœur du malheureux Vervanne fut navré de douleur à la lecture de cette lettre. Il n'y a donc, disait-il, il n'y a donc que la mort qui puisse expier à mes yeux la faute d'un être fragile ! Il a fallu, pour l'en punir, la laisser neuf ans dans l'exil se consumer, s'éteindre ; et dans ce moment même où elle est expirante, je ne vais pas lui dire que tout est pardonné ! Oui, tout l'est dans mon cœur; je donnerais mon sang pour prolonger sa vie. Mais pour elle, comme pour moi, quelle entrevue et quel supplice! Irais-je l'accabler de mon silence humiliant? Irais-je, dans un cœur flétri par le chagrin, rechercher quelques sentiments, non pas d'amour, car le nom seul nous en est à jamais funeste, mais d'une bienveillance généreuse et sincère? Ah! si l'amitié simple, l'amitié dont l'estime est la plus pure essence, pouvait nous réunir, j'irais tomber à ses genoux. Mais l'homme qu'on ne peut regarder sans rougir, la femme dont il faut sans cesse s'efforcer d'oublier la honte, peuvent-ils jamais être amis? Non, par pitié pour elle, je ne dois plus la voir; mais du moins ne lui refusons pas une dernière consolation. L'amour, même outragé, n'a pas le droit d'outrager la nature. Dès le lendemain, Sydonie, accompagnée d'une femme fidèle et sage, partit pour Livernon.

Ah! de quelle amertume fut mêlée, en voyant sa mère, la joie de cette aimable enfant! Elle se souvenait de l'avoir vue dans tout l'éclat de sa beauté; elle eut peine à la reconnaître. Au lieu de ces roses si fraîches qui semblaient autrefois éclore sur son teint, un rouge ardent perçait à travers la pâleur de ses joues exténuées; et ce feu d'une fièvre lente dont son sein était consumé pétillait dans ses yeux cavés par la douleur; mais eût-elle été plus changée, ses larmes, son émotion, le tressaillement de son sein, ses cris de joie en voyant sa fille, lui auraient annoncé une mère. Une mère seule, en effet, peut ressentir, peut exprimer ces mouvements inimitables : tout n'est qu'indifférence au prix de sa tendresse, tout est froid au prix de son cœur. Dès qu'elle put tenir serrée entre ses bras sa chère Sydonie, tous ses maux furent oubliés.

Ses nuits étaient cruelles; une haleine sèche et brûlante n'échappait de son sein que par convulsions et en le déchirant. Mais lorsque le jour ramenait son enfant auprès d'elle, la nature semblait suspendre ses souffrances, et sa fille croyait la voir sortir d'un paisible sommeil. Près d'un mois se passa dans les effusions de leur tendresse mutuelle et dans la douce intimité des entretiens les plus touchants. La vertu respirait dans les conseils et les leçons qu'Hortense y donnait à sa fille; mais dans ces entretiens où à chaque instant le père était nommé, l'époux ne l'était presque pas, et jamais il ne fut l'objet d'une plainte échappée à celle qu'il faisait mourir de douleur.

Enfin, malgré l'illusion que cette tendre mère s'efforçait de faire à sa fille, déja se sentant épuisée, et croyant n'avoir plus que peu de jours à vivre, elle se résolut à l'éloigner, soit pour lui épargner la douleur de recevoir ses derniers soupirs, soit pour se rendre à elle-même le moment de quitter la vie moins cruel et moins déchirant.

Allez, ma fille, lui dit-elle, allez retrouver votre père. Vous passerez l'hiver auprès de lui; et au printemps, si je vis encore, vous obtiendrez de lui qu'il veuille bien permettre que vous reveniez près de moi. Dites-lui bien des choses tendres au nom de votre mère, qui l'a toujours aimé, qui l'aimera toujours. Alors mêlant ses larmes à celles que sa chère enfant répandait dans son sein, elle lui fit présent d'une cassette dont elle lui remit la clef; mais elle lui recommanda de ne l'ouvrir que lorsqu'elle ne serait plus, et en exigea le serment. Sydonie, en pleurant sur les mains de sa mère, prononça le serment qu'elle lui demandait, et partit le cœur déchiré.

Vervanne attendait le retour de sa fille avec une pénible impatience. Quel tourment, disait-il, que d'exercer les rigueurs d'une haine que l'on ne ressent pas et que d'être cruel avec un cœur sensible! Ah! si pour lui rendre la vie et la santé, il ne fallait qu'étouffer moi-même dans ses bras tous mes ressentiments, si elle avait le courage de le vouloir et de le demander, l'amour jaloux, l'amour offensé, l'honneur même, l'impitoyable honneur aurait beau vouloir m'arrêter; j'irais revoir, j'irais guérir et sauver cette infortunée.

Ces mouvements si naturels à un bon cœur, et cependant si rares, redoublèrent de force, lorsque sa fille, après leurs embrassements mutuels, lui dit dans quel état elle laissait sa mère, et lui répéta les mots tendres qu'elle l'avait chargée de lui dire en son nom. Ah! mon père, ajouta Sydonie en pleurant, comment est-il possible qu'une femme aussi vertueuse, qu'une femme qui vous adore, qui n'a jamais cessé de vous aimer, qui ne parle de vous qu'avec l'estime la plus profonde, qui mille fois m'a dit que mon premier devoir était de révérer mon père, de l'aimer, de le rendre heureux; comment est-il possible qu'elle languisse et meure loin de vous? Vous m'avez dès-long-temps imposé silence sur cet éloignement incompréhensible pour moi, et j'ai respecté la défense d'en vouloir pénétrer la cause; mais..... Son père à ces mots l'arrêta. Ma fille, lui dit-il avec émotion, il est des secrets de famille qu'il faut ignorer à votre âge. Votre mère ne vous a pas témoigné le désir de me revoir, n'est-il pas vrai? — Non pas expressément. — Eh bien! croyez qu'entre deux époux qui conservent l'un envers l'autre tant d'estime et de bienveillance, il doit y avoir, pour vivre éloignés si long-temps, quelque motif que leurs enfants doivent s'abstenir de connaître.

Sydonie, en baissant les yeux, se tint dans le silence que son père lui commandait; mais lorsqu'elle fut seule, son cœur se soulagea par ses soupirs et par ses larmes; et toutes les fois qu'elle était livrée à elle-même, elle ne cessait de gémir.

La femme qui l'avait accompagnée dans son voyage l'avait vue arrosant de ses pleurs la cassette qu'elle tenait soigneusement sur ses genoux.

Elle observa que le même objet l'occupait dans sa solitude, et que, sans ouvrir la cassette, elle y tenait ses yeux tristement attachés, ou la baisait avec un saint respect, toujours en la baignant de pleurs.

Cette femme, inquiète et de la cause et de l'effet de cette affliction continuelle, crut qu'il était de son devoir d'en instruire le père, et lui fit surprendre sa fille dans un moment où d'un œil attendri regardant la cassette, elle disait ces mots : Je ne saurai donc son secret que lorsqu'elle ne sera plus !

Ma fille, lui dit le marquis, quel est donc ce petit trésor dont la vue vous cause tant d'émotion et de tristesse ? — Ce trésor ! Oui, mon père, répondit-elle, oui, c'en est un pour moi; mais il m'est inconnu; et je demande au Ciel qu'il ne me soit jamais permis de le connaître. J'ai promis à ma mère de n'ouvrir cette boîte qu'après..... Elle n'acheva point, les pleurs lui étouffèrent la voix. En avez-vous la clef, lui demanda Vervanne ? — Oui, mon père, je l'ai; mais je n'abuserai jamais de la confiance de ma mère. — A votre âge, ma fille, on est bien curieuse. — Oh ! non, mon père, on ne l'est pas jusqu'à l'impiété; et j'ose répondre de moi. — Vous en serez plus sûre encore, lui dit-il, en laissant cette cassette dans mes mains. La clef restera dans les vôtres. Sydonie obéit et céda, mais avec cette répugnance que l'on éprouve en se séparant de ce que l'on a de plus cher.

Dans toute autre situation, un aussi honnête homme que le marquis se fût fait un devoir de tenir pour inviolable le secret d'une mère confié à sa fille, sur la foi du serment qu'il resterait scellé jusqu'à sa mort. Mais quelle force irrésistible ne devait pas avoir pour lui la tentation de savoir ce qu'enfermait cette cassette? Bien assuré que ce ne pouvait être qu'une espèce de testament et de confidence dernière, quel intérêt n'avait-il pas de voir comment l'ame d'Hortense allait se dévoiler aux yeux de son enfant, et quelles vérités elle n'avait voulu lui révéler que du fond du tombeau! Lui-même, quels regrets n'aurait-il pas un jour d'avoir tardé à s'en instruire! Il ne lui était pas possible de croire sa femme innocente; mais il lui serait doux encore de la trouver moins criminelle; et quoique la douleur d'avoir été injuste dût être pour lui déchirante, il n'eût rien désiré plus vivement que d'avoir à s'en accuser. Il hésita long-temps, il combattit, il s'efforça de vaincre cette coupable envie, repoussant vingt fois la cassette, et voulant se résoudre à la rendre à sa fille. Mais par un dernier mouvement, sa main, malgré lui décidée, brisa la fragile serrure; et dès-lors il lui fut impossible de ne pas lire l'écrit, tracé de la main d'Hortense, que la cassette renfermait.

Je veux, ma fille, disait Hortense dans l'écrit qu'elle lui laissait, vous donner en mourant une grande leçon. Je meurs déshonorée, et je meurs innocente. Mon malheur m'accuse d'un crime; je n'ai eu que des torts que je crois pardonnables. Mais ces torts, légers en eux-mêmes, ont été graves en apparence; votre père y a été trompé. Ne l'en accusez point; l'erreur était inévitable : ma première faute a été de n'avoir pas su l'en garantir. J'ai cru pouvoir les mépriser, ces apparences dangereuses : j'ai mis une importance vaine à ce qui n'en avait aucune; je n'en ai mis aucune à ce qui devait en avoir le plus. Fière des sentiments honnêtes que j'avais dans le cœur, j'ai défié l'estime publique et celle d'un mari homme de bien, de me manquer jamais. Sans reproche à mes propres yeux, je me suis flattée d'être au-dessus même du soupçon; et sans avoir rien fait qui dût me rendre méprisable, je suis tombée dans le mépris et du monde et de mon époux. Ce mépris est, ma fille, le poison lent qui me consume et qui va me faire mourir. Écoutez, méditez, et n'oubliez jamais ce qui a perdu votre mère.

J'épousai, à dix-neuf ans, l'homme le plus aimable, le plus estimable à mes yeux. J'étais malheureusement assez belle (je puis le dire, hélas! sans vanité, dans l'état où je suis). Ce dangereux présent de la nature seconda les soins que je pris de plaire à l'époux que j'aimais, que j'ai toujours uniquement aimé, que j'aimerai jusqu'au dernier soupir. Mais ce sentiment qui seul aurait suffi à mon bonheur, je n'eus pas le bon sens de voir qu'il devait suffire à ma gloire. La vanité m'offrit d'autres succès dans les agréments de mon âge. Je me permis d'aimer à plaire; et en réservant à mon époux toute l'affection de mon cœur, je laissai ma frêle beauté jouir innocemment des hommages qu'on lui rendait. Non que je fusse crédule au point d'y ajouter foi : je les savais frivoles, et souvent peu sincères : ma mère avait pris soin de me les faire apprécier, et j'y attachais peu d'estime. Mais en voyant que mes pareilles, sans les estimer davantage, ne laissaient pas de s'y complaire, comme dans l'unique triomphe que la nature et l'opinion nous eussent accordé, me disaient-elles quelquefois, je m'en laissai flatter comme elles. Votre père n'en fut ni surpris, ni jaloux. Notre tendresse mutuelle avait pris un caractère qui nous semblait inaltérable; votre naissance avait rendu l'union de nos cœurs plus vertueuse et plus intime; et un sentiment doux, mais assez vif encore, avait fait succéder le calme du bonheur à l'ivresse d'un fol amour.

Je jouissais donc pleinement de l'estime de mon époux. Je ne lui faisais pas mystère des soins qu'une jeunesse agréable et légère me rendait dans le monde; et chez lui-même elle était reçue sans inquiétude et sans ombrage. Ma mère seule en avait quelques craintes : non qu'elle eût aucun doute de l'honnêteté de mon cœur, mais par un pressentiment sage, elle appréhendait pour sa fille et le faux jour des apparences, et les fausses couleurs de la malignité.

Vous êtes bien sûre, ma fille, me disait-elle, de la tranquillité du cœur de votre époux : comme moi, il lit dans votre ame. Mais êtes-vous aussi assurée que le monde soit juste? Croyez-vous que l'envie, la vanité jalouse, et cette malice légère qui se joue à lancer des traits empoisonnés, ne porteront aucune atteinte à cet honneur si délicat, si tendre, si facile à blesser, que vous exposez imprudemment? Je répondais, que l'innocence de ma conduite était si évidente, qu'à moins de se rendre odieux, personne au monde n'oserait l'attaquer.

En effet, comme il n'y avait dans mes actions, dans mes propos, dans la simplicité de mon caractère, rien qui ressemblât au manége de la coquetterie, et que tout naturellement je ne songeais qu'à être aimable sans me glorifier d'être aimée, la méchanceté même voulut bien m'épargner. Mon mari donnait, il est vrai, l'exemple de la confiance que l'on devait avoir en mon honnêteté: sans froideur et sans négligence, il me laissait une liberté dont il était bien sûr que je n'abusais pas; et à mon tour, je voyais sans alarme celle dont il usait lui-même.

L'amour des lettres, et singulièrement le goût du spectacle, qui faisait son amusement, l'avait comme engagé dans un cercle de connaisseurs; et un ami que je m'accuse de soupçonner de perfidie, le chevalier d'Onval, l'y avait introduit. Cette société se faisait une occupation habituelle et intéressante de rétablir la gloire du Théâtre Français; elle attirait les talents naissants; et de fréquents soupers où ils étaient admis, étaient le point de ralliement et le rendez-vous des séances.

Je savais bien que de jeunes beautés y étaient également accueillies; mais persuadée que mon mari m'aimait, et qu'il ne pouvait rien aimer qui ne fût estimable, j'aurais rougi de le croire accessible à cette espèce de séduction.

Cependant Onval, son ami, qui se disait aussi le mien, me demandait quelquefois si ces petits conciliabules de théâtre, et ces intérêts de coulisses ne me causaient aucune crainte, m'offrant d'engager doucement Vervanne, son ami, à renoncer à ces liaisons, pour peu que j'en fusse inquiète.

Peut-être Onval n'avait-il en vue que mon repos; peut-être aussi lui-même aurait-il voulu le troubler. C'est un soupçon que je désavoue, mais qui plus d'une fois m'est venu depuis mon malheur. Il faut, me disait-il souvent, il faut si peu de chose pour troubler le bonheur d'une ame délicate et sensible comme la vôtre! Une ombre de soupçon, le plus léger nuage sur la conduite de mon ami, quelque honnête qu'elle me semble, me fait trembler et pour vous et pour lui. Hélas! ma fille, c'était moi qui écartais ces idées en l'assurant que mon estime pour mon mari était inaltérable, et que jamais je ne m'abaisserais à craindre de pareilles rivalités. J'entendais mon mari lui-même louer les talents, la figure, les agréments des filles de théâtre; mais comme il en parlait assez légèrement, je n'en ressentais dans mon cœur aucune espèce de jalousie.

Enfin ce repos précieux de mon cœur et de ma pensée fut troublé par un événement auquel j'ai de la peine à croire, après l'avoir vu de mes yeux.

Mon mari m'avait prodigué toutes ces parures de luxe qui étaient alors fort à la mode : j'avais des diamants d'une rare beauté, et dans ces bracelets, ces pendants, cette aigrette, et ce collier éblouissant, on remarquait encore moins la richesse que l'art et le goût de l'artiste; cependant après avoir joui quelques années de ce frivole amusement de mon jeune amour-propre, je l'avais négligé. Depuis votre naissance, la qualité de mère ayant donné à mon caractère un peu plus de solidité, je ne me parais presque plus; je vous les réservais, ma fille, ces diamants inutiles pour moi. Mais un jour en cherchant parmi mes bijoux, une bague qu'Onval me demandait pour en faire monter une pareille, disait-il, je remuai l'écrin de ma parure, je le sentis léger; je l'ouvris; je le trouvai vide. Me voilà effrayée, comme vous pouvez croire. Un vol pareil était bien fait pour me troubler. Je n'en dis rien dans ma maison; mais j'en étais dans une peine extrême; et incertaine si je devais ou me hâter ou différer d'en inquiéter votre père, je consultai Onval sur la conduite que j'avais à tenir.

Non, me dit-il, ne lui en parlez point : il serait inutilement affligé; il ferait du bruit; et le bruit gâte tout dans de pareilles aventures. A moins que le voleur n'ait eu la précaution de démonter vos diamants, on les retrouvera. La police a des yeux de lynx; je me charge du soin d'éclairer ses recherches. Je lui donnai tous les détails dont la police avait besoin pour reconnaître ma parure; et je me reposai sur lui.

Le lendemain il arriva d'un air riant. Bonne nouvelle, me dit-il! Vos diamants sont retrouvés. Mon premier mouvement fut celui de la joie. Je n'avais pas dormi de la nuit, ne doutant pas que le voleur ne fût chez moi, et n'osant soupçonner personne. Ah! m'écriai-je, apprenez-moi bien vite en quelles mains on les a retrouvés. C'est là, s'il vous plaît, me dit-il, ce que vous ne saurez jamais. Ce serait inutilement vous affliger que de vous l'apprendre; et peut-être, après tout, le crime n'est-il pas aussi grand que vous le croiriez. Qu'il vous suffise d'être assurée de les ravoir incessamment; c'est là l'essentiel. Eh! non, monsieur, lui dis-je, ce ne l'est pas. J'ai l'esprit tourmenté de soupçons et d'inquiétudes; et jusqu'à ce que le voleur me soit connu, je craindrai de le voir dans tout ce qui m'approche. Non, me dit-il toujours en souriant, le voleur n'est pas dangereux; et il est en état de restituer son larcin, je vous en réponds. J'insistai; il céda. Je vais donc, me dit-il, vous calmer l'imagination. Mais donnez-moi votre parole que le secret de cette aventure sera inviolablement renfermé entre vous et moi. Ces mots jetèrent dans mon ame une lueur soudaine. Monsieur, ce que vous dites là, et le ton dont vous me le dites me fait penser à mon mari. Est-ce lui qui a pris mes diamants? Qu'en a-t-il fait? Vous pouvez m'en instruire; je n'en ferai aucune plainte. Il a peut-être fait au jeu quelque perte considérable. En pareil cas, rien n'est plus juste que de s'aider de ce qu'on a; et mes diamants étaient à lui. Non, vous n'y êtes pas, me dit-il; mon ami est trop sage pour jouer un jeu qui le réduise à de pareils expédients. Vos diamants ne sont point vendus, et ils ne sont point mis en gage. Il en fait, je crois, un usage plus pardonnable. Du reste, j'ai pu me tromper; et ce que j'exige de vous, c'est de voir par vos yeux si je ne me suis point mépris. Après cela, vous êtes sage; et vous ne ferez point un crime de ce qui n'est, peut-être, qu'une légèreté, un caprice, une fantaisie, que sais-je? un moment d'intérêt et d'enthousiasme pour un jeune et rare talent.

Je me sentis, à ces paroles, le cœur flétri, le sang glacé, la voix éteinte; mais je renfermai ma douleur; et d'un air aussi calme qu'il me fut possible de l'affecter : Comment, lui dis-je, vérifierai-je par mes yeux ce que vous me dites? Rien de plus aisé, reprit-il : ce fut hier que Mélanie débuta dans un rôle qui exige une grande parure; elle était rayonnante de diamants; tout le public en fut frappé; et moi, sur les indices que vous m'aviez donnés, je crus, je vous l'avoue, reconnaître votre dépouille. Demain elle jouera le même rôle ; allez l'y voir sans vous montrer. Mais encore une fois, belle et sensible Hortense, même après vous être assurée de la faiblesse de mon ami, ne lui en témoignez rien. Les éclaircissements troubleraient sans retour le repos de votre maison, et empoisonneraient votre vie. Croyez-en un ami sincère, la douceur, l'indulgence, la dissimulation des torts qu'un mari peut avoir, sont les premières qualités d'une femme : quand le reproche est juste, loin de guérir la plaie, il ne fait que l'envenimer.

Vervanne avait parlé souvent de cette Mélanie devant moi, sans ménagement, comme d'une jeune et jolie actrice qui consolerait le théâtre, disait-il, de la vieillesse d'une Gaussin; ces propos n'étaient pas effacés de mon souvenir; mais, quoique toutes les apparences fussent d'accord, je ne pouvais me persuader qu'un homme à qui j'avais connu tant de délicatesse eût voulu s'avilir à ses propres yeux, jusqu'à me dérober mes diamants pour les donner à une actrice. Je passai vingt-quatre heures dans les angoisses les plus cruelles. Il fallut ramasser le peu de force et de courage qui me restait pour demander à madame de B..... une place au fond de sa loge. Je m'y rendis.

Le tremblement avec lequel j'attendis qu'on levât la toile fut pareil à celui d'une victime qui attend le coup mortel. Mon saisissement redoubla jusqu'au moment où parut Mélanie. Elle entra sur la scène; je la voyais de près; je reconnus mes diamants. Mes yeux à l'instant s'obscurcirent; un frisson me saisit; j'allais tomber en défaillance, je demandai à prendre l'air. On me mena hors de la salle, on appela mes gens, je montai en carrosse, et je revins chez moi m'abandonner à ma douleur. Ce qui achevait de m'accabler, c'était d'avoir vu votre père, les yeux fixés sur la nouvelle actrice, et l'air ému de tous les sentiments que son rôle exprimait, l'applaudir avec des transports d'ivresse et de ravissement.

Seule, au fond de mon cabinet, à demi renversée sur une chaise longue, dans le désordre du désespoir : c'en est fait, me disais-je, le cœur de mon mari est perdu pour moi sans retour. Le cruel! comme il m'a trompée! et à quel vil prix il a mis l'estime de lui-même, mon repos et notre bonheur!

Comme j'étais ainsi abymée dans des réflexions déchirantes, Onval arrive, il entre, il me voit toute en pleurs, pâle, éperdue, échevelée. O dieu! s'écria-t-il, qu'ai-je fait? et dans quel état mon imprudence vous a mise! Pardon, madame, et mille fois pardon de tout le chagrin qu'elle vous cause. J'en suis moi-même au désespoir.

A ces mots, et de l'air d'un homme désolé, il s'était jeté sur mes mains, qu'il pressait de ses lèvres avec mille sanglots. Ah! j'étais loin d'imaginer dans sa compassion rien qui pût blesser la décence. Mais celui qui seul m'occupait dans ce moment, votre père entre tout-à-coup, et croyant surprendre son perfide ami dans mes bras : Traître, dit-il, en courant sur lui l'épée à la main, voilà donc pourquoi tu me quittais! Va-t'en, puisque tu es sans défense; va-t'en, ton lâche cœur est trop indigne de mes coups. Va périr de la main de quelque infâme comme toi. Onval voulut parler. Sors, reprit mon mari, cesse de souiller ma maison. Et vous, madame, me dit-il, avec une amertume qui a passé dans mon ame et qui l'a dévorée, est-ce donc là cette pamoison qui vous a fait quitter si subitement le spectacle?

Indignée de cette insulte, j'allais répondre et l'accabler; il ne m'en donna pas le temps. Allez, madame, me dit-il, la fierté sied mal au désordre où vous êtes. Dans dix minutes vos chevaux seront mis. Allez vous mettre décemment pour vous rendre chez votre mère; c'est dans ses bras qu'il faut désormais vous cacher.

Une femme plus courageuse ou plus raisonnable que moi serait restée chez elle, et l'y aurait attendu, elle aurait dévoré une première injure, et avec le sang-froid de l'innocence, elle aurait obtenu le moment de se faire entendre. Mais j'étais faible et vive; je ne sentis que mon outrage, et je ne vis que le contraste de mon honneur calomnié, et de l'indignité d'un homme qui, après m'avoir trahie, osait me condamner sur une légère apparence, sans me donner le temps de me justifier. Je me retirai chez ma mère, résolue à ne jamais revoir l'inhumain, l'infidèle qui me déshonorait.

Ma mère, après m'avoir entendue, voulut me résoudre à lui écrire. Moi, lui dis-je, descendre à des explications auxquelles il ne croirait pas! Moi recourir après l'estime d'un cœur indigne de la mienne! Non, ma mère, puisque six ans d'une conduite irréprochable n'ont pas même obtenu de lui qu'il ait douté si j'étais criminelle, rien ne lui ferait croire que je ne le suis point. Il s'est accoutumé à voir dans ses sociétés des ames viles et corrompues, il me suppose leur bassesse, et capable lui-même des plus infâmes procédés, il me juge d'après son cœur. Qu'il le donne son cœur à une Mélanie. Il est aussi indigne de mes regrets que les vains ornements dont il m'a dépouillée pour les prostituer. Ma mère aurait voulu m'adoucir; je fus inflexible. Elle lui écrivit cependant. Mais j'obtins que dans cette lettre elle s'en tînt à lui assurer que j'étais sans reproche, et à lui dire qu'en lui abandonnant mon bien, je ne demandais que ma fille.

Dans sa réponse il passa sous silence ce qu'il pensait de moi : silence plus cruel et plus injurieux que ses injures mêmes ! et en me refusant ma fille, il ne me rendit que mon bien. Ainsi, ma chère enfant, se consomma notre rupture.

J'ai voulu que dans l'âge où vous serez instruite de mon malheur, la cause vous en fût connue. Ne faites pas à votre mère, et à votre mère expirante, l'injure de penser qu'elle vous en impose. Si j'avais eu les torts dont je suis accusée, j'en aurais gémi en silence, ou j'en déposerais dans votre sein l'aveu avec le repentir. Mais le vrai tort dont je m'accuse, et dont je veux vous préserver, ce fut cette légèreté, cette confiance imprudente et présomptueuse qui, comptant sur le témoignage que je me rendais à moi-même, croyait n'avoir plus rien à ménager; c'est là ce qui a séduit et perdu votre mère. Je vous l'ai dit, j'ai passé ma jeunesse à écouter les vœux et à recevoir les hommages d'une foule de séducteurs, et j'ai prétendu que jamais on ne m'accuserait d'avoir été séduite. Aussi flattée de plaire, aussi vaine que celles qui finissaient par être faibles, j'ai voulu seule être réputée exempte de faiblesse, infaillible et hors de péril au milieu des écueils dont je m'environnais. De l'estime de mon mari je me suis fait un droit à sa confiance inaltérable. Lors même que les apparences ont été le plus contre moi, j'ai dédaigné de les détruire, et je lui ai fait un crime d'y avoir été trompée. Voilà, ma fille, les erreurs de ma vie. Je n'ai pu vous dissimuler le premier tort de votre père; mais c'est encore à moi que vous devez l'attribuer. Si j'eusse été moins dissipée, si plus uniquement occupée à lui plaire, je n'eusse pas laissé à ses désirs le temps d'errer à l'aventure, hélas! jamais peut-être n'eût-il aimé que moi. Profitez de mes fautes, et oubliez la sienne; aimez-le autant que s'il m'avait toujours aimée, et lorsque vous serez épouse et mère, souvenez-vous que par une éternelle loi de la nature, la gloire, le repos et le bonheur d'une femme sont inséparables de ses devoirs.

On peut s'imaginer quelle impression fit sur l'ame de Vervanne la lecture de cet écrit. Désolé d'avoir méconnu cette ame vertueuse et pure, accablé du regret d'avoir empoisonné et abrégé ses jours; soulagé cependant comme d'un poids horrible du reproche qu'il lui avait fait, impatient d'en aller expier le crime à ses genoux, et demandant au Ciel de la revoir au moins avant sa mort, dont il était la cause, il baisa mille fois les traits de cette main qui faisait à son cœur tant de nouvelles plaies, mais qui en guérissait une bien plus cruelle encore. Et parmi tous ces mouvements, de quelle indignation son ame ne fut-elle pas soulevée, lorsque dans le récit d'Hortense, il découvrit toute la noirceur et toute la scélératesse du fourbe et du perfide Onval! Ah! dit-il, c'est donc moi que le Ciel a vengé en le faisant mourir en lâche et en infâme! Il passa la nuit à frémir, à pleurer, à demander à Dieu le temps de réparer ses injustices; et le lendemain, avec sa fille, il prit la poste pour Livernon.

La surprise et la joie de la mère d'Hortense furent extrêmes, lorsqu'elle apprit que Sydonie amenait son père avec elle. Mais en venant au-devant de lui, elle le supplia de vouloir bien ménager la malade, et de lui donner à elle-même quelques moments pour la disposer à le voir; car une émotion si soudaine aurait pu la faire expirer.

Ah! ma mère, lui dit Hortense, lorsque par degrés elle apprit que son mari venait d'arriver, je suis plus mal que je ne croyais! Qu'il vienne donc recevoir mes adieux, et me pardonner les chagrins dont j'ai empoisonné sa vie.

Le premier mouvement de Vervanne, en paraissant devant sa femme, fut de se jeter sur ses mains, de les baigner de larmes, et de lui demander pardon.

Vous êtes bien généreux, lui dit-elle, avec un regard attendri, puisqu'en me croyant criminelle, vous... — Non, je ne le crois plus, non, je n'ai jamais dû le croire; mon estime pour vous devait mieux résister à des apparences trompeuses. Mais enfin tout m'est éclairci. J'ai fait une infidélité à ma fille, j'ai ouvert sa cassette; j'ai lu, et je n'ai plus été déchiré que de mes remords. Mais ces remords ne m'accusent pas de la honteuse infidélité dont vous m'avez jugé coupable. Croyez, Hortense, à la bonne foi d'un homme dont le cœur doit vous être connu. Dès que vous aurez eu la force de l'entendre, vous le trouverez innocent et digne encore de votre amour.

Ce peu de mots causèrent à sa femme une émotion si profonde et des sanglots de joie et de tendresse si violents, si convulsifs, que l'on crut voir tous les frêles liens de son ame se briser à-la-fois. Cette crise fut son salut. L'abcès qui était le foyer de son mal, en perçant tout-à-coup, s'épancha de son sein; et lorsqu'elle revint de l'évanouissement où elle était tombée, elle crut renaître à la vie. Les transports de la joie, à cette espèce de miracle, éclatèrent dans le château; il ne retentissait que d'actions de grâces et de vœux portés jusqu'au Ciel. Les soins de l'amour d'une mère, ceux d'une fille et d'un époux se réunirent pour achever ce prodige de la nature; l'art y joignit tous ses moyens, et dans peu de temps la malade fut en pleine convalescence.

Alors, avec une douceur charmante : Vous m'avez donc toujours aimée, dit-elle à son époux? C'est à cette persuasion délicieuse qu'est attaché pour moi le plaisir de revivre.

Vous en allez juger, lui répondit Vervanne en lui montrant l'écrin où étaient enfermés ses diamants. La voilà cette parure un moment profanée, sans avoir cessé d'être à vous. Écoutez-moi tranquillement et en silence; car ce n'est plus à vous, mais à cette bonne et digne mère que je m'en vais parler.

Il fut un temps, vous le savez, madame, où le luxe des diamants était un objet de décence; ce temps ne fut pas long; et bientôt l'avilissement de la plus riche des parures en dégoûta les honnêtes femmes. Dès la troisième année de notre mariage, Hortense y renonça; ses diamants furent oubliés et enfermés dans cet écrin.

La maladie du bel-esprit, épidémique dans ce temps-là, m'avait gagné moi-même. J'étais d'une société qui croyait présider à la littérature. Le théâtre, sur-tout, semblait être notre domaine; nous étions les conseils, les patrons des acteurs; mais la faveur la plus marquée était réservée aux actrices; et plus d'un, parmi nous, leur rendait des soins assidus. Je ne fus jamais de ce nombre; jeune époux d'une femme aimable, et encore plus jeune que moi, je n'avais, grâce au Ciel, aucune envie de lui être infidèle. Mon goût pour le théâtre était mon seul attrait. L'un de nos connaisseurs, le chevalier d'Onval, avait tant fait par ses souplesses qu'il s'était lié avec moi de ce qu'on appelle amitié. Il avait de l'esprit, du goût, de la culture; et une espèce de philosophie qu'il affichait, m'ayant persuadé qu'avec une pointe de galanterie et de libertinage, il ne laissait pas d'avoir encore un fonds d'honnêteté, je m'étais pris dans ses filets. Il venait chez moi fréquemment; et comme il ne me semblait pas plus empressé auprès de ma femme que ne le permet la bienséance, je ne me défiais point de lui. J'étais plus loin encore de me défier d'elle. Mais quel piége le fourbe osa nous tendre à tous les deux!

Dans l'un de ces soupers où notre cercle d'amateurs daignait admettre les talents, une actrice des plus célèbres amena et recommanda une jeune et belle aspirante dont le début était annoncé. Cette jeune personne s'appelait Mélanie. Elle devait débuter dans un rôle où le costume exigeait, disait-on, une parure de diamants; elle n'en avait pas encore; elle en était humiliée. Ceux de son amie étaient connus; elle ne voulait pas qu'on dît que sa parure fût empruntée.

Cette délicatesse est noble, lui dit à demi-voix le chevalier d'Onval; mais si un ami vous faisait le plaisir de vous prêter des diamants qu'on n'eût pas vus sur le théâtre?... Assurément, dit Mélanie, j'en serais très-reconnaissante. Marquis, me dit négligemment le chevalier, tu peux lui faire ce plaisir-là : ceux de ta femme sont oubliés dans un écrin; et sans qu'elle s'en aperçoive, il est aisé de les lui dérober pour cinq à six jours seulement. Je réponds, moi, que Mélanie en aura soin, et qu'ils seront fidèlement rendus. J'eus la faiblesse d'y consentir; j'eus le tort bien plus grave encore d'en faire mystère à ma femme. De là tous les malheurs dont nous avons été les deux innocentes victimes.

Vous savez quelle impression fit sur l'ame d'Hortense la vue de ses diamants; vous savez avec quelle adresse le fourbe lui avait préparé ce coup de théâtre accablant. Il l'observait; il la vit sortir du spectacle; il me quitta pour venir la séduire, en feignant de la consoler. L'évanouissement d'une femme dans une loge avait fait du bruit, je l'entendis nommer autour de moi, je quittai le spectacle, et j'arrivai chez moi avec l'inquiétude de l'amour le plus tendre. Jugez de la révolution qui se fit dans mon ame en entrant dans son cabinet.

O Dieu! quel tissu de noirceurs, s'écrie Hortense, et quel horrible caractère vous venez de me dévoiler! J'en suis vengé, reprit Vervanne. Connu pour un aventurier, rebuté, mécontent de l'être, son insolence a provoqué le châtiment qu'il méritait; il l'a subi en lâche; et il est mort comme il devait mourir.

Mais nous, Hortense, que de peines nous auraient épargnées à tous les deux quelques mots d'éclaircissement! Non, sans la pleine intimité d'une confiance qui n'admet aucune espèce de réticence, il n'y a jamais d'estime inaltérable pour les cœurs même les plus unis. L'inquiétude, le soupçon couve et germe dans le silence; si la plainte diffère de s'exhaler, elle s'aigrit; il faut couper racine aux mésintelligences du moment qu'elles naissent, et l'on a eu raison de dire que le soleil ne doit jamais laisser en se couchant de nuage entre deux époux.

J'espère, mon ami, lui dit Hortense en lui tendant la main, que vous serez fidèle à une si sage maxime : moi, je promets de l'observer jusques à mon dernier soupir.

La main de Camille! Ah! grand Dieu, quel bonheur...

Les Rivaux d'eux-mêmes.

LES
RIVAUX D'EUX-MÊMES.

Sous le beau ciel de la Touraine, dans ces plaines riantes où le Cher promène ses eaux, un loyal gentilhomme, un ancien militaire, veuf et père d'un fils unique, Varanzai, retiré du monde, jouissait dans sa solitude des seuls biens dignes de payer d'honorables et longs travaux. Assez riche pour se donner les plaisirs de la bienfaisance, considéré, chéri de tout son voisinage, il présidait à la culture de ses champs et de ses jardins; il faisait son occupation la plus sérieuse et la plus assidue de l'éducation de son fils; et pour lui rendre ses études plus faciles, plus attrayantes, il prenait soin lui-même de lui en frayer la route et de la lui semer de fleurs. Raimond (c'était le nom du fils) avait seize ans. Déja fortifié par des exercices pénibles, sa taille, sa figure, son caractère mâle et la trempe de son esprit qui répondait à celle de son ame, tout donnait de lui les plus belles, les plus solides espérances; il était l'ami de son père, et son père était son ami, sans que ni d'un côté la plus docile obéissance, ni de l'autre l'autorité la plus absolue et la plus révérée, altérât les douceurs de leur intimité. Une tendresse mutuelle conciliait, accordait tout, et semblait tout égaliser.

De l'autre côté de la Loire, sur les bords de la Cise, madame de Blosel et Adèle sa fille étaient un autre exemple de cette union tendre qui de deux ames n'en fait qu'une. La continuelle habitude de commander avec douceur, d'obéir avec complaisance, avait si bien familiarisé le devoir avec le penchant et le respect avec l'amour, que ce ne semblait être qu'un même sentiment, comme une même volonté.

Adèle avait à peine ses treize ans accomplis; mais l'éducation, sans rien hâter en elle, ne laissait pas d'avoir un peu devancé l'âge. Ce n'étaient point les fruits précoces de l'esprit et de la raison, mais c'en était déja la fleur : celle de sa beauté, sans être épanouie, brillait d'un éclat ravissant.

De tels voisins étaient bien faits pour se connaître; mais ils vivaient si retirés, si contents de leur solitude, qu'il fallut que le sort se mêlât de les rapprocher.

Varanzai dînait quelquefois chez l'intendant de la province, homme d'un esprit sage, d'un commerce facile, et qui, dans les fonctions de sa place, avait pour principe, qu'on fait toujours respecter assez l'autorité qu'on fait chérir. Madame de Blosel, bien digne de goûter et d'apprécier un tel homme, l'allait voir aussi quelquefois.

Ce fut chez lui que s'étant rencontrés, les deux voisins se prirent d'amitié l'un pour l'autre. Il est aisé de croire que cette sympathie commença par des entretiens sur l'article de leurs enfants, et sur les soins qu'ils se donnaient tous deux, avec tant de plaisir, pour les former et les instruire. Lorsque de bons parents se rencontrent ensemble, et que mutuellement ils ont la complaisance de laisser parler leur tendresse sur l'unique objet qui les touche, un tel sujet ne tarit point; et après l'avoir épuisé, on se regrette; on a besoin de se revoir pour l'épuiser encore.

Sésalve, l'homme aimable dont je vous ai parlé, flatté que c'eût été chez lui qu'ils eussent lié connaissance, mit de l'empressement à les y attirer; et chaque nouvelle entrevue ajoutait à leur liaison plus d'intérêt encore et plus de cordialité.

Madame, dit un jour le bon père à la bonne mère, avec quelque réserve et quelque modestie que vous parliez de votre fille, je vois cependant qu'elle est belle, pleine d'esprit, d'un naturel heureux; et que, formée sur son modèle, le caractère de cette enfant achevera d'en faire une femme accomplie. De mon côté, j'avoue que je n'oserais dire de mon fils tout le bien que j'en pense et que j'en espère. Leur âge et leur état sont d'ailleurs assortis, leurs fortunes le sont assez; pourquoi ne nous accorderions-nous pas à les destiner l'un à l'autre?

Monsieur, lui répondit madame de Blosel, je

vais vous paraître fantasque et peut-être un peu romanesque ; mais d'abord je ne veux donner pour époux à ma fille qu'un homme qui lui plaise ; en second lieu, je veux qu'elle l'aime sans l'avoir vu ; enfin je veux aussi que sans la voir il la préfère à tout ce qu'il aura vu de plus beau dans le monde ; c'est là, je crois, le seul moyen de s'assurer d'une inclination durable. Rien n'est si séduisant et si trompeur que la beauté. Dès que l'œil est charmé, le cœur est pris, ou plutôt il croit l'être. Sur-tout à l'âge de votre fils, dès qu'on voit une jolie femme, et qu'on se sent pour elle ce désir qu'on appelle amour, on se persuade bien vîte qu'elle est bonne, sensible, aimante, qu'elle sera sage et fidèle. Comment, dans ce joli corset, sous ce joli chapeau de fleurs, parmi tant de charmes naissants, ne trouverait-on pas un cœur sincère et tendre, un esprit juste et raisonnable, plein d'agrément et de douceur? Telle est le plus souvent l'illusion de la jeunesse, et cet enchantement qu'a tant de fois détruit un an, un mois de mariage. Eh bien! monsieur, il en est de même de notre côté, et avec plus de danger encore ; car plus le cœur est simple, innocent, ingénu, et plus il est facile aux yeux de le tromper. Entre ma fille et le jeune homme que je choisirai à son gré, je ne veux donc rien qui en impose ni à l'un ni à l'autre ; et avant de se voir, je veux que leurs esprits, leurs goûts, leurs caractères, se soient pressentis et connus.

Notre position est favorable à cette épreuve : nos enfants ne se sont point vus; Adèle ne sait point si Raimond est au monde. Assurément, dit Varanzai, Raimond ne sait pas davantage s'il y a dans le monde une Adèle : je me suis bien gardé jusqu'à-présent d'attacher sa pensée à un pareil objet. La Loire est donc entre eux un Océan, reprit madame de Blosel; et il ne s'agit plus que de nous bien assurer de nous-mêmes. Je vous demande votre parole, et je vous engage la mienne, qu'aucun indice ne laissera connaître à nos enfants leurs noms ni leur naissance, et qu'ils n'auront aucun moyen de se communiquer ni de s'écrire à notre insu. Ils prendront des noms fabuleux. Ma fille signera *Camille*, votre fils *Hippolyte*, si vous voulez. Ce n'est pas tout; voici l'article essentiel. Des deux côtés les lettres passeront sous nos yeux sans que personne, que nous deux, soit de la confidence, ni se mêle de l'entremise; et sur l'article des bienséances, nous en serons, vous et moi, les censeurs. Mais ce seul article excepté, il faut nous jurer l'un à l'autre de n'y pas altérer un mot. Il faut que leur esprit et leur ame s'y laissent voir dans toute la candeur et l'ingénuité de leur âge. Monsieur, point de faiblesse, point d'infidélité sur ce point-là, je vous en prie; j'y serai délicate et sévère jusqu'au scrupule, et je compte de même sur votre bonne foi. Oh! je vous la promets, dit-il, dans la plus exacte rigueur. Seulement, reprit-elle, s'ils laissaient échapper quelque trait qui leur décelât qui nous sommes, ou bien s'il leur prenait envie, comme il est assez naturel, de se communiquer leurs portraits dans leurs lettres, nous supprimerions celles-là. Voyez, monsieur, si la conduite de ce petit roman vous plaît et vous convient autant qu'à moi. Nous aviserons dans la suite au moyen d'en amener le dénouement.

Je ne vous dissimule point, madame, répondit Varanzai, qu'en rendant mon fils invisible, je crois lui dérober un bien grand avantage ; car enfin, puisqu'il faut le dire, il est beau, leste et fait à peindre. Eh! monsieur, répliqua madame de Blosel, croyez-vous que ma fille ne soit pas jolie et bien faite, et que je ne la prive d'aucun de ses attraits en la tenant comme voilée ? Mais je vous ai dit mes raisons. — Oui, madame, elles sont très-bonnes et j'y cède sans résistance. Dès demain donc l'invisible Hippolyte adressera son premier hommage à cette invisible Camille, qui ne sera, je le prévois, que trop aimable encore et trop séduisante pour lui.

Raimond, dit Varanzai à son fils en le revoyant, tu te plains quelquefois de la solitude où nous vivons ; et par malheur, jusqu'au moment où je te lancerai dans la carrière de la gloire, ma situation ne me permet pas de te produire dans le monde. Je sens bien que la chasse, l'équitation, le maniement des armes, tous les exercices du corps sont peu intéressants pour une ame jeune et sensible ; et que ton goût pour les mathématiques, pour le génie et le dessin, doit se refroidir quelquefois. La gloire, qui de près inspire tant d'ardeur lorsqu'on la voit sous les drapeaux et à la tête d'une armée en bataille, n'a pas le même attrait lorsqu'on ne l'aperçoit qu'éloignée, incertaine et du fond d'un obscur repos. Quant aux lectures que nous faisons ensemble, je ne m'étonne pas qu'en avançant en âge tu n'en sois plus aussi passionnément épris ; je sais même la cause de ton inquiétude et de l'ennui dont tu te plains ; mais je crois avoir découvert le moyen de les dissiper.

J'ai pour amie, dans la province, une veuve riche et bien née, qui, n'ayant qu'une fille unique et un peu plus jeune que toi, l'élève avec le plus grand soin. Je ne te dirai point si elle est belle ou jolie ; seulement je sais qu'elle est bien ; et pour les qualités de l'esprit et de l'ame, elle laisse tout espérer. Mais il ne tient qu'à toi d'en savoir davantage ; car sa mère veut bien permettre que, pour vous former l'un et l'autre dans l'art d'écrire avec grâce et décence, vous soyez en relation. C'est un amusement que je t'ai ménagé.

Raimond, en entendant ces mots, se sentit tressaillir le cœur. — Et quel âge a-t-elle, mon père ? — Elle a treize ans : elle en aura dix-sept accomplis quand tu en auras vingt. — Et vous croyez qu'elle est jolie ? — Je ne dis pas cela : ce mot de vanité n'est point échappé à sa mère. — Dire qu'elle est bien, n'est-ce pas faire entendre qu'elle est jolie? — Non pas expressément. — C'est dire au moins qu'elle est bien faite? — Bien faite, oui, sa mère en convient. — C'est dire aussi que dans les yeux, dans la bouche, enfin dans les traits, elle n'a rien que d'agréable. — Oh non, rien de déplaisant, je le crois. — Une mère est modeste en parlant de sa fille, et si, par exemple, elle-même elle a de la beauté, elle ne dira pas, ma fille me ressemble. — Pour la mère, je puis te dire qu'elle est..... — Belle encore, n'est-ce pas? Eh bien, sa fille est son portrait, j'en suis sûr. Puisqu'elle convient des agréments de l'ame et de l'esprit, c'est convenir de ceux de la figure et du langage. C'est sur-tout faire entendre qu'elle a dans la physionomie beaucoup de sensibilité, beaucoup de finesse et de grâce; car la physionomie, et sur-tout le regard, est l'expression fidèle de l'esprit et de l'ame. — Tu sais déja, mon fils, tout cela mieux que moi; car tu la vois dans ta pensée, et moi je ne l'ai jamais vue. — Son nom? — Camille. — Oh! ce nom-là n'est certainement pas celui de la laideur. Et son nom de famille? — Tu le sauras un jour. Quant à-présent, qu'il te suffise d'être assuré qu'elle a de la naissance et la meilleure éducation. — Eh quoi, mon père! je lui écrirai sans savoir qui elle est, où elle est, quelle est sa famille! — Oui, ce n'est qu'à travers le voile du mystère que sa mère veut bien permettre que vous soyez en relation. Vos lettres passeront sous nos yeux, par nos mains; et toi, sous le nom d'Hippolyte, tu lui seras inconnu de même, sans qu'il te soit permis de glisser dans tes lettres aucun signe qui te décèle : bien entendu qu'elle, de son côté, observera la même loi. — Mais, mon père, ceci n'est donc qu'un jeu d'enfants? — Pourquoi? Si avec le temps, et à l'âge où sa mère et moi nous croirons pouvoir faire cesser entre vous l'anonyme, vous avez pris assez de goût et d'inclination l'un pour l'autre, ce jeu d'enfants pourra fort bien devenir sérieux, et telle est notre intention. Mais nous ne voulons pas que ce soit par les yeux que votre inclination commence; car les yeux sont des séducteurs qui en ont trompé mille avant vous, entends-tu bien? Voilà le vrai mot de l'énigme. Oui, mon père, j'entends, dit Raimond d'un air triste; rien n'est plus sage, assurément! Mais au moins, sans indiscrétion, ne puis-je pas vous demander si elle est brune ou blonde? — En vérité, je n'en sais rien, lui répondit son père; et si je le savais, il ne me serait pas permis de te le dire; car sur tous ces détails nous nous sommes promis, sa mère et moi, un silence religieux. — A la bonne heure, j'en serai quitte pour donner à Camille l'éclat des blondes et le piquant des brunes : ce sera le moyen de ne pas m'y tromper.

Je vous laisse à penser quel peintre ce dut être

que l'imagination d'un solitaire de seize ans. Dans une seule nuit, le portrait de Camille fut esquissé de vingt manières ; et c'était toujours le plus beau qu'il trouvait le plus ressemblant.

A son réveil, il s'empressa de lui écrire ; et sa lettre se ressentit de la vivacité des rêves dont il était encore ému. Son père en souriant la lut, la déchira, et lui donna quelques leçons sur les convenances du style, lui dit de tempérer le sien, et lui recommanda de bien se souvenir qu'il écrivait à l'innocence même. Le jeune homme, avec bien de la peine, se modéra dans ses expressions ; et il écrivit en ces mots :

MADEMOISELLE,

« Lorsqu'un jeune sauvage, qui comme moi s'appelait Hippolyte, eut atteint l'âge de seize ans, la solitude qu'il avait tant aimée, la chasse dont il avait fait son unique plaisir, les bois où il était heureux, son arc, ses javelots qu'il maniait avec adresse, ses chevaux qu'il avait domptés et qu'il avait rendus dociles à sa voix, commencèrent à l'ennuyer. Comme lui je suis parvenu à ma seizième année, comme lui je m'ennuie, et des amusements qui ressemblent aux siens n'ont plus pour moi le même attrait.

« Tout l'amour d'un bon père, tous les soins qu'il se donne de varier pour moi le cercle de la vie que nous menons à la campagne, mes études, mes exercices, mes délassements, rien n'a pu me sauver de je ne sais quelle inquiète et pénible langueur qui m'est venu saisir. Le plus doux intérêt de mes occupations, celui de rendre mon père heureux, et de mériter son estime en répondant à son amour, n'a pu lui-même remplir le vide qui s'est fait dans mon ame. Mon père l'a senti : il a su qu'il y avait au monde un objet digne de m'inspirer un autre genre d'émulation; il a prévu, mademoiselle, que le désir de me rendre estimable et louable à vos yeux, ranimerait tout mon courage; il a pensé que s'il m'était permis de vous parler, au moins par lettres, de ma situation, elle en serait plus douce; de mes devoirs, de mes études, le goût qui m'y attache, en deviendrait plus vif. Il a sollicité pour moi, et il a obtenu de votre aimable mère la permission de vous écrire, avec la flatteuse espérance que vous daigneriez me répondre. Hélas! je ne vous devrai point une faveur si précieuse : vous ne ferez qu'obéir, je le sais. Mais si vous commencez par obéir sans peine, et si avec le temps j'obtiens que cette obéissance soit pour vous un amusement, je n'oserais dire un plaisir, je serai encore bien heureux. »

HIPPOLYTE.

La réponse se fit attendre comme si elle était venue de bien loin. Raimond brûlait d'impatience de la voir arriver; enfin elle arriva.

« Je savais, monsieur, que ma mère vous avait

permis de m'écrire, lui répondit Adèle; mais j'attendais de vous la lettre que l'on écrit à un enfant; et au lieu d'un léger et simple badinage, c'est le ton le plus sérieux! Vous ne savez donc pas que je n'ai que treize ans? On dit que vous en avez seize. Mais à seize ans est-on déja si vieux, pour être si mélancolique? Vous me citez l'exemple de je ne sais quel Hippolyte, qui à cet âge-là n'avait plus de plaisir à rien. Je vous plains de lui ressembler. Mais pourquoi lui ressemblez-vous? Je vis aussi à la campagne, et assez seule avec maman; mais j'y vis sans ennui et sans inquiétude. Tous mes moments sont pleins; je sais les varier. Ce que je fais, ou m'occupe ou m'amuse. Je lis, je peins, je chante, je cultive mes fleurs, j'ai soin de mes oiseaux, qui chantent gaiement comme moi; je travaille auprès de ma mère, et ce travail est encore un amusement. Nos promenades sont pour moi des galeries de tableaux que nous présente la nature, et maman m'apprend à jouir de leur riche variété. En nous promenant nous causons, nous raisonnons sur nos lectures. Maman a la bonté de me laisser en dire mon sentiment et ma pensée : si je dis bien, elle sourit; c'est le signe de son suffrage : s'il m'échappe quelque ineptie, elle m'en fait apercevoir, et nous en rions toutes les deux. Au retour, je reprends mes livres ou ma harpe, et si je m'aperçois que maman soit rêveuse, je l'égaie en la caressant.

« Vous, monsieur, comment pouvez-vous être
triste auprès d'un bon père? Et lorsqu'il est content de vous, ne l'êtes-vous pas de vous-même?
Avez-vous besoin qu'un enfant ranime en vous
le goût du travail, l'amour de l'étude, l'ambition
de vous distinguer dans les talents de votre état?
En vérité, je suis tentée de croire que vous avez
voulu éprouver à quel point ma vanité serait crédule. Je n'en obéirai pas moins à ce devoir de
bienséance que l'on me fait de vous répondre.
Mais ayez la bonté, monsieur, de ne plus oublier mon âge, et de prendre avec moi le ton que
doit vous inspirer l'aspect riant de la nature et
l'aimable gaieté des champs. J'aime la pastorale,
mais je n'aime point l'élégie. »

CAMILLE.

Raimond, un peu piqué du style de cette réponse, y répliqua :

MADEMOISELLE,

« J'ai eu treize ans comme vous autrefois, et
je sais qu'à cet âge on ne plaint guère ceux qui
ont le malheur d'en avoir seize. Mais vous aurez
vous-même un jour ce malheur-là. En attendant,
je vous félicite de la sérénité répandue sur vos
beaux jours. Vos occupations, vos plaisirs se succèdent, comme les flots paisibles d'un ruisseau
qui serpente et gazouille parmi les fleurs ; une
bonne mère est pour vous le monde ; dès qu'elle

vous sourit votre cœur est content. Tout cela fait bien votre éloge! Mais plus on est exempt des tribulations de la vie, plus il est beau d'y compatir. Daignez donc plaindre un peu la situation d'un jeune homme, qui a connu ce repos délicieux que vous goûtez, mais qui l'a perdu. Vous êtes étonnée, belle Camille, que dans la solitude, mon émulation ait besoin d'être animée par l'espérance d'obtenir votre estime, et vous avez la modestie de vous croire encore un enfant. Et pourquoi ne voulez-vous pas que dès-à-présent, si je puis, j'accoutume votre ame jeune et pure à prendre quelque intérêt à moi, à mes travaux, à mes succès, à ce que je puis faire de louable, et, j'ose le dire, de recommandable peut-être? Ah! si j'étais bien sûr qu'à commencer dès l'âge le plus tendre, Camille eût la bonté de s'occuper de moi, de me souhaiter de la gloire, de me suivre des yeux dans la carrière où je dois entrer, qui sait ce que l'émulation dont elle enflammerait mon cœur serait capable de produire? Ayez pour moi de l'ambition, et tant qu'il vous plaira. Cette ambition sera la mienne, et je promets, sinon de la remplir, au moins d'y faire mon possible. Mais ne me perdez pas de vue; et que je puisse me flatter d'être sans cesse sous vos yeux. »

HIPPOLYTE.

La lettre de Raimond lui en attira une qui le combla de joie.

« Vous me donnez, monsieur, lui écrivit Adèle, un emploi qui doit me flatter, celui de votre surveillante, et je l'accepte avec plaisir. Le fils de l'ami de ma mère peut-il ne pas m'intéresser. Plus il suivra de près l'exemple qu'il a devant lui, et plus je serai glorieuse qu'il veuille bien compter mon estime pour quelque chose. Je vous observerai, puisque vous le voulez; et tout le bien qu'on me dira de vous me touchera sensiblement. Je vous préviens aussi que le mal que l'on m'en dirait ne me serait pas moins sensible. Je suis même assez fière pour n'être pas contente qu'on ne m'en dît que peu de bien; et puisque vous donnez carrière à mon ambition, je n'exige pas moins de vous que d'être un homme considérable et distingué dans votre état. Mais, s'il vous plaît, la surveillance sera réciproque entre nous. J'aurai peut-être aussi besoin d'être animée par un peu d'émulation. Je suis, à mon tour, menacée d'avoir un jour seize ans. Peut-être qu'à cet âge je serai, comme vous, attaquée d'inquiétude, de tristesse, que sais-je? de langueur, de mélancolie; car on dit que le cœur humain est sujet à tant d'accidents! Alors, monsieur, si vous avez plus de gaieté que moi, plus d'ardeur et plus de courage, vous aurez la bonté de m'en communiquer un peu. En attendant, je puis avoir besoin d'être avertie de mes étourderies et de mes négligences. Ma mère est indulgente; et je m'aperçois bien qu'elle daigne laisser aux ans bien de petits défauts à corriger en moi. Mais ce qu'elle ne me dit pas, elle peut quelquefois le faire entendre à son ami. Tâchez adroitement d'être aussi de la confidence; et ne manquez pas de m'instruire des petits mots d'avis qui lui auront échappé, afin qu'à son insu j'en fasse mon profit, et que je lui ménage l'agréable surprise de voir que je prends soin moi-même de perfectionner son ouvrage. Sur-tout, ne me flattez jamais; et commencez par supprimer l'épithète de *belle*, que vous m'attribuez sans savoir si elle me convient. Camille est pour vous invisible : vous ne savez donc pas si elle est belle, jolie ou laide; et bien certainement ce ne sera pas elle qui vous dira ce qu'il en est. »

CAMILLE.

« Ah! ce qu'il en est, je le sais, lui répondit Raimond, ou du moins je crois le savoir. Mais vous voulez que je l'ignore; eh bien, sage Camille, puisqu'il ne m'est permis que de vous donner ce nom-là, qu'au moins vous méritez si bien, apprenez donc le changement prodigieux qu'a déja fait dans mon esprit et dans mon ame cet aimable et tendre intérêt que vous voulez bien prendre à moi. Les vapeurs qui semblaient obscurcir ma pensée se sont évanouies; le trouble de mes sens s'est appaisé; la vague inquiétude qui m'agitait s'est dissipée; le pénible tourment de ne savoir ce que je voulais a cessé; mes vœux, mes sentiments, mes désirs et mes espérances ont trouvé un point de repos; mes rêveries, mes songes même ont pris quelque solidité. Mon père avait beau dire, je ne voyais sur l'avenir qu'un immense brouillard; le brouillard s'éclaircit, j'y vois déja poindre une étoile et puis encore une à côté. La gloire et vous, vous et la gloire, et pour l'amour de l'une et pour l'amour de l'autre, l'ardeur du travail, de l'étude, l'impatience de remplir, de passer votre ambition, voilà dès-à-présent ce qui m'occupe avec délices. J'avais lu dans mes livres qu'il n'y avait guère moins d'inconstance dans la faveur de l'opinion que dans celle de la fortune; et toutes les fois que j'y pensais je me sentais le cœur triste, languissant, refroidi. Maintenant me voilà ranimé, rempli de courage. Votre estime, belle.... Pardon, j'ai voulu dire, sage Camille, votre estime sera pour moi une perspective brillante; et lorsque vous m'approuverez je serai content de moi-même. Voilà du bonheur assuré. Mais vous qui, pour être accomplie, n'avez qu'à vous laisser aller à votre naturel, ou tout au plus qu'à vous laisser conduire par les conseils de votre mère, quel besoin auriez-vous de ma sincérité. Ah! ma sincérité vous semblera toujours complaisante et flatteuse; car je n'aurai jamais que du bien à penser de vous. Non, votre aimable mère ne vous déguise rien qu'une partie de sa joie de l'heureux succès de ses soins. Le seul défaut qu'elle vous laisse est votre invisibilité; et si jamais vous vous en corrigez, fussiez-vous laide, soyez bien sûre que vous serez belle à mes yeux.

HIPPOLYTE.

Adèle répliqua : « Je suis bien aise de voir, monsieur, que l'intérêt que maman permet que je prenne à ce qui vous touche change vos devoirs en plaisirs. C'est mon âge qui communique au vôtre sa gaieté naturelle; mais en échange, on dirait que le vôtre prête je ne sais quoi de sérieux au mien. L'idée que vous avez bien voulu me donner de moi-même m'a fait prendre à mes propres yeux un air de dignité dont je rougis, et dont je devrais rire. Je me regarde à mon miroir, et je me dis : Voilà donc cette tête dont l'opinion, l'estime aura de l'influence sur le caractère d'un homme qui sera peut-être un héros ! Je m'imagine alors que je deviens moi-même une personne considérable; je me vois dans votre avenir, je participe à votre gloire, je m'admire dans tout ce que vous faites de plus beau et de plus illustre; et j'en ai de l'orgueil plus que vous n'en aurez jamais. Maman, à qui je communique ce qui se passe en moi, trouve que c'est rêver trop sérieusement pour mon âge; mais elle m'avertit que dans ce sérieux il y a quelque grain de folie, et que mon imagination doit savoir mieux se modérer. De votre côté, je vous vois exagérer toutes les idées qu'on a pu vous donner de moi, me croire une merveille, et me bercer moi-même de toutes vos illusions. Si cela continue, il est possible, dit ma mère, que la tête nous tourne à tous les deux de bonne opinion, chacun de soi, et l'un de l'autre. Laissons là, je vous prie, toutes ces personnalités, et parlons dans nos lettres d'autre chose que de nous-mêmes. J'ai mille questions à vous faire sur mes études, sur mes pensées, sur les réflexions que les livres et la nature me font naître. Vous, monsieur, vous devez recueillir tous les jours de vos lectures, et plus encore des instructions d'un père qui a vécu dans le monde, une foule de connaissances qui seront nouvelles pour moi. Nous nous proposerons nos doutes, nous nous consulterons l'un l'autre sur nos goûts, sur nos sentiments; nous laisserons nos opinions se livrer quelquefois des attaques légères; car maman permet la dispute, pourvu qu'elle ne soit qu'un jeu; et comme nous serons tous deux de bonne foi et sans entêtement, nous aurons souvent le plaisir de nous trouver d'accord ensemble. Enfin tous les petits événements de notre vie, d'où il y aura quelque bonne pensée à recueillir, se traceront dans nos lettres; et pour vous en donner l'exemple, je vais vous raconter ce qui m'arriva hier matin.

« Il y a dans un village voisin de ma demeure une petite fille appelée Marianne, que j'avais prise en amitié. Elle venait me voir souvent; et comme elle est douce et gentille, je me plaisais fort avec elle, et j'avais une envie extrême de la retenir près de moi. Dès l'âge de dix à onze ans j'en témoignai le désir à ma mère. Nous verrons cela, me dit-elle, quand vous serez moins enfants l'une et l'autre. Marianne était de mon âge; elle ressentait vivement ce qu'elle appelait mes bontés; et nos entretiens les plus doux roulaient sur le plaisir que nous aurions à passer notre vie ensemble. Mais depuis quelque temps je me suis aperçue qu'elle venait me voir plus rarement. Je lui en ai fait mes plaintes; elle s'est excusée en disant que sa mère lui laissait moins de liberté.

« J'ai cru qu'il était temps de renouveler ma demande. Tout ce qui, sans te nuire, peut te faire plaisir, m'est agréable, m'a répondu maman. Mais comme toi, Marianne a une mère; l'a-t-elle consultée sur ton projet? — Non, pas encore. — C'était pourtant par elle qu'il fallait commencer.

« Charlotte (c'est le nom de la bonne femme) est venue. Il m'a été permis de m'expliquer moi-même, et je l'ai fait le plus doucement que j'ai pu, en l'assurant que Marianne ne serait près de moi qu'en qualité d'amie; que j'aurais bien soin d'elle; et que j'espérais que maman voudrait bien reconnaître son amitié pour moi. La bonne Charlotte s'est attendrie en m'écoutant, et elle a regardé sa fille avec des yeux mouillés de larmes. Marianne était émue aussi, mais ses yeux n'étaient point mouillés. Si vous voulez son bien, m'a répondu sa mère, ce n'est pas à moi de m'y opposer; et quoiqu'elle me fût bien nécessaire dans ma vieillesse, je vous la cède de bon cœur. Marianne a rougi; elle a pris la main de Charlotte et l'a pressée tendrement sous ses lèvres, mais la mère pleurait toujours, et la fille ne pleurait point.

« Allez, a dit maman, allez toutes les deux déjeûner à l'office; en attendant nous nous consulterons ma fille et moi; et quand nous avons été seules, eh bien! m'a-t-elle demandé, que t'en semble à-présent? Ta résolution est-elle encore la même? Je ne sais, lui ai-je dit : ce que je viens de voir m'afflige. Marianne n'a pas le cœur aussi bon que je le croyais. J'ai vu le temps qu'elle aimait sa mère comme j'aime la mienne. Plutôt mourir, me disait-elle, que de lui donner du chagrin. Ah! comme elle est changée! et combien je suis mécontente du peu de sensibilité qu'elle témoigne à ses regrets! Ce n'est pas elle, m'a dit maman, c'est vous que vous devez en accuser; oui, ma fille, vous-même. Voyez comme l'ambition que vous lui avez inspirée altère en elle la bonté du naturel! Marianne était née avec un cœur sensible; elle eût fait son bonheur d'être la compagne, l'appui, la consolation de sa mère; et vous, en lui donnant de folles espérances et de vaines pensées, vous avez tout gâté. Et que vouliez-vous faire? la dégoûter de son état? lui faire prendre auprès de vous des sentiments, des habitudes, un esprit et des mœurs qu'elle ne doit jamais avoir, et pour cela priver sa mère de sa compagne naturelle? Condamner cette pauvre femme au plus cruel état de viduité et d'abandon! A ces mots, vous pouvez aisément concevoir combien mon cœur s'est senti oppressé. J'ai tâché, en pleurant, de justifier mon intention. Oui, ma fille, votre intention a été bonne, m'a dit ma mère; mais vous avez été séduite par un sentiment dont il faut toujours se défier, l'intérêt personnel. Il vous a fait croire, en dépit des convenances établies, que dans Marianne vous ne vouliez avoir qu'une amie et une compagne; et que sa mère serait heureuse de la savoir auprès de vous. Et quoi! vous ne saviez donc pas quel était le cœur d'une mère! Vous auriez dû, ma fille, en juger par le mien. Mais vous n'avez pas même su ce qui se passait dans le vôtre, et c'est à moi de vous l'apprendre. Non, ce n'était point une amie, mais une complaisante que vous vouliez avoir. Marianne jamais (je l'ai bien observée) ne s'est oubliée avec vous, jamais vous-même ne l'avez mise sur le ton de l'égalité. Docile, et même obéissante, elle ne vous a plu que par sa modestie et que par son humble douceur. C'est donc là ce qui vous a fait vouloir la déplacer, et la dérober à sa mère. Ah! laissez-lui, dans son village, une éducation conforme à ses devoirs, analogue à sa destinée; et si vous lui voulez du bien, gardons celui que nous pouvons lui faire pour le moment de lui faciliter un établissement heureux. Il faut, ma fille, être bienfaisante, non pas au gré de nos fantaisies, mais avec le discernement d'une raison désintéressée, et avec un sentiment éclairé.

« Voilà, monsieur, l'aimable et utile leçon que je reçus de maman hier matin. Et quelle fut ma joie de sentir tous mes torts, lorsque je vis revenir à nous Marianne, non moins baignée de ses propres larmes que des pleurs de sa mère, confuse d'avoir pu vouloir un moment se séparer d'elle, enfin rendue à la nature, et nous conjurant d'oublier ou de pardonner son erreur! alors ce fut à moi d'être honteuse de la mienne. Je le fus, je le suis encore; je l'expie en vous l'avouant. »

CAMILLE.

« Qu'on est heureux, trop aimable Camille, lui répondit Raimond, d'avoir commis quelque légère erreur de bonté, de pure innocence, lorsqu'on a tant de modestie et de grâce à s'en accuser! Ah! si le Ciel ne m'avait pas donné cette sincérité dont s'honore mon cœur, votre exemple seul, et le charme que votre candeur a pour moi, suffiraient pour me l'inspirer; et je veux vous prouver qu'au moins par quelques traits votre Hippolyte vous ressemble : je vais donc m'accuser aussi.

« L'autre jour, tandis que mon père promenait l'œil du maître sur les travaux de ses campagnes, le syndic de notre paroisse est venu pour le consulter. Il n'a trouvé que moi; et il a bien voulu, en attendant mon père, m'expliquer ce qui l'amenait.

« L'avant-veille du jour où l'on devait tirer à la milice, un jeune et beau garçon, le plus estimé du village, Firmin, était venu le prier en secret de faire tomber sur lui le sort. Le syndic savait bien que dans ses fonctions aucune fraude ne lui était permise; mais celle-ci était favorable aux autres garçons du village; et en faisant pour Firmin ce qu'il lui demandait, loin de nuire à personne, il les servait tous à leur gré. Cependant, pour être plus sûr de ne rien faire que d'honnête et de juste, il prenait conseil de mon père.

« Pourquoi, demandai-je au syndic, ce jeune homme, s'il veut servir, ne s'engage-t-il pas? Que n'attend-il au moins qu'on ait tiré au sort, pour s'offrir à la place de celui sur lequel le sort sera tombé? C'est ce que je lui ai proposé, me répondit cet honnête homme; mais il a ses raisons, dit-il, pour ne paraître pas volontairement engagé. S'il veut l'être, ajoutai-je, il n'y a rien de plus libre; et puisqu'il le demande, vous pouvez sans scrupule faire tomber sur lui le sort. Je n'ai donc que faire, dit-il, d'attendre monsieur votre père, et de l'importuner de ma consultation. Je l'assurai que l'avis de mon père serait le mien; il voulut bien m'en croire; et en me remerciant de l'avoir tiré de peine, il s'en alla.

« Le soir, lorsque mon père fut de retour des champs, je lui contai ce qui s'était passé comme la chose la plus simple; et je ne fus pas peu surpris de voir qu'il y attachait une sérieuse importance. Tu as, me dit-il, un peu légèrement donné ton avis pour le mien; ne te presse plus tant de répondre pour moi; tu sais bien que nos têtes ne sont pas du même âge. Heureusement, ajouta-t-il, que le mal n'est pas fait encore; et à l'instant il envoya prier le syndic de venir le voir, et de lui amener le jeune homme.

« Confus, je gardai le silence; et lui, sans insister sur ma faute, ne parla plus que de sa promenade et de l'état de la campagne. Vous croyez bien que je fus sensible à cette indulgente bonté. Mais bientôt arriva le syndic avec le jeune homme.

« Firmin, demanda mon père à celui-ci, quel âge avez-vous? — J'ai vingt ans. — Avez-vous encore père et mère? — Hélas! non, j'ai perdu ma mère. — Et votre père est-il âgé? Il a cinquante-cinq à cinquante-six ans. — Etes-vous fils unique? — Non, j'ai un frère aîné. — Comme vous est-il garçon? — Lui? non, monsieur; il est même bien marié. — Et il a des enfants? — La maison en est pleine. — Vivez-vous bien ensemble? — Assez bien jusqu'ici. — Votre père est-il à son aise? — Il était à son aise avant que d'avoir tout donné. — Tout donné? — Oui, monsieur : mon frère a tout; mon père et moi nous n'avons rien. Le pauvre homme, en se dépouillant, croyait, à force de travail, avoir le temps de m'amasser un nouvel héritage; mais vous savez combien les espérances des laboureurs sont casuelles; les siennes l'ont trompé. — Et voilà donc pourquoi vous voulez quitter la maison? — Oui, la maison et le village où je ne puis plus me souffrir. Mais je ne veux pas que mon père sache les chagrins qu'il me cause. Il a oublié, en mariant mon frère, qu'il avait deux enfants; je ne m'en suis jamais permis aucune plainte; et, grâce au Ciel, je n'ai jamais cessé d'aimer, de révérer mon père : mon frère lui-même est encore à savoir ce que j'ai sur le cœur; en travaillant pour lui, je ne lui ai fait aucun reproche; et je n'aurais jamais connu l'envie, si je n'avais pas eu le malheur de connaître... Il s'interrompit; et mon père ajouta, l'*amour?* Et oui, monsieur, l'amour, c'est l'amour qui me perd, qui me rend la vie odieuse, qui me force à quitter mon père, et qui me détermine à m'aller faire casser la tête dans la première occasion où je pourrai trouver la mort. En prononçant ces mots, Firmin avait sur le visage la résolution et la pâleur du désespoir.

« Bon jeune homme, lui dit mon père, je conçois à-présent pourquoi vous vouliez rejeter sur le sort le reproche qu'on vous ferait d'avoir délaissé votre père. Mais cette fraude officieuse, et que vous croyez innocente, monsieur le syndic a raison de ne pas la croire permise. Un devoir étroit et sévère l'oblige de laisser décider par le sort ce que la loi veut que le sort décide. La règle une fois violée cesserait d'être inviolable, et vous sentez les conséquences d'une première infidélité dans les fonctions qu'il remplit. Ne l'attendez donc pas de lui. Mais dites-moi quel est cet amour qui vous réduit au désespoir.

« Hélas! dit Firmin, c'est l'amour d'un jeune homme sans bien, pour la fille d'un homme riche, qui, comme de raison, veut bien établir son enfant. — Et cette enfant vous aime-t-elle? Il répondit par un silence. — Et si vous étiez établi assez bien pour avoir l'assurance d'être à votre aise en travaillant, l'obtiendriez-vous de son père? — Je le crois; il m'estime assez; même il me semble quelquefois qu'il a la bonté de me plaindre. S'il est ainsi, écoutez-moi, lui dit mon père: Il y a dix ans que je fais valoir moi-même mon bien; je sais quel en est le produit. Je ne veux pas que mon revenu baisse. Si par votre travail et votre économie vous pouvez me le conserver et y trouver votre bien-être, la ferme en est à vous. Que monsieur le syndic se charge d'arranger sur ce plan votre mariage; vous voilà établi chez moi. Un bon père ne sera point puni d'un moment de faiblesse qu'il se reproche, hélas! peut-être plus que vous ne pensez.

« Mon père avait raison. Celui de Firmin est

venu tomber à ses genoux, arroser ses mains de ses larmes, et lui avouer que sans lui il serait mort inconsolable d'avoir déshérité son fils.

« Le syndic en secret a reçu de mon père de quoi payer un engagement libre, pour remplacer le jeune villageois qui tomberait à la milice; et Firmin, qui, dans quinze jours, va épouser cette Marcelle qu'il aime tant et dont il est aimé, n'a plus envie de mourir.

« Tu vois, m'a dit mon père, que ce qui te semblait si simple ne l'était pas; corrige-toi, mon fils, de ta légèrete; et pour ta peine, fais-en l'aveu à la sage Camille. Elle t'en grondera encore plus doucement que moi. »

HIPPOLYTE.

On voit quel caractère de confiance et d'intimité avait pris leur relation. Je ferais des volumes si je la transcrivais; mais c'est en dire assez que d'indiquer les sources qui la rendaient intarissable.

Les phénomènes de la nature, les tableaux qu'elle déployait, les beautés ravissantes dont on avait joui au lever de l'aurore, au coucher du soleil, dans les accidents d'un orage; les scènes de la vie rustique, les incidents qui l'animaient, qui la variaient à leurs yeux, les impressions morales qu'ils rapportaient le soir de leurs utiles promenades; et plus abondamment encore les fruits de leurs lectures, les observations naïvement ingénieuses qu'ils se communiquaient sur les mœurs et sur les usages des temps plus ou moins reculés, les comparaisons qu'ils faisaient des belles actions ou des grands caractères qui les frappaient de ressemblance; enfin tout ce qui peut intéresser de jeunes ames, exalter de jeunes esprits, se reproduisaient dans leurs lettres avec une vivacité d'imagination, une sincérité de sentiment et de pensées dont leurs parents étaient charmés. On y voyait des deux côtés l'instruction s'accroître sensiblement de jour en jour, et les fruits s'en développer. Si dans Raimond la marche des idées était plus réglée et plus sûre, l'essor de l'esprit dans Adèle avait plus de prestesse et de célérité. Lors même que ses aperçus n'étaient pas assez justes, ils étaient fins encore; ses erreurs avaient de la grâce dans leur douce ingénuité. Jamais son adversaire n'avait raison dans leurs disputes, sans admirer l'air spirituel et charmant dont elle avait tort.

Lui, sans y penser, ou peut-être en y pensant, mêlait toujours à ses propos quelque allusion imperceptible, quelque trait léger et furtif de louange indiscrète, ou de sentiment échappé, qui décelait une ame continuellement occupée de son objet unique; et sans presque jamais lui parler d'elle-même, il avait le secret de lui bien faire entendre qu'il y pensait toujours.

On conçoit aisément le chemin que dut faire dans l'espace de trois années cette aimable correspondance. De temps en temps on avait l'art cruel de retarder l'arrivée des lettres; et alors Dieu sait quelle nuit, quel jour, quel siècle de moments chacun passait à les attendre. Dans Adèle, l'inquiétude ne ressemblait qu'à la tendresse d'une sœur alarmée sur la santé d'un frère absent et vivement chéri. Mais dans Raimond, l'impatience était le trouble et le tourment d'une ame qui avait peine à se posséder. Comme l'un des soins de son père était de lui apprendre à se commander lui-même, il lui cachait la violence des mouvements qui l'agitaient; et il se dérobait à lui pour aller dans la solitude les exhaler par des soupirs. Son père l'observait, l'écoutait, le plaignait; et avec une lettre consolante à la main, venait enfin le soulager.

Lorsqu'il fut bien décidé qu'ils s'aimaient comme pouvaient s'aimer deux êtres invisibles; à-présent, dit la mère, il faut leur ménager le plaisir de se voir, mais sans se reconnaître, ni se douter qu'ils soient les mêmes. Quoi! madame, dit Varanzai, encore une nouvelle épreuve! Et sans cela, dit-elle, comment nous assurer qu'ils se plaisent par la figure autant que par l'esprit et par le caractère? C'était bien là le principal; mais l'accessoire est quelque chose; et si ma fille n'avait pas aux yeux de votre fils tout le même succès qu'elle a dans sa pensée; s'il lui souhaitait plus de beauté; eût-il d'ailleurs pour elle assez d'estime pour la préférer aux plus belles, je sais quel est le risque qu'elle aurait à courir, et je ne veux pas l'y exposer. Nous supposerons un voyage qui, nous éloignant l'un de l'autre, suspendra leur relation; et chacun de notre côté, nous irons, avec nos enfants, passer cet hiver à Paris. Des sociétés communes, des soupers, quelquefois le bal, où nous les ferons inviter, ameneront des entrevues. Là, nous observerons l'effet que produira mutuellement leur présence; et s'il est favorable, nous leur ménagerons quelques moments de liberté pour filer leur petit roman. Mais voici le moment de nous réitérer la parole de ne rien dire qui les décèle l'un à l'autre. Je le promets de mon côté, je l'exige du vôtre, et je l'exige absolument.

Cet engagement pris, et tout bien arrangé, il fut dit qu'il y allait avoir des voyages et une absence durant laquelle on ne s'écrirait point. Ce fut pour eux comme un deuil annoncé. Bientôt après, chacun des deux apprit qu'on allait quitter la campagne, et faire quelques mois de séjour à Paris. Cette nouvelle, qui dans un autre temps aurait pu causer de la joie, ne fit qu'une impression de tristesse et de déplaisir sur ces deux ames solitaires qu'un long silence allait peut-être séparer. Enfin Raimond, avec son père, Adèle avec sa mère, se rendirent à Paris; et ce qui résulta de ce voyage n'est pas difficile à prévoir.

Il y a pour les esprits et pour les caractères

une cause de sympathie bien réelle dans la nature : c'est la convenance des goûts, l'analogie des humeurs, et soit dans la pensée, soit dans le sentiment, cette harmonie de deux ames dont la nature a fait comme deux instruments organisés à l'unisson. Dès qu'elles se rencontrent et qu'elles peuvent se connaître, leur inclination naît de leur ressemblance et de leur mutuel accord.

Mais à la simple vue, aux accents de la voix, aux traits de la physionomie, y a-t-il aussi, comme on le dit, entre deux inconnus, dès le premier abord, un charme, un attrait sympathique qui les frappe comme un éclair, et qui les décide à s'aimer? Oui, je crois qu'il existe pour de certaines ames ; j'entends pour celles qui ont besoin d'en trouver une qui leur ressemble. Les plus vives, les plus légères ne sont pas celles qui se prennent de ces affections soudaines ; la dissipation leur suffit. Mais que deux ames solitaires, recueillies en elles-mêmes, trouvent dans leur mélancolie, ou seulement se flattent de trouver leur semblable ; que sur un visage attendri par la douleur ou la tristesse, dans des yeux languissants, dans le son d'une voix sensible et doucement plaintive, chacune d'elles reconnaisse les signes de ses propres affections; voilà une compagne que le sort lui présente; un intérêt mutuel les saisit, et sans plus de réflexion, les engage et les lie ensemble. Telle fut l'impression que Raimond et Adèle, en se rencontrant dans le monde, reçurent l'un de l'autre, et tous les deux en même-temps.

Raimond accoutumé à un genre de vie où rien n'était oiseux, où l'amusement même n'était pas sans utilité, fut peu touché de ce qu'on appelle les plaisirs de la ville. Le vide et l'insipidité de ces visites où l'ennui et l'oisiveté font leur ronde, ces entretiens où l'on ne parle que pour ne pas rester muet, ces nouvelles futiles et vingt fois rebattues, ces opinions éphémères, ces modes fugitives, ces nouveautés qui naissent et qui vieillissent en un jour, lui semblaient un cercle de peines plutôt qu'un cercle de plaisirs. Les spectacles eux-mêmes lui plaisaient rarement. Il demandait si c'était là ce qui rassemblait tant de monde de si loin et à si grand frais !

On sent bien d'où venait une misanthropie si peu naturelle à son âge. Une éducation solitaire avait pu y contribuer; mais ce pénible ennui du monde et de lui-même avait une autre cause : c'était l'inquiétude et l'impatience d'une ame fatiguée de distractions, au milieu d'une foule d'objets indifférents qui venaient l'arracher à la seule pensée dont elle eût voulu s'occuper. Adèle avait aussi ses raisons pour ne pas aimer la vie de Paris. Moins dissipée, elle n'éprouvait pas ces contrariétés importunes dont Raimond était excédé; mais elle n'avait plus ces oiseaux, ces fleurs, ces ruisseaux, qui mêlaient à ses rêveries un sentiment confus de tendresse et de volupté. Elle n'allait plus respirer l'air enchanté de ces bosquets, où elle avait relu les lettres d'Hippolyte. Le silence de la campagne lui aurait parlé de lui ; et le bruit de la ville ne lui en disait rien. Dans le monde, avec ses pareilles, ses grâces naïves et simples se trouvaient étrangères et décontenancées. L'art maniéré de leur maintien, de leur geste, de leur langage, intimidait son naturel. Le soir, en se retrouvant seule et libre avec sa mère, lasse d'un triste et long souper, elle se jetait dans ses bras. Je respire ! lui disait-elle en soupirant; et la bonne madame de Blosel ne faisait pas semblant d'entendre ce soupir.

Enfin arriva le grand jour où Adèle et Raimond cessèrent d'être invisibles l'un pour l'autre. Un petit bal chez une amie commune que l'on mit de la confidence, fut pris pour le lieu de la scène; et l'on convint qu'en s'y trouvant ensemble, le père d'un côté et la mère de l'autre, auraient l'air de se voir pour la première fois.

Madame de Telmon, élevée au couvent avec madame de Blosel, avait les mœurs, le caractère, l'esprit sage de son amie. Elle passait à la campagne les belles saisons de l'année. Là, au milieu de ses enfants, un fils et deux filles charmantes, elle avait fait pour eux de son salon d'étude comme un petit temple des arts, dont on eût dit qu'elle était la déesse. Personne jamais n'eut mieux qu'elle le talent de tourner en émulation le sentiment de l'amour-propre, et de l'habituer, par des succès utiles, à ne compter pour rien ceux de la vanité. L'opulence où elle était née, n'avait point altéré son heureux naturel. Simple et modeste dans ses goûts, elle ne faisait cas que de ces plaisirs estimables que ne peut ravir la fortune, et qui, comme un cortége d'amis consolants et fidèles, accompagnent une ame honnête et courageuse dans le sein de l'adversité.

Ce fut chez cette femme aimable qu'au bal, et parmi vingt quadrilles de danseuses et de danseurs qui respiraient la joie, Raimond ne remarqua que la sérieuse Adèle; et Adèle, de son côté, parut n'apercevoir que le triste Raimond. Ils dansaient tous les deux très-bien, mais négligemment, froidement, et comme pour ne pas manquer aux convenances de leur âge.

Voilà, disait Raimond, une jeune personne qui n'a pas l'air de s'amuser plus que moi, de la danse. Une grâce timide l'accompagne furtivement, et comme à son insu; c'est la grâce de l'indolence. Elle est belle; et je gage, ou qu'elle n'en sait rien, ou qu'elle ne s'en soucie guère. Ah! c'est que rien ne l'intéresse; ou ce qui l'intéresse n'est point ici. Elle est rêveuse. Rêverait-elle à un absent? Oh! non. Elle est si jeune encore! Cependant elle doit avoir quinze à seize ans. Seize ans, c'est l'âge de Camille; Camille n'est plus un enfant. Ah! que n'est-elle ici, Camille! Où est-elle? Pense-t-elle à moi? Est-elle aussi rêveuse et triste en mon absence? Ah! si elle savait que loin d'elle je suis au bal! que je me livre à des amusements frivoles! et qu'un autre objet qu'elle peut m'occuper!.... Cette réflexion lui fit baisser les yeux; et il fut quelque temps sans oser se permettre de les lever sur la danseuse.

Adèle, en cessant de danser, alla respirer dans un coin, presque vis-à-vis de Raimond, et fit, de son côté, son petit monologue. C'est, disait-elle, un charme bien puissant et bien doux que celui qui se mêle en nous au sentiment de la pitié! Dans cette foule de jeunes gens il n'y en a qu'un seul qui soit triste, et qui semble être malheureux; c'est le seul à qui je m'attache. Sans le vouloir je le regarde, mes yeux le suivent malgré moi. Je voudrais lire dans les siens quelle est la cause de sa tristesse. Il a dans l'ame quelque peine dont je voudrais le soulager. Je ne me croyais pas si bonne et si sensible; et je me sais bon gré de l'être. Il me regarde. Il semble s'apercevoir que je le plains; il semble me plaindre moi-même. Hélas! oui, bon jeune homme, je suis à plaindre aussi, et la même langueur que je vois dans vos yeux, vous devez la voir dans les miens.

En s'en allant, ils entendirent madame de Telmon inviter leurs parents à dîner pour le lendemain. Adèle en ressentit un mouvement de joie aussi douce qu'elle était pure. Celle de Raimond fut plus vive, mais confusément inquiète ; et lorsqu'il se trouva vis-à-vis d'elle à table, il se sentit ému, saisi, mal à son aise, il ne pouvait lever les yeux sur elle sans rougir. On eut quelquefois la bonté de lui adresser la parole ; il répondit en hésitant et d'une voix qui seule eût décelé le trouble qu'il tâchait de dissimuler.

L'après-dînée, à la faveur de l'innocente liberté que madame de Telmon donnait à ses enfants, Adèle et Raimond, avec eux, firent quelques tours de jardin, en silence d'abord, et puis de temps en temps laissant échapper quelque mots, mais sans oser encore s'adresser la parole. Insensiblement l'entretien se lia, devint moins timide, et finit par être animé.

Raimond n'avait jamais entendu de voix dont l'accent fût aussi doux à son oreille et à son cœur que l'accent de la voix d'Adèle. Jamais Adèle n'avait rien vu de si touchant que l'expression du regard dans le langage de Raimond. Ils ne disaient rien que de simple ; mais dans cette simplicité ne laissait pas de se mêler un charme inconnu pour eux jusqu'alors.

Ce qui acheva de les rendre intéressants l'un à l'autre, ce fut lorsqu'en parlant de leur pays, ils découvrirent qu'ils étaient nés sous le même climat, et presque sur les mêmes bords. Il n'y avait là rien de bien merveilleux, et d'autres châteaux que les leurs étaient situés près de la Loire. Ce n'en fut pas moins pour tous les deux un tressaillement de surprise ; et deux Indiens nés sur les bords du Gange, n'auraient pas été plus émus de se rencontrer à Paris.

Ce fut à qui vanterait le plus les vallons qu'arrosait le Cher, les prés où serpentait la Cise. Le beau ciel, disait l'un! Les beaux ombrages, disait l'autre! Où voyait-on couler des eaux si claires, si limpides? où respirait-on un air si pur, si parfumé? où la promenade avait-elle des agrémens si variés, et de si douces rêveries?

Mesdemoiselles de Telmon, Pauline et Floride, souriaient en les écoutant. Je vous admire, disait Pauline, de venir nous vanter les délices de vos campagnes, à nous qui passons nos étés sur les riches bords de la Seine, et nos hivers, ajoutait Floride, dans une ville où se rassemblent tous les arts et tous les plaisirs! Et qu'ont-ils donc de si charmant et de si rare ces bords de la Cise et du Cher! De l'eau claire, un air pur, un beau ciel, des promenades où l'on rêve! Il n'y a rien là, me semble, qu'on ne trouve ailleurs qu'en Touraine. C'est pourtant là qu'on est heureux, disait Raimond; et ce bonheur que l'on sent si bien, et qu'il serait si difficile de définir et d'exprimer, est précisément le contraire du bonheur de Paris. Il consiste à goûter le charme du silence, du repos, de la solitude; c'est la liberté d'être à soi, de se livrer à sa pensée, de s'y abandonner sans trouble et sans regret. C'est cela même, disait Adèle; et leurs ames étaient ravies de se trouver si bien d'accord.

Chacun des deux s'en retourna chez soi rêvant à son étoile, et trouvant dans leur aventure quelque chose de singulier. Ce qui étonnait le plus Adèle, c'était de voir tant de rapport de Raimond avec Hippolyte. Mêmes goûts, mêmes caractères, même naturel dans l'esprit! Je lui écrirai, disait-elle, que j'ai trouvé sa ressemblance, que j'ai cru l'entendre et le voir. Je ne mentirai pas, et dans certains moments l'illusion était si complète, que le nom d'Hippolyte m'est venu sur les lèvres. Qu'aurait-on dit de moi s'il m'avait échappé?

Raimond n'était pas aussi calme dans ses réflexions. Il sentait au fond de son ame qu'Adèle nuisait à Camille. Ah! quel dommage, disait-il, qu'on ne me l'ait pas laissé voir! Son image effacerait tout; je l'aurais sans cesse présente; mon cœur en serait plein et uniquement occupé. Mais sur un objet invisible, quelque aimable qu'il soit, l'avantage de la beauté présente à nos yeux est terrible. Encore si elle était seule cette dangereuse beauté, on lui opposerait d'autres charmes; mais lorsque par malheur ils sont tous réunis en elle, comment lui résister? Que puis-je, en pensant à Camille, me rappeler d'aimable que je ne trouve dans Adèle? C'est son ame, c'est son esprit, c'est la grâce de son langage, son ingénieuse candeur; enfin jusqu'au tendre intérêt que Camille prenait à moi, je crois le retrouver dans le regard d'Adèle ; et si, avec sa voix sensible, Adèle me lisait les lettres de Camille, je croirais l'entendre parler. Cependant ce n'est point Camille ; et c'est Camille que je dois et que je veux aimer. Je m'y suis engagé ; et cent fois dans mes lettres je lui ai promis de n'aimer qu'elle. Cette parole qu'elle croit si sainte et si inviolable, y manquerais-je ! Non, aimable et chère enfant, non, tu ne seras point trompée. Hélas ! tranquille sur ma foi, et sûre, en m'aimant, d'être aimée, elle ne va pas, comme moi, chercher dans quelque ressemblance une excuse pour se permettre une infidélité, car enfin c'en est une, et j'ai beau me la déguiser. Ah ! que mon cœur est loin d'avoir cette délicatesse, cette tendre ingénuité que j'estimais tant dans le sien !

Raimond, lui dit son père en le tirant de sa rêverie, nous voilà obligés de voir madame de Blosel. Lorsqu'elle a invité madame de Telmon et ses deux filles à souper après-demain, j'étais présent ; et comme voisin de campagne, elle m'a fait l'honneur de m'inviter aussi. Demain, selon l'usage, nous nous présenterons chez elle.

Ces mots excitèrent dans l'ame de Raimond un mouvement pareil à celui que nous cause la vue inopinée d'un grand péril : c'en était un pour lui que cette liaison. Il s'arma de courage ; et pour mieux s'affermir, il ne cessa, jusqu'au moment fatal, de lire et de relire les lettres de Camille.

Adèle, qui avait fait aussi un examen sévère de l'état de son cœur, s'était mise en défense, et avait bien promis à Hippolyte de ne pas seulement lui faire l'infidélité d'un regard. Aussi rien de plus froid que son salut, rien de plus réservé que son maintien durant cette visite qu'on faisait à sa mère ; et le respect du côté de Raimond fut si craintif, si sérieux, que leurs parents ne savaient qu'en penser.

Voilà, dit la mère à sa fille, lorsqu'elles furent seules, un jeune homme bien sage et bien modeste, mais bien triste ! Aurait-il quelque peine au fond de l'ame ? Hélas ! ma mère, qui n'en a pas, lui répondit Adèle en soupirant ! — Vraiment, toi-même tu as les tiennes, je le sais bien ; mais patience, voici bientôt le printemps qui revient ; l'amour, ainsi que les oiseaux, reprendra son ramage ; et le tendre Hippolyte ne sera pas toujours aussi éloigné de Camille. Adèle, attendrie et confuse, tombant dans les bras de sa mère, cacha sa rougeur dans son sein. O bonne maman, lui dit-elle, en attendant, permettez-moi de relire ses lettres ; mon cœur a grand besoin de ce soulagement !

Ainsi des deux côtés l'amour fidèle ayant recours au même appui, le jour et la nuit se passèrent à se fortifier le cœur du souvenir de son premier objet et des impressions qu'il en avait reçues.

Le lendemain, Adèle ne quitta sa lecture que

lorsqu'on l'avertit de descendre pour recevoir mesdemoiselles de Telmon. Quelques moments après on annonça MM. de Varanzai; et à ce nom, l'accueil doux et riant qu'elle avait fait à ses jeunes amies fit place tout-à-coup au sérieux le plus glacé.

Mesdemoiselles de Telmon, surprises de l'air interdit que Raimond et Adèle avaient l'un avec l'autre, essayèrent de les tirer de cette situation pénible; mais leur empressement à les égayer ne servait qu'à redoubler leur embarras. Pauline fut discrète et n'insista pas davantage; mais la vive Floride, dans sa naïveté, ne pouvait concevoir qu'ayant été si bien ensemble l'autre jour, cette amitié naissante se fût tout-à-coup refroidie; et se croyant fort réservée en ne leur parlant qu'à l'oreille, elle passait de l'un à l'autre, s'inquiétait de leur tristesse, et leur disait avec mystère : Est-ce que vous êtes brouillés? Tous les deux répondaient qu'on ne se brouillait point lorsqu'on se connaissait à peine. Elle insistait, en assurant qu'il s'était fait en eux un changement visible. Et peut-on être, disait-elle, plus amis que vous ne l'étiez avant-hier à la promenade? Qu'est devenu cet air content que vous aviez tous deux, cet intérêt sensible qui brillait dans vos yeux lorsque vous nous faisiez tant d'éloges de la Touraine? Jamais on ne fut mieux d'accord ni de si bonne intelligence. Eh bien! qu'est-ce qui vous arrive? et qui vous rend si graves et si froids tous les deux?

Il est aisé d'imaginer combien ces questions pressantes les mettaient tous les deux mal à leur aise. Ils répondaient qu'on n'était pas toujours animé comme on l'est quand on parle de sa patrie; et qu'il ne fallait pas vouloir qu'on fût d'une gaieté, d'une vivacité aussi brillante que la sienne. Oh! non, dit-elle, non; ce n'est pas ma gaieté que vous aviez l'autre jour au bal; et l'on voyait bien cependant que vous n'étiez pas mal ensemble. Au bal, reprit Adèle, à qui elle parlait, nous ne nous connaissions pas même; nous nous voyions pour la première fois; nous ne nous dîmes pas un mot. — Non; mais vos yeux!...... Ah! ces yeux-là, ma bonne amie, n'étaient pas vos yeux d'aujourd'hui : convenez-en. Adèle enfin fut si troublée, si honteuse de voir qu'une enfant même avait surpris le secret de son cœur, qu'elle en avait le visage brûlant et les yeux pleins de larmes. Oui, ma chère Floride, j'ai quelque chagrin, lui dit-elle; ne m'en demandez pas la cause; et souvenez-vous bien qu'un des devoirs de l'amitié, c'est de ne jamais pénétrer dans le secret de nos amis plus avant qu'ils ne veulent ou qu'ils ne doivent le permettre. Floride à ces mots rougit, et s'imposa silence avec Adèle; mais au sortir de table, elle eut avec Raimond un petit tête-à-tête dont elle profita pour lui bien faire la leçon.

Je ne sais, monsieur, lui dit-elle, ni ne veux savoir ce qui se passe entre vous et ma chère Adèle; car la discrétion est essentielle en amitié.

Mais dans la douce liberté que maman nous accorde, et dans les liaisons aimables qu'elle nous invite à former, nous ne permettons point la bouderie : elle est maussade, inquiétante ; elle attriste tous les plaisirs ; et sans examiner qui peut avoir tort ou raison, nous ne voulons jamais que nos amis restent brouillés plus d'un quart-d'heure. Je vois clairement que vous l'êtes, Adèle et vous. Il faut que cela cesse. Un homme aussi bien né, aussi bien élevé que vous, doit sentir que l'air froid, l'air triste et compassé que vous avez pris avec elle est au moins très-désobligeant. Je ne sais pas si elle en est offensée ; mais je le serais à sa place. J'ose donc exiger de vous, de vous en expliquer, de vous en excuser, et de vous en corriger sur-tout ; et d'apporter dans notre société, si vous voulez y être admis, la politesse qui vous est naturelle, et que personne n'a mieux que vous lorsque vous voulez être aimable.

Raimond, en avouant qu'il se sentait intimidé par l'air sérieux et sévère qu'Adèle avait pris avec lui, protesta qu'il rendait hommage à tout ce qu'elle avait d'agréments et de charmes, et consentit à le lui dire à elle-même si elle avait la bonté de l'entendre. Fort bien ! reprit gaiement l'innocente Floride ; en s'expliquant, tout s'éclaircit. Alors se glissant près d'Adèle qui causait seule avec sa sœur : Ma bonne amie, lui dit-elle, Raimond aurait quelque chose à vous dire ; rassurez-le, je vous en prie; car c'est vous qui l'intimidez. Ce fut ici le moment critique.

Raimond se voyant seul avec Adèle, appela toute sa raison, toute sa vertu au secours d'une trop fragile jeunesse; et muni de tous ses principes de loyauté chevaleresque : Mademoiselle, lui dit-il, rien de plus bizarre en apparence que ma conduite auprès de vous. On m'en fait un reproche; ce n'est pas sans raison. Mais pour en juger sainement, il aurait fallu pénétrer jusqu'au fond de mon ame; et c'est ce que personne n'a droit de faire que vous et moi. Apprenez donc ce qui s'y passe. Je suis jeune et sensible, ma destinée a voulu qu'à seize ans je me sois lié avec une jeune personne aimable..... aimable comme vous (j'en fais un éloge accompli). Je me suis pris pour elle de l'inclination la plus tendre; et dès que j'ai senti que je l'aimais, je le lui ai dit. Elle n'a pas été insensible au don que je lui ai fait de mon cœur, de ma foi, de tous les instants de ma vie. Elle compte sur la sincérité du vœu qu'elle a reçu de moi, de l'aimer, et de n'aimer qu'elle jusqu'à mon dernier soupir. J'ose assurer que si on m'avait laissé vivre à mon gré, nous n'aurions eu, ni elle ni moi, que des grâces à rendre à l'amour et à notre étoile. Mais, malheureusement, on m'a mené dans ce Paris, où l'on trouve de tout, et même ce que la nature a de plus rare et de plus précieux, la beauté embellie de tous les charmes de l'innocence. Je vous ai vue, je ne sais quoi m'a saisi, m'a troublé, m'a fait désirer, malgré moi, ou de vous voir sans cesse, ou de ne vous revoir jamais. Dès ce moment, j'ai été combattu et je le suis encore. Je tiens à mon premier objet; mais votre image me poursuit, et lui dispute mes pensées. Jusqu'ici, grâce au Ciel, je ne lui suis pas infidèle; mais pour ne pas le devenir, je sens que je ne dois plus vous revoir.

Adèle, en l'écoutant, avait les yeux baissés; et, recueillie en elle-même, elle admirait l'honnêteté, la sincérité, la candeur de cet intéressant jeune homme; et après l'avoir entendu : Quoiqu'il fût bien doux, lui dit-elle, d'être l'unique objet d'un cœur aussi vertueux que le vôtre, je suis bien aise que cet heureux objet de votre amour soit un autre que moi. Ma situation ne m'eût pas permis d'y répondre. J'ai pris moi-même, de l'aveu de ma mère, une inclination à laquelle il m'eût été impossible de renoncer; et ce serait dommage que celui qui, en aimant, se rend si digne d'être aimé, ne le fût pas autant qu'il le mérite. Je vous avouerai même que m'étant aperçue de ce tendre intérêt que vous preniez à moi, j'ai appréhendé qu'il n'allât trop loin; c'est ce qui m'a rendue si contrainte et si triste. Je ne me pardonnerais jamais d'avoir altéré la douceur d'un sentiment qui doit vous rendre heureux; et il y va de mon repos à cesser de troubler le vôtre. J'applaudis donc moi-même à la résolution que vous prenez de ne plus me voir; et sans qu'il y paraisse, je connais le moyen de nous éloigner l'un de l'autre. Voici bientôt, je crois, le temps du retour de ma mère dans sa paisible solitude, et je vais l'engager encore à le hâter. Non, dit-il, c'est à moi d'obtenir de mon père qu'il me ramène sur ces bords plus chéris que jamais, et plus intéressants pour moi, puisque vous-même aussi vous y avez reçu la naissance.

Après cet entretien, les voilà tous les deux tristement satisfaits d'eux-mêmes, le cœur à demi-soulagé, mais bien loin d'être encore dilaté par la joie, fiers de leur pénible courage, et se félicitant, non sans quelques soupirs, de la résolution qu'ils venaient de former.

Les parents, occupés sans cesse à observer les mouvements de la jeune société, n'en laissaient échapper aucun; et leurs réflexions flottaient entre l'espérance et la crainte. Floride est en scène, disait madame de Telmon; c'est bon signe, il est arrivé quelque chose d'intéressant. L'on avait remarqué ses aparté fréquents avec Raimond, avec Adèle; et puis, le tête-à-tête d'Adèle avec Raimond. Dieu sait si l'on était curieux de savoir ce qui causait ces mouvements.

Eh bien! dit Varanzai à Raimond, il me semble que tu prends goût à la conversation avec ces demoiselles; et vous n'avez pas mal employé le temps de notre partie de trictrac. Il est vrai qu'elles sont gentilles, et cette petite Floride a sur-tout un air fin qui annonce de l'esprit. Oui, mon père, elle en a, répondit froidement Raimond. — Sa sœur, quoique bien jeune encore, paraît avoir une raison formée. — En effet, rien de plus sensé. — Tu ne dis rien d'Adèle, notre voisine de campagne! elle est belle, mais voilà tout, n'est-ce pas?— Voilà tout! Non, mon père, ce n'est pas tout; et plût au Ciel que sa beauté fût le seul, fût le plus dangereux de ses charmes! Je ne vous ai jamais rien caché; je ne puis vous rien dissimuler encore. Sachez donc que Camille, non, Camille elle-même n'a rien de plus intéressant ni de plus aimable qu'Adèle; et si je la voyais long-temps, je ne sais, je l'avoue, laquelle des deux obtiendrait la préférence dans mon cœur.

Ah! mon fils, que me dis-tu là! Tu serais infidèle à cette aimable enfant qui t'aime de si bonne foi! — Non, mon père; ne craignez rien: j'ai pris le parti le plus sûr pour ne pas avoir ce tort-là. — Et quel est ce parti? — C'est de ne plus revoir celle que j'aurais trop à craindre. — Voilà pourtant, mon fils, des liaisons qu'il est difficile de rompre tout-à-coup avec bienséance. — Pardonnez-moi, mon père, il est aisé de supposer qu'en votre absence il faut que j'aille prendre soin de votre maison. Restez ici, et laissez-moi regagner cette solitude où j'espère bientôt n'être plus qu'à moi-même et à celle à qui je me dois. Ma résolution en est prise, et, s'il faut vous le dire, je m'y suis engagé avec Adèle, en lui avouant ce qui m'obligeait à la fuir. — Et ta résolution ne l'a point offensée? — Oh! point du tout; elle a loué ma fidélité, mon courage, et m'a bien assuré que ce serait un malheur pour elle que d'avoir troublé mon repos. Elle a même ajouté à ma situation une circonstance nouvelle qui seule m'aurait décidé; comme c'est là son secret, et non pas le mien, je le tais.

Je n'ai plus rien à dire; et quand il te plaira nous partirons, lui dit son père : rien ne me retient plus ici. Seulement pour n'avoir pas l'air de partir à la dérobée, nous irons faire nos adieux.

Sais-tu, dit, le soir même, madame de Blosel à sa fille (car un billet de Varanzai venait de l'avertir de ce qui se passait), sais-tu que nos voisins de campagne s'en vont après-demain? Je m'y attendais, lui répondit Adèle; et j'en ai quelque peine. Il aurait mieux valu, s'il eût été possible, que ce fût nous... — Quoi! nous? — Hélas! oui, nous qui les eussions laissés passer tranquillement leur hiver à Paris. — Est-ce que nous sommes la cause qu'ils s'en éloignent? — Oui, nous le sommes. Et avec sa simplicité elle lui raconta ce qui leur arrivait. Mais voilà, dit la mère, un contre-temps bien malheureux! Ah! si malheureux, dit Adèle, que s'il avait des suites, je ne m'en consolerais pas. A ces mots, deux ruisseaux de larmes coulèrent de ses yeux. Figurez-vous, dit-elle, la situation de ce jeune homme; plein d'honnêteté, de candeur, sensible et vrai comme Hippolyte. Il aime, il est aimé, il est heureux. Il me voit; je ne sais quelle fatalité nous fait trois fois trouver ensemble; et voilà son bonheur troublé, peut-être empoisonné pour la vie? Ah? ma mère, qu'il est subtil et redoutable ce poison de l'amour! — Je me flatte, ma fille, que tu ne l'as point respiré. — Non, je l'espère. Et cependant, que sais-je quelle est cette tristesse, cette pitié, cette douleur que je ressens du mal que j'ai fait à Raimond! Allons-nous-en, je vous en prie. J'ai besoin d'être seule avec vous. Laissons à Paris ce jeune homme se dissiper, et m'oublier; je ne serai tranquille qu'en apprenant qu'il l'est, et qu'il ne pense plus à moi.

Console-toi; lui dit sa mère. Ce mal qui paraît grand n'est peut-être pas sans remède. Vraisemblablement ils viendront nous faire leurs adieux. Tu n'as qu'à te louer de la vertu de ce jeune homme, reçois-le bien, et laisse-lui dans l'ame un doux et consolant souvenir de l'estime que tu lui auras témoignée, c'est un baume pour les blessures que fait un amour malheureux.

Le lendemain au soir, Varanzai et son fils vinrent prendre congé. Une tristesse amère et profonde, mais calme, était empreinte sur le visage de Raimond. La pâleur d'Adèle exprimait le saisissement de son ame. On eut pitié de leur silence; et un petit détail de commissions pour la Touraine ayant servi de prétexte au père et à la mère pour passer dans un cabinet, les deux amants se trouvèrent seuls. Quel moment! Adieu, mademoiselle, dit Raimond, d'un air abattu; daignez quelquefois plaindre un homme heureux avant de vous connaître, mais qui craint bien, après vous avoir vue, d'être au moins long-temps malheureux. En prononçant ces mots d'une voix déchirante, il vit tomber des larmes de ces beaux yeux que la pudeur tenait baissés. Il ne put résister au charme de ces pleurs; et se précipitant sur une main qui lui était abandonnée : O Camille! s'écria-t-il, de quels sacrifices n'es-tu pas digne! mais qu'il est grand celui que je te fais? Adèle, à ce nom de *Camille*, fut saisie d'un tremblement qui lui étouffait la voix. *Camille*, dites-vous! ô Ciel! Raimond, seriez-vous *Hippolyte?* Hélas! oui, je le suis. — Eh bien! c'est la main de Camille que vous tenez. — La main de Camille! Ah! grand Dieu! quel bonheur on nous ménageait! Nous étions rivaux de nous-mêmes! A ce transport de joie les parents accoururent; et ils trouvèrent leurs enfants, l'un aux genoux de l'autre, dans un ravissement qui ne peut s'exprimer.

Ça, mes enfants, dit Varanzai, si votre union n'est pas la plus intime, la plus tendre qui fût jamais, ce ne sera pas notre faute; car nous avons bien pris tous les moyens possibles pour assurer votre bonheur. C'est à vous désormais de le bien ménager et de le rendre inaltérable. Il l'est dès ce moment, s'écrièrent-ils tous les deux.

Et dans un mouvement de frayeur invincible je fis un cri; me voila trahie.

Les Déjeuners du Village.

LES DÉJEUNERS DU VILLAGE,

OU

LES AVENTURES DE L'INNOCENCE.

PREMIER DÉJEUNER.

LA FENÊTRE.

J'avais pour voisine de campagne une petite vieille, d'un naturel aimable et d'une figure où l'on voyait encore toutes les traces de la beauté. Son teint avait perdu sa fleur; ce n'était plus le duvet de la pêche, mais c'était le poli et même un peu du vermillon d'une belle pomme d'api conservée pendant l'hiver. Le jeu de sa physionomie était plein de finesse et de vivacité; quelques étincelles de feu jaillissaient même encore de ses yeux lorsqu'ils s'animaient; de jeunes femmes lui auraient envié la douceur et le charme de son sourire; et à son enjouement, à son désir de plaire, aux traits de sensibilité qui lui échappaient, sur-tout aux grâces de son esprit et à celles de ses manières, il n'est personne qui n'eût dit comme Fontenelle, que *l'Amour avait passé par-là*.

Elle s'était formée dans son village une petite société d'amis qui allaient tous les matins prendre avec elle du thé au lait, tantôt dans un salon riant, et tantôt en plein air sous un frais berceau de verdure. J'étais du nombre de ces amis. Elle aimait à conter les histoires du temps passé, et nous aimions fort à l'entendre.

Madame, lui dîmes-nous un jour, tous vos récits nous enchantent; mais celui dont nous serions le plus curieux, ce serait, il faut l'avouer, l'histoire de votre jeunesse. Vous n'êtes pas dégoûtés, nous dit-elle; et en effet, si je voulais, j'aurais bien de quoi vous amuser. Mais je ne parle jamais de moi; et la raison, c'est qu'en parlant de soi on semble toujours se flatter, ou du moins s'épargner soi-même; et jamais l'auditeur ne manque de rabattre du bien et d'ajouter au mal.

Nous l'assurâmes tous que nous l'en croirions sur sa foi, et que chacune de ses paroles serait prise à la lettre. Quoi! dit-elle, jamais vous ne serez tentés de supposer dans mes récits quelques petites réticences et d'y suppléer? — Non, jamais. — Et tant que je vivrai vous me garderez le secret? — Oui, tant que nous vivrons nous-mêmes. — Oh! non, dit-elle; ce serait trop exiger de vous; et du moins dois-je permettre qu'à mon âge vous puissiez raconter, chacun à vos amis, ce que la bonne madame de Closan vous aura dit de ses jeunes folies; mais je vous avertis que l'histoire en est un peu longue, que j'y ferai des pauses, et que nous en avons pour trois ou quatre déjeûners. Tant mieux, lui dîmes-nous; et après nous avoir versé du thé, elle commença son récit.

J'étais née riche sans le savoir : mon père, habile négociant, avait péniblement amassé de grands biens enfermés dans son portefeuille. J'étais encore enfant lorsqu'il mourut : je n'avais déja plus de mère; et je restai, selon l'usage, à la merci d'un oncle, mon tuteur, et d'une tante, son épouse, tous deux gens dévots, mais avares, et de mon bien comme du leur. Je n'ai pas besoin de vous dire qu'étant durs pour eux-mêmes, en qualité d'avares, ils ne l'étaient pas moins pour moi.

Leur première pensée fut que, si je savais de bonne heure quelle était ma fortune, par cette seule idée et malgré tous leurs soins, je serais un enfant gâté. Cette prévoyance était sage; mais leur prudence alla trop loin; et pour me rendre plus docile et me tenir plus dépendante, ils me firent accroire que mes parents ne m'avaient rien laissé. De tous les bijoux de ma mère, ce petit cœur d'or fut le seul que l'on me donna. Quant aux biens de mon père, on eut le même soin de les faire valoir et de me les cacher. Ainsi, je me croyais un objet de pitié pour ceux de mes parents qui me tenaient sous leur tutelle, et il n'en fut jamais de plus sévère ni de plus triste.

Jusqu'à seize ans, je n'avais presque vu le jour que par ma fenêtre. Mais à seize ans, cette fenêtre me fit voir quelque chose qui me fut plus cher que le jour : un jeune et beau clerc de notaire, qui, le matin, avec des cheveux blonds de la plus douce teinte, négligemment relevés par un peigne et à demi-flottants, prenait un moment l'air à sa fenêtre, vis-à-vis de la mienne, avant que d'aller à l'étude. Imaginez-vous Apollon en robe-de-chambre d'indienne ; c'était mon clerc, car dès ce moment il fut le mien ; il l'a été toute sa vie ; et c'est de lui que je suis veuve : je vous en préviens et pour cause.

En le voyant pour la première fois, tout ce qui jusqu'alors avait été confus dans mon ame et dans ma pensée, les ennuis de ma solitude, le vague de mes rêveries, l'inquiétude qui de la veille me poursuivait dans mon sommeil, tout parut s'éclaircir. Je crus voir ce qui manquait à mon bonheur ; mais l'intervalle de la petite cour qui nous séparait l'un de l'autre était un abyme à franchir : nos regards au moins le franchirent.

Sa surprise, son émotion, le ravissement que lui causa ma vue me fut trop sensible. Il dut s'apercevoir aussi du mouvement que j'éprouvai, car celui-là fut involontaire, je n'eus pas le temps d'y penser ; mais je suis sûre au moins qu'il fut timide, et mêlé de cette pudeur qui est un instinct pour l'innocence. Ce fut cette pudeur qui m'avertit que je ne devais pas me tenir long-temps à la fenêtre vis-à-vis d'un jeune homme qui avait du plaisir à me voir. Je m'éloignai, je fis quelques tours dans ma chambre, j'eus l'air de m'amuser de mes oiseaux; mais tous mes mouvements me ramenaient au même point. J'allais, je revenais, je passais comme une ombre, et à chaque détour j'observais d'un coup-d'œil si l'on était occupé de moi. Mon jeune clerc, immobile et ravi, me suivait, me parlait des yeux, et semblait reprocher aux miens de ne pas se fixer sur lui.

Enfin j'eus le courage de me dérober à sa vue, mais le reste du jour ne fut pour moi qu'un rêve, et les soins dont on m'occupait ne purent m'en tirer. J'étais sous les yeux de ma tante, qui semblait m'observer plus attentivement, plus sévèrement que jamais. Pour lui cacher mon trouble, je voulus lire; et je ne voyais dans mon livre que des yeux bleus et des cheveux blonds. Elle me demanda compte de ma lecture; je ne sus ce que je disais. Je me plaignis d'un éblouissement que j'avais voulu lui cacher, de peur, disais-je, d'alarmer sa tendresse; et Dieu sait comme elle était tendre!

Le jour me parut long, je désirais la nuit pour être seule avec moi-même, et dans l'espérance que le sommeil, favorable à ma rêverie, ne ferait que la prolonger. Je l'en priai en me livrant à lui, et il eut cette complaisance.

Nous étions dans le mois d'avril, et au moment de cette renaissance de beau retour de jeunesse que la nature, hélas! aurait bien dû nous accorder comme à ces heureux végétaux! Mais moi-même j'étais dans mon printemps, et mon réveil fut ce jour-là aussi matinal que celui de l'aurore. Cependant mon jeune Apollon avait été plus diligent que moi; il m'attendait à la fenêtre. En l'y voyant, je ne sais quoi me dit que c'était là un rendez-vous. Je fus confuse de m'y trouver; mais je dissimulai mon embarras en feignant de n'être occupée, comme on dit, que de l'air du temps. Il surprit cependant quelqu'un de mes regards, et en me saluant, il me fit signe des yeux et du geste qu'il faisait bien beau. Comme il n'y avait pas de mal à cela, je lui rendis son salut, et d'un signe de tête je convins avec lui qu'il faisait beau. J'ai reconnu depuis qu'à l'âge de seize à dix-huit, lorsqu'on est d'accord sur un point, on l'est bientôt sur tout le reste. J'eus donc tort, et je le confesse, de convenir qu'il faisait beau.

Content d'avoir engagé avec moi cet entretien muet, il voulut le poursuivre. Il porta sa main sur son sein, et il exprima le plaisir de respirer un air si pur! J'eus l'imprudence de l'imiter encore. Il devint plus hardi; et mesurant des yeux l'espace qui nous séparait, il parut en gémir et soupirer avec ardeur. Pour le coup je l'entendis bien, mais je ne l'imitai pas; et je me reprochai de lier connaissance avec un jeune homme qui me semblait bien né assurément, mais dont je ne savais ni l'état ni même le nom.

Je me tins close quelques matinées, cherchant à m'occuper, et n'ayant, malgré moi, qu'une seule et même pensée. Par quelle singularité de ma destinée ce jeune homme était-il venu se loger vis-à-vis de moi !... Mais pour cela devais-je me priver du seul plaisir que j'avais dans la vie, de l'innocent plaisir de respirer l'air du matin et de jouir des charmes de la saison nouvelle ? Après tout, où était le danger ? et que m'avait-il fait entendre, ce jeune homme, dont j'eusse lieu d'être alarmée ? Il me trouve agréable à voir ; cela est possible, disais-je en consultant mon petit miroir de toilette. Il désire peut-être de me voir de plus près, cela est naturel encore ; et je ne vois rien que d'obligeant dans le regret d'être éloigné de moi. Fallait-il lui laisser penser que j'avais peur de lui ? L'éviter, c'eût été le craindre, et je ne savais pas pourquoi je l'aurais craint.

Je pris courage ; et le lendemain je me montrai, tenant à la main une cage que je posai sur ma fenêtre, en m'occupant du soin de donner de l'eau fraîche et du mouron à mes oiseaux. Il entendit leur chant et il en fut charmé ; mais d'un œil attentif et jaloux regardant leur cage, il parut envier leur sort. Comment voyais-je cela de si loin ! Ah ! c'est qu'à l'âge de seize ans, pour apercevoir ce qui flatte, on a de bien bons yeux ! Je me donnais un air distrait et dissipé, et pas une nuance des sentiments que j'inspirais ne m'échappait : ni ses inquiétudes, ni ses impatiences, ni ses reproches imperceptibles quand j'arrivais trop tard, ni ses timides actions de grâces quand j'avais la bonté de m'occuper de lui, oh! rien n'était perdu; et un mois se passa dans cette heureuse intelligence, sans trop de hardiesse de son côté, sans trop de complaisance ni de rigueur du mien.

Un jour enfin, le 1er de mai, jour de ma fête, car je m'appelle Philippine, en me levant je vis sur sa fenêtre le plus joli rosier, et le premier, je crois, que le printemps eût fait fleurir. A l'instant il vint me l'offrir d'un air si doux et avec tant de grâce, qu'il me fut impossible de ne pas l'en remercier. Le petit calendrier qu'il tenait à la main, et dont il baisa respectueusement le feuillet où mon nom était imprimé, disait assez qu'il le savait ce nom. J'étais bien moins heureuse, car je ne savais pas le sien. Je m'inclinai encore pour lui marquer qu'il ne se trompait pas, et qu'en effet le jour de Saint-Philippe était ma fête. Alors je le vis s'animer, presser son cœur de la main droite, la déployer vers moi avec le geste de l'offrande; et de la gauche, en signe de serment, prendre le Ciel à témoin du don qu'il me faisait.

Je sentis que mon cœur, à moi, battait plus fort que de coutume, que la rougeur me montait au visage, et que mes yeux ne pouvaient plus soutenir ses regards; je me couvris le front de mes deux mains, et je me retirai.

J'ai admiré depuis combien le langage muet va plus vîte que la parole; car enfin, si Closan m'avait parlé, il eût à peine osé passer, de détours en détours, de l'éloge de ma beauté à l'aveu de l'impression qu'elle avait faite sur son ame; et l'on m'avait bien avertie de ne jamais prêter l'oreille au langage trompeur des hommes qui essaieraient de me flatter. Mais dans l'expression du visage, comment soupçonner le mensonge? Comment imaginer que des yeux attendris et suppliants nous en imposent? C'est la bouche qui trompe, et la nôtre ne disait rien.

Cependant il était bien clair qu'il m'avait fait le don de son cœur, qu'il m'avait engagé sa foi; et si je continuais de le voir, je semblais m'engager moi-même. Seule à mon âge et sans l'aveu de mes parents, à leur insu, avec un jeune inconnu qui, peut-être, se jouait de mon innocence! tout cela me troublait, et j'étais presque résolue à fermer ma fenêtre. Une réflexion assez sage m'y ramena. Je n'ai, me dis-je, accepté de lui que son bouquet; quant à ses autres dons, je ne les ai pas refusés, mais je ne les ai pas reçus. Et pourquoi les rebuterais-je, s'ils sont dignes de moi? C'est peut-être l'époux que le Ciel me destine. S'il est fait pour moi, laissons-lui l'espérance de m'obtenir et le temps de me demander. Il sait bien de qui je dépends. Soyons avec lui réservée ; mais s'il me trouve aimable, ne nous en plaignons pas. Hélas! j'ai grand besoin de plaire. Pauvre comme je suis, qui m'épouserait sans m'aimer? Ce fut par ces raisons que l'amour sut me rassurer. Ah! qu'il est dangereux, l'amour, lorsqu'il feint d'être raisonnable!

Avec ce beau plan de conduite, je me livrai au plaisir de le voir sans plus me défier de lui ni de moi-même. Son premier soin, en s'éveillant, était de venir arroser mon bouquet. Il en respirait le parfum; il en comptait les roses déja épanouies; il me faisait remarquer celles qui n'étaient qu'à demi-écloses et les boutons qui allaient bientôt s'ouvrir; il les couvait des yeux avec l'air de la volupté; et moi je souriais aux soins qu'il prenait tous les jours d'embellir son hommage; et tous les jours, sans m'en apercevoir, je laissais mes yeux repasser plus librement, plus souvent sur les siens, et s'y reposer davantage. Un jour que j'oubliais de les en détacher, je ne sais quelle émotion soudaine ils lui causèrent; mais il porta ses lèvres sur une de mes roses, et il souffla vers moi le baiser qu'il lui avait donné. Vous croyez bien que je ne laissai pas cette audace impunie. Je me retirai sur-le-champ, et je résolus d'être huit jours sans me montrer. Huit jours? ah! mes amis, quel effort de courage!

Il faut tout dire : en me rendant invisible à ses yeux, les miens avaient trouvé le secret de le voir encore; et derrière un rideau tant soit peu entr'ouvert, je l'observais. Les deux premiers jours, je le vis arroser, comme de coutume, mais d'un air triste et délaissé, ce rosier qui semblait aussi se faner de langueur. Après l'avoir long-temps regardé d'un œil abattu, et cent fois inutilement tourné les yeux vers l'inexorable fenêtre, il s'en allait comme un suppliant rebuté. Mais le troisième jour, le pauvre exilé succomba; et après avoir inondé le rosier de ses larmes, après avoir arraché la rose sur laquelle ses lèvres avaient imprimé le baiser qui faisait son crime, il ferma sa fenêtre, et je ne le vis plus.

A sa place, deux jours après, je vis paraître un homme noir, une canne à la main, qui allait et venait dans sa chambre. Ah! c'est un médecin, me dis-je; il est malade, et j'en suis la cause! Me voilà désolée, odieuse à moi-même, et m'accusant d'injustice et de cruauté. Comment remédier au mal que j'avais fait! Comment lui apprendre que j'y étais sensible? J'en trouvai le moyen.

L'homme noir revenait deux fois le jour; je guettai le moment où il serait à la fenêtre, et d'un air affligé, je lui fis une révérence. Il me la rendit sans savoir qui le saluait; et je vis qu'il retournait vers son malade pour lui demander qui j'étais. Je n'en voulais pas davantage.

Le jeune homme dissimula; mais sitôt qu'il fut délivré de ce témoin, il se leva, et vint me voir lui-même. Je le trouvai pâle et changé. Je lui marquai, je crois, un peu trop mon inquiétude. Il m'expliqua son mal en mettant la main sur son pouls, puis sur son front, puis sur son cœur; et puis ayant regardé le rosier d'un œil triste, il se jette à genoux, et me tendant ses deux mains jointes, il me demande grâce. Un rocher se fût attendri. A l'instant mes larmes coulèrent, et il me les vit essuyer; jugez de l'excès de sa joie! Mais je lui fis signe d'aller se reposer; pour l'y engager, je m'éloignai moi-même. Cette visite lui fut plus salutaire que celles de son médecin; car peu de jours après il fut convalescent.

Dès ce moment il fut aussi timide qu'il avait été téméraire. De mon côté, j'étais craintive et défiante; car ce baiser soufflé en l'air, d'une fenêtre à l'autre, m'était toujours présent; je l'avais sur mes lèvres; et je faisais tout mon possible pour défendre à mes yeux de m'en attirer un second. L'aurais-je aussi cruellement puni? c'est ce que vous ni moi ne savons, grâce au Ciel. Quoi qu'il en soit, mon cœur ne fut pas mis à cette épreuve; mais en voici une plus dangereuse et à laquelle ma rigueur ne tint pas.

Je vous l'ai dit, je sortais peu. Un beau jour cependant il prit envie à mes gardiens d'aller se promener au Cours-la-Reine. Un jeu de boule était le seul spectacle que se permît quelquefois mon tuteur. On passe là, disait-il, trois heures plus agréablement qu'à l'Opéra, et il n'en coûte rien. Tandis qu'il se donnait ce plaisir innocent, ma tante et moi nous suivions lentement l'ennuyeux droit-fil des allées, lorsqu'une femme nous aborde, tenant une petite chienne, la plus jolie du monde, et me propose de l'acheter. J'en fus tentée, et j'allais demander quel en était le prix; ma tante, au premier mot, interrompt le marché, et congédie la marchande.

Il m'était dur de me voir refuser jusqu'à l'amusement d'une petite chienne. Mais pauvre comme je croyais l'être, je n'avais pas droit de me plaindre qu'on voulût me rendre ménagère du peu d'argent qu'on me donnait. Je pris donc patience, et me retirai tristement.

Mais en rentrant chez mon tuteur, quelle fut ma surprise de voir s'élancer de la loge de la portière ma petite épagneule, avec un collier de ruban couleur de rose où pendait un grelot? Je la prends, je la baise; et la portière, à qui ma tante fait des questions, répond ingénuement qu'une femme du peuple vient de lui apporter ce petit animal, et lui a dit qu'il était à moi. Ma tante me gronda, et je lui laissai croire qu'en secret je l'avais payé.

Me voilà donc chez moi, seule avec ma petite chienne, cherchant un nom à lui donner, lorsque dans les plis du ruban de son petit collier, j'aperçois un billet. Je le déroule, et j'y lis ces mots : *Je m'appelle Florette; et lui Hippolyte Closan.* Ah! c'est lui, me dis-je, c'est lui qui, sans doute, m'ayant suivie des yeux à la promenade, et m'ayant vue désirer cette petite chienne, a voulu m'en faire présent. Je ne me trompais pas. J'ai su depuis que le seul louis d'or qu'il eût en sa puissance, il l'y avait employé. Ce louis d'or en valait mille.

Le petit billet fut enfermé dans le cœur d'or que voilà. Il y est encore, il ne me quittera jamais. Pour la petite chienne, je vous laisse à penser si elle eut d'autre lit que le mien, ou d'autre assiette que la mienne.

Toute la nuit je ne rêvai qu'à inventer quelque moyen de marquer ma reconnaissance. J'étais aimée, j'en étais sûre; et je ne voulais pas qu'on me crût insensible aux soins d'un amour si attentif, si délicat et si touchant.

Au point du jour j'étais à ma fenêtre. Closan ne parut qu'après moi, et il me vit tenant mon épagneule contre mon sein, et la baisant avec une tendresse extrême. Moitié content et moitié triste, il nous regardait tour-à-tour, moi d'abord, et puis l'épagneule, et d'un air si passionné, si envieux de son bonheur, que dans je ne sais quelle ivresse, quelle absence de ma raison, je fis une folie. Par malheur j'avais à la main mon petit miroir de toilette pour achever d'ajuster mes cheveux; eh bien! puisqu'il faut vous le dire, je tournai la glace du côté du jeune homme, et puis la retournant vers moi, je la baisai, et je m'enfuis.

Alors le visage brûlant et les yeux pleins de larmes, je tombai comme dans un abyme de confusion et de douleur. Me voilà, dis-je, pour jamais engagée avec ce jeune inconnu. Je suis à lui, je ne puis m'en dédire. Il m'a vue baiser son image; après cette faiblesse, je suis déshonorée si je ne l'ai pas pour époux; et dès-lors il fut décidé que je n'en aurais jamais d'autre.

Pour lui, tandis que je me désolais, il était transporté de joie; et en échange de mon baiser, il m'en avait renvoyé mille que je n'avais point aperçus. Mais je ne sais quel œil sinistre et malfaisant les avait surpris; et ma tante en fut avertie.

On tint conseil dans la maison; et dès le soir même on me fit changer de logement, sans m'en dire la cause. Je m'en doutai; mais j'obéis sans répliquer un mot, de peur de m'accuser moi-même.

Quand je fus seule dans ma prison, je pensai à l'étonnement et à l'affliction où serait mon jeune homme en ne me voyant plus paraître; et observée impitoyablement, je ne savais à quel saint me vouer pour lui faire passer quelques consolations, lorsque je vis arriver chez mon oncle un homme de finance, qu'on disait protégé du cardinal, premier ministre, et qui me demandait en mariage pour son fils. C'était mon jeune clerc lui-même qui lui en avait donné l'idée.

Il lui était recommandé; et en style de protecteur, le financier avait daigné lui dire que, dans l'occasion, il serait bien aise de l'obliger. Closan se rappela cette belle promesse. Désespéré de ne plus me voir, instruit que mon tuteur était un riche avare, persuadé que j'étais réservée à quelque favori de la fortune, et ne voyant dans son étude que des moyens douteux et lents de s'enrichir, il résolut de prendre la route plus aisée et moins infructueuse des emplois de finance; et il alla prier son protecteur de la lui ouvrir. Celui-ci abusant de la facilité qu'ont tous les suppliants à confier leurs peines, tira de lui la confidence du malheureux amour qui causait son ambition, voulut savoir le nom de la jeune personne; et son protégé lui dit tout, excepté notre intelligence, encore en laissa-t-il soupçonner quelque chose, en lui avouant que s'il parvenait à quelque emploi considérable, il avait lieu de croire qu'il ne serait point refusé.

Je penserai à vous, lui dit M. de Bliancour; revenez me voir un de ces matins. Le jeune homme s'en retourna pénétré de reconnaissance. Son protecteur eut en effet la bonté de penser à lui; mais il daigna aussi penser à moi. Il avait entendu dire que j'étais belle; il se douta que je serais riche; il lui fut aisé de savoir quels biens mon père avait laissés; un oncle avare et sans enfants était encore une perspective attrayante; il crut trouver en moi ce qui convenait à son fils; et d'abord, pour le délivrer d'un rival incommode, il envoya son protégé Closan faire en province son noviciat de financier. Ensuite il vint offrir pour moi, à mon tuteur, le plus sot des enfants des riches.

Vous jugez quelle différence; je ne dis pas pour la figure : à Dieu ne plaise que je compare une massive ébauche à l'élégance même de la grâce et de la beauté! Mais pour l'esprit! ah! dans un seul regard, dans un geste du jeune clerc, il y avait plus de pensées ingénieuses et de sentiments délicats, que dans toutes les galanteries de l'insipide Bliancour. Mais quand il aurait eu l'esprit de Fontenelle, il n'aurait pas séduit le mien. Je le refusai net; et je dis à mon oncle, qu'à dix-sept ans on n'était pas pressée de se marier. Il eut beau me vanter la fortune du prétendant, je l'assurai qu'avec toute son opulence, cet homme-là ne me plairait jamais. Il faut donc qu'un mari plaise à mademoiselle, reprit ma tante avec humeur? Oh bien, moi, je suis lasse d'être sa surveillante. Elle n'a qu'à choisir, du mariage ou du couvent. Je préférai le couvent avec joie, espérant qu'il serait pour moi une moins étroite prison.

Mais en voilà bien assez pour aujourd'hui, dit-elle. Je viens de vous donner de petites scènes de comédie; demain le déjeûner sera plus sérieux.

DEUXIÈME DÉJEUNER.

LE COUVENT ET LE PETIT BOIS.

Lorsque nous fûmes rassemblés sous le berceau, autour de la table du thé, notre jolie petite vieille reprit ainsi :

Croyez-vous à l'étoile? Oh bien moi, mes amis, j'y crois; je me flatte même d'en avoir une, et vous allez tous convenir que j'ai des raisons pour cela. Elle voulut donc, mon étoile, que pour mieux me dépayser, et mieux dérouter mon jeune homme (car il avait essayé pour me voir tous les moyens qu'inventent l'amour et la folie), mon oncle imagina de me mener sans bruit à l'abbaye du Pont-aux-Dames, où il avait des relations.

L'abbesse lui donna sa parole que je serais inaccessible et invisible à tous les hommes; et autant qu'il dépendit d'elle, je fus ce qu'elle avait promis. Mon oncle lui avait confié que j'avais dans la tête un petit grain de folie amoureuse, dont il fallait me guérir, disait-il; et l'amour était ce qu'on appelle *la bête noire* de l'abbesse. Je ne sais pas ce qu'il lui avait fait; mais la malheureuse ne pouvait en entendre le nom sans frissonner. Dieu veuille avoir son ame! Elle me veillait de bien près; mais cette vigilance ne me gênait en rien, car je n'avais ni les moyens ni l'espérance de donner de mes nouvelles au seul être à qui je pensais.

Il se sera lassé, disais-je, de m'appeler des yeux; et désespérant de me revoir, il m'aura oubliée. Hélas! il a bien fait. Que ne puis-je aussi l'oublier! J'avais emporté avec moi mon unique consolation, la petite épagneule que je tenais de lui; et c'était elle qui recevait mes plaintes. Ce plaisir me fut envié; et peu de jours après mon arrivée, l'abbesse me signifia qu'il fallait m'en priver. Ni mes prières ni mes larmes ne purent la fléchir, et tout le couvent fut témoin de ma désolation.

Ma chère petite Florette! allait-on la noyer, ou l'abandonner aux passants? Heureusement l'une de mes compagnes, sensible à ma douleur, me proposa, pour l'adoucir, d'envoyer Florette à sa mère, et de la lui recommander. Elle était de Rosay, petite ville voisine du couvent; et quand sa mère la viendrait voir, elle m'apporterait ma petite épagneule; je la reverrais quelquefois. Ce fut pour moi un soulagement inexprimable, et je regarde comme un présage le plaisir que j'en ressentis. J'envoyai donc Florette à la mère de mon amie. La lettre dont je l'accompagnai vous aurait émus de pitié. L'abbesse elle-même en fut touchée; car on n'écrivait rien qu'elle ne vît: telle était la loi du couvent.

Mademoiselle de Nuisy (c'était le nom de la jeune personne) était loin de savoir encore quels droits elle s'était acquis à ma reconnaissance; elle ne sentait pas le prix de ce trésor confié à sa mère; et quand je parlais de Florette en soupirant, et les larmes aux yeux, elle riait de mon enfance. Elle était bien heureuse! elle n'avait rien vu de sa fenêtre qui fît le tourment de son cœur.

Vous concevez l'état du mien. Qu'était-il devenu, ce malheureux jeune homme! Que pensait-il de moi? Y pensait-il encore? Combien n'était-il pas à plaindre, s'il m'aimait toujours! Et combien ne l'étais-je pas, s'il ne m'aimait plus! Ces idées me poursuivaient, ne me quittaient non plus dans le sommeil que dans la veille; et cependant l'objet de mes inquiétudes n'était qu'à quelques lieues de moi.

Contrôleur des fermes à Meaux, et me croyant toujours captive chez mon oncle, il était consumé d'amour, d'ambition, d'impatience de s'avancer, et d'avoir à m'offrir une fortune assez honnête pour m'obtenir de mes parents.

Un jour enfin, les relations de son emploi l'ayant appelé à Rosay, et se trouvant dans l'une de ces sociétés que forment les petites villes, il voit sur les genoux de l'une des femmes qui étaient en cercle, une épagneule toute semblable à celle qu'il m'avait donnée. La ressemblance l'intéresse; il approche, il caresse la petite épagneule; il fait l'éloge de sa beauté, et en la caressant, il reconnaît le grelot, le collier dont il l'avait parée. Ah! madame, s'écria-t-il, avec émotion, d'où avez-vous eu cette jolie petite chienne?

Madame de Nuisy ne demandait pas mieux que de conter son aventure. Hélas! dit-elle, c'est par pitié que je lui ai acccordé l'asyle. Une jeune personne, compagne de ma fille, l'avait apportée au couvent où elles sont ensemble. La règle ne lui permettait pas de l'y garder. La pauvre enfant ne savait à qui la confier; elle était désolée. Ma fille a le cœur bon; elle n'a pu la voir dans cet état sans s'attendrir sur elle; et l'une et l'autre elles m'ont priée de prendre soin de cet innocent animal, qui, sans moi, serait délaissé. Alors, pour rendre son récit plus touchant, elle fit lire mes deux lettres (car je lui en avais écrit une seconde pour lui rendre grâce de l'hospitalité qu'elle avait bien voulu accorder à Florette), et tout le monde en fut ému.

Je vous laisse à imaginer l'impression que firent sur mon jeune amant de si sensibles témoignages du prix que j'attachais au don qu'il m'avait fait. En feignant de sourire au sentiment naïf dont mes lettres étaient remplies, il demanda à les lire lui-même; et dans l'excès de son émotion, dévorant des yeux ces caractères tracés de ma main, adorant cette signature, *Philippine Oray de Valsan*, qu'il voyait pour la première fois, il mourait d'envie d'y appliquer ses lèvres. Mais cette envie fut réprimée par la crainte de se trahir.

Il engagea doucement l'entretien avec madame de Nuisy, lui parla de sa fille, lui fit dire tout ce qu'elle savait, et tout ce qu'il voulait savoir du couvent où j'étais captive. Elle fit amplement l'éloge de la parfaite sûreté dont y jouissait l'innocence, de la vigilance de madame l'abbesse, de son extrême sévérité à interdire tout accès, toute relation du dehors; et le résultat fut qu'une exacte clôture, des murs impénétrables, des grilles même inaccessibles, et des tourières inexorables, me séparaient de lui : triste objet de réflexion !

J'étais là, il en était sûr, mais une tentative imprudente et manquée, soit pour m'écrire, soit pour me voir, allait me faire enlever de ce couvent, et m'éloigner de lui, sans qu'il pût retrouver mes traces. C'était un coup du Ciel que la proximité de son poste de ma demeure; c'en était un bien plus miraculeux encore que la rencontre de la petite chienne : mais plus cette bonne fortune lui était précieuse, plus il fallait la ménager.

Avant que d'attaquer la place, il commença par en observer l'enceinte et tous les alentours. Nulle espérance d'y pénétrer, nulle espérance même d'approcher du parloir. Il découvrit enfin, que des fermes voisines, de jeunes villageoises apportaient au couvent tantôt des pots de crême, et tantôt des fleurs ou des fruits, que les pensionnaires achetaient à la grille. Il était blond, je vous l'ai déja dit, et n'avait encore sur les joues que ce duvet qui est la fleur d'un beau teint. Il ne vit rien de plus facile, ni de plus sûr à faire, que de se déguiser en paysanne, et de venir, un clayon sur la tête, et sous le bras une corbeille pleine de bluets et de roses, se présenter au parloir du couvent.

Je m'y rendis avec mes compagnes; et quoique je n'eusse vu Closan que d'assez loin, ces yeux bleus et ces cheveux blonds me rappelèrent son image. La plus légère ressemblance aurait suffi pour attirer mon attention; mais plus je l'observais, et plus je me sentais émue. Enfin, tandis que mes compagnes se jetaient sur les fleurs, je fixai mes yeux sur les siens; et un regard d'intelligence fut pour moi un trait de lumière. Allons, mademoiselle, achetez-moi de mes bouquets, me dit-il d'une voix radoucie; en voilà un que j'ai fait avec soin. Je le pris, et en le payant, je vis en écrit dans cette main qu'il me tendait : *Elle est à vous.* Jamais je n'éprouvai d'émotion pareille. L'impression que fit sur mon cœur l'accent de cette voix sensible que j'entendais pour la première fois, le ravissement où j'étais de voir de près ces traits animés par l'amour, ces yeux tout pétillants de flamme, et en même temps la frayeur que quelqu'une de mes compagnes ou de nos surveillantes ne s'aperçût de ce qui se passait en lui et en moi-même; enfin tout ce que la joie a de plus vif et la crainte de plus glaçant, me causait un frémissement qui nous aurait trahis, si le son de la cloche n'eût abrégé la scène.

Mes compagnes, heureusement, ne pensaient pas à moi. Le clayon et la corbeille eurent un prompt débit; on ne parla que de la blonde; et j'appris qu'elle avait promis de revenir trois jours après, la veille de la Fête-Dieu, et d'apporter des fleurs en abondance pour orner l'église et l'autel.

Retirée dans ma cellule, livrée à mes réflexions, ou, pour mieux dire, abandonnée au délire de mon amour, j'admirais cette étoile qui semblait présider à notre destinée, et nous dominer tous les deux, lorsqu'en déliant mon bouquet pour le mettre dans l'eau, je découvris, sous le jonc qui nouait les fleurs, un ruban de papier, où étaient écrits ces mots : « Le Ciel nous aime, ma
« chère Philippine; il fait des prodiges pour nous.
« Nos ennemis, croyant nous séparer, nous réu-
« nissent. J'ai un emploi à Meaux, qui n'est pas
« éloigné d'ici. C'est à Rosay que j'ai appris en
« quel lieu vous étiez cachée. La dureté de votre
« abbesse, en vous privant de la petite chienne
« que vous daignez aimer, semble me l'avoir en-
« voyée pour me découvrir votre asyle. L'amour
« m'a fait trouver ce moyen de nous voir. Nos
« cœurs nous sont mutuellement connus. Nous
« avons su que nous nous aimions avant de pou-
« voir nous le dire. Assurons-nous bien l'un à

« l'autre une constance invariable. Tous les deux
« orphelins, tous les deux sans fortune, mais tous
« les deux bien nés, c'en est assez. Mon travail
« et un peu de temps nous feront un état pai-
« sible. Espérance et courage, c'est tout ce qu'il
« faut à l'amour. J'ai besoin de l'une et de l'autre,
« ne me refusez pas un mot qui me les donne. »

Et il avait signé, *Hippolyte Closan.*

Quelle inhumaine aurait eu la force de le lui
refuser, ce mot si désiré? Je tâchai cependant
d'y entremêler le sentiment et la raison. Je lui
avouai que j'étais touchée de la bonté qu'il avait
encore de s'occuper de moi; mais je l'accusai d'imprudence. Je lui exposai le danger d'un artifice
qui me rendrait la fable du couvent, s'il était découvert; et je finis par lui conseiller, pour son
repos et pour le mien, d'oublier une infortunée
qui n'existait que par les bienfaits d'un oncle son
tuteur, et qui devait et voulait en dépendre. A
dire vrai, j'espérais bien que mes conseils ne seraient pas suivis.

Trois jours après, il reparut au milieu d'une
foule de jeunes paysannes qui venaient à l'envi
joncher de fleurs l'église du couvent. Le soin d'en
décorer l'autel fut confié aux pensionnaires; et
sous les yeux des religieuses, nous fûmes occupées avec les villageoises, la moitié de cet heureux jour, à faire des bouquets, des guirlandes
et des festons.

Vous nous voyez d'ici, mon jeune amant et

moi, à genoux au pied de l'autel, vis-à-vis l'un de l'autre, n'étant plus séparés que par une corbeille où nous faisions le choix des fleurs. Nos deux mains voltigeaient sans cesse parmi ces fleurs, sans oser se toucher. Environnée de témoins, de ma vie je n'ai été plus inquiète et plus tremblante; de ma vie je n'ai passé des moments plus délicieux. J'avais mon billet à donner; je le glissai sous une rose; et dans l'instant il fut saisi avec une adresse admirable. Après cela je fus plus tranquille, et je le vis s'en aller content. Nous étions loin de prévoir l'un et l'autre le malheur qui nous attendait.

L'envie est de tous les états. Parmi les filles du voisinage, la bouquetière de Cressy s'était trop distinguée par la beauté de son offrande, et aussi par un certain air leste, élégant et noble, que ses compagnes n'avaient pas. Elle fut observée avec des yeux jaloux; et la malignité lui trouva quelque chose de singulier et d'équivoque. Sa taille, son air, son maintien, et puis ses traits, et puis sa voix, et puis ce blond duvet qui commençait à poindre, tout cela bien examiné fit naître des soupçons. Les plus espiègles lui firent des questions qu'il éluda bien vite en prenant congé d'elles; mais dans leurs entretiens, sa personne fut détaillée, si bien que quelques-unes pariaient que la blonde était un galant déguisé.

Ce bruit passa jusques dans le couvent; l'abbesse en fut instruite; et l'alarme s'y répandit.

Vous jugez avec quelle inquiète curiosité mes compagnes s'en occupaient, et comme une foule de jeunes imaginations cheminaient de conjecture en conjecture ; je fis sur moi des efforts inouïs pour dissimuler ma frayeur, et je me rangeai du côté de celles qui trouvaient la chose incroyable.

Toutes ces jeunes villageoises avaient promis de revenir la veille de l'Octave. Celle de Cressy s'y était engagée expressément ; on l'attendait, et cependant l'abbesse avait fait prendre à Cressy même des informations redoutables. J'étais désespérée de n'avoir à qui me fier pour faire savoir à Closan le danger qui nous menaçait.

Il revint comme il l'avait promis, avec une corbeille encore plus magnifique, et d'un air plus délibéré. Mais ce jour-là les pensionnaires ne sortirent pas hors du cloître ; les tourières seules reçurent les offrandes ; et l'on fit dire aux jeunes paysannes que madame l'abbesse les remercierait au parloir. Elles s'y rendirent ; et après avoir fait l'éloge de leur zèle, l'abbesse les congédia. Je respirais, lorsque j'appris que celle de Cressy était la seule qu'on avait retenue, et que l'abbesse l'interrogeait.

D'où êtes-vous ? lui demanda-t-elle d'un ton de juge. Il comprit aisément que pour le démentir on n'attendait que sa réponse ; et en effet la blonde de Cressy se trouvait n'y être point connue. Il était pris ; il fallait s'échapper, il fallait me sauver moi-même; et s'il se laissait assaillir de questions, il était perdu; heureusement il lui vint dans l'idée de donner le change à l'abbesse.

Je suis née à Cressy, lui dit-il, madame; et j'y serais encore sans le malheur qui m'y est arrivé, et qui a obligé mes père et mère à se retirer au village de Roise, pour me dérober aux poursuites d'un ravisseur qui voulait m'enlever. — Vous enlever! — Oh! mon dieu, oui, madame; à l'âge de seize ans, il n'a tenu qu'à moi d'être enlevée par un jeune homme de la cour qui venait souvent à Cressy, et qui, pour me séduire, employait mille ruses; mais grâces au Ciel, je n'ai pas donné dans les piéges de ce trompeur. Et le voilà qui lui raconte les tentatives, les attaques, les artifices du jeune homme; comme il la poursuivait dans les jardins, dans les bosquets, et avec quelle ardeur il la pressait d'aller être à Paris une femme de qualité.

Plus il animait ses peintures, plus l'abbesse attentive, émue, inquiète, s'émerveillait qu'une jeune innocente eût échappé à la séduction; et à chaque nouveau péril, c'étaient de nouvelles alarmes. Le malheureux, s'écriait-elle! il était jeune, dites-vous; et il était peut-être aussi d'une figure aimable? — Oui, madame, il était joli homme, bien fait, bien tourné, j'en conviens; mais quoiqu'il fût aussi bien doux, bien caressant, je ne m'y fiais pas, car il y avait dans sa douceur un air de ruse et de malice; ses yeux sur-tout avaient quelque chose de singulier; tantôt ils étaient languissants, et tantôt ils étaient hardis et brillants comme deux étoiles. C'était alors qu'il me disait les choses les plus tendres et les plus incroyables. Aussi je n'en voulais rien croire. Mais plus je répétais qu'il était un menteur, plus il me jurait le contraire. — Ah! ma fille, il fallait le fuir. — Eh! madame, je ne faisais que m'échapper de bosquets en bosquets; mais il en savait mieux que moi tous les détours, et je le retrouvais sans cesse. Quelquefois j'étais hors d'haleine, et si lasse qu'il fallait bien me reposer sur le gazon. — Sur le gazon! — Alors c'étaient des plaintes et des soupirs à mes genoux. — A vos genoux, ma fille! — Je lui en faisais la honte. Il sied bien, lui disais-je, à un jeune homme de votre qualité d'être aux pieds d'une paysanne! Il me répondait que la beauté était la reine du monde. Enfin, de colère, il fallait l'obliger à se relever; et j'avais bien de la peine encore à me dégager de ses mains. Plus je le repoussais, plus il baisait les miennes. Quelle audace, disait l'abbesse; il vous baisait les mains! — Et si vous aviez vu, madame, quels regards il me lançait en les baisant! Ce n'est pas tout. — Quoi donc! — Le croiriez-vous, madame? il eut un jour la hardiesse de me glisser au doigt un riche diamant; mais moi, le lui jetant au nez : Allez, monsieur, lui dis-je, nous ne portons d'anneau que celui qu'un mari nous donne. — Fort bien, ma fille! et depuis, je l'espère, il vous a laissée en repos? — Hélas! non; et j'avais encore bien des peines à essuyer. — Mais, imprudente, vous tardiez bien à avertir vos père et mère! — Hélas! madame, chaque fois qu'il m'avait désolée, il me priait si humblement de n'en rien dire, me demandait tant de fois pardon, et d'une voix si suppliante, que je patientais de peur de nous en faire un ennemi. A la fin cependant, un jour que le méchant me surprit seule cueillant des fraises au bord de la forêt, le matin, au moment où les oiseaux s'éveillent... — Ah! malheureuse, qu'alliez-vous faire là? — Je vous l'ai dit, madame, j'allais cueillir des fraises. Mais je m'aperçois qu'il est tard, et ma mère serait en peine. Il est temps que je m'achemine. Un moment, dit l'abbesse, je veux du moins savoir... — Vous saurez tout, madame; je reviendrai demain, et je vous conterai le reste. Mais si je tardais davantage, ma mère gronderait, et vous ne voulez pas que ma mère me gronde. A ces mots, il lui fit une humble révérence, et disparut comme un éclair.

Quelle aventure, disait l'abbesse! et voyez à quoi l'innocence est exposée dans le monde! en vérité, je tremble encore pour elle; et il me tarde d'être à demain pour voir comment elle a pu s'en tirer.

Le lendemain, elle attendit la blonde avec la plus vive impatience; mais la blonde ne revint pas. L'abbesse alors ne doutant plus qu'elle ne fût jouée, en conçut un dépit mortel. Elle fit faire à Roise les mêmes perquisitions qu'elle avait fait faire à Cressy. La réponse des émissaires fut qu'ils n'y avaient trouvé aucune trace de cette bouquetière; que son aventure au couvent était la fable de tous les villages voisins; et qu'on y était persuadé que la blonde était un blondin. J'étais tremblante; car mes compagnes avaient tout entendu et m'avaient tout appris. Le perfide! le scélérat, disait l'abbesse, il m'a trompée, et avec ses mensonges, il a cru m'échapper; je le rattraperai, et je l'en ferai repentir. La voilà cherchant dans sa tête quel pouvait être ce fripon, et qui de nous avait pu l'attirer. Bientôt ce fut sur moi que ses idées se fixèrent. Elle me savait dans le cœur cet amour dont mon oncle lui avait fait confidence. Elle lui écrivit l'aventure, et lui donna le signalement de ce dangereux séducteur. Mon oncle, frappé de la ressemblance, alla bien vite savoir de Bliancour où il avait placé le jeune clerc. A Meaux, lui dit le Financier. A Meaux! vous avez fait une belle œuvre! dit mon oncle. C'était auprès de Meaux que j'avais caché ma pupille. Il l'a su, il l'a dénichée; vous allez voir ce qui s'est passé; l'abbesse me l'écrit.

Bliancour déja piqué de la disgrâce de son fils, le fut bien plus encore de la bévue qu'ils avaient faite, mon oncle et lui, à l'insu l'un de l'autre, en rapprochant de moi le rival préféré; et pour se délivrer plus sûrement de ses poursuites, il résolut de le faire enfermer. Le premier ministre était un vieux prélat qui faisait faire sa pénitence aux autres pour les petits péchés de sa jeunesse; et notre ennemi avait auprès de lui plus de crédit qu'il n'en fallait pour accabler un innocent.

L'audace du jeune homme qui, à la faveur d'une fête, et sous l'apparence du zèle à parer les autels, s'était glissé, déguisé en fille, dans un couvent, pour y surprendre une jeune orpheline qu'il avait déjà poursuivie dans la maison de son tuteur; cette audace fut présentée au cardinal comme une profanation criminelle au plus haut degré. Le vieillard fut encore assez bon pour ne voir que du libertinage dans ce que les casuistes de son conseil appelaient sacrilége; et quelques années de Saint-Lazare lui parurent un châtiment assez sévère pour une faute dont il trouvait l'excuse dans ses amoureux souvenirs. Closan se vit donc enlevé, et fut conduit à Saint-Lazare.

L'abbesse n'avait point révélé mon secret, et ne m'avait pas même témoigné qu'elle en fût instruite; mais, en présence de tout le couvent, elle annonça que le téméraire était puni, et nomma la maison où il venait d'être enfermé. Au nom de Saint-Lazare, je pâlis, je frémis, je vis que tous les yeux étaient fixés sur moi, et que ma douleur me trahissait. Eh bien! oui, m'écriai-je, en laissant tomber mes larmes, je suis la cause de son malheur; mais j'atteste le Ciel que j'en suis la cause innocente, et qu'il n'y a rien de criminel dans les intentions de cet infortuné.

Pour vous, mademoiselle, vous êtes innocente, je n'en ai point douté, me dit l'abbesse; et la preuve que je le crois, c'est que vous êtes encore ici; mais ne prétendez pas justifier un séducteur impie, un profanateur sacrilége, puisque vous me forcez à dire à quel point il est criminel. Mes larmes redoublèrent, et malgré la fierté que j'opposais à mon humiliation, je n'y pus résister; je conjurais l'abbesse d'obtenir de mon oncle qu'il me donnât un autre asyle. Elle me le promit; mais, soit qu'elle espérât de me calmer, soit que mon tuteur se donnât le loisir de m'enfermer plus sûrement, soit enfin que, pour me réduire, il voulût lasser mon courage, on me laissait gémir et me consumer de douleur.

Ce n'était plus la grille, ce n'étaient plus les murs de mon couvent qui me gênaient, c'étaient les murs de Saint-Lazare : j'avais sur le cœur tout le poids des cadenas et des verroux qui enfermaient ce jeune innocent. C'était là qu'un pouvoir injuste accablait de rigueur celui dont tout le crime était de m'avoir trop aimée. Je le voyais seul, désolé, désespéré, forçant peut-être, dans les accès de sa douleur, ses gardiens à exercer sur lui leur inflexible cruauté. A ce tableau sans cesse présent à ma pensée, j'inondais mon lit de mes larmes, et je remplissais ma cellule de mes gémissements qu'il fallait étouffer. Ma prison me devint horrible; je résolus de m'en tirer. J'y réussis au péril de ma vie; et les cordeaux du jardinier, enlevés un soir de sa case, noués en échelons, pendus à ma fenêtre et aux branches d'un arbre dont les derniers rameaux s'étendaient au-delà des murs, furent le moyen périlleux que j'employai pour m'évader. Mais échappée à ce danger et libre enfin dans la campagne, au petit point du jour, qu'allais-je devenir? C'est là l'intéressant.

J'avais plus d'une fois entendu parler dans le couvent d'un vieux curé du voisinage, le plus doux, le plus indulgent, le plus officieux des hommes; c'était le curé de Mareuil. On m'avait fait voir son village et quel en était le chemin. Mon projet fut d'aller me jeter à ses pieds, lui demander l'asyle, et lui confier la résolution courageuse que j'avais prise; mais il fallait, sans être aperçue, arriver jusqu'à lui, et je n'en avais plus le temps. Le travail de mon évasion m'avait pris les heures de la nuit; et lorsqu'enfin je me vis libre au-delà des murs du couvent, l'aube du jour, en m'éclairant, vint me saisir d'une frayeur nouvelle. Les gens de la campagne allaient me voir et dénoncer ma fuite; on allait m'arrêter, me ramener dans ma prison. Quelle honte pour moi! quel crime ne me ferait-on pas de m'en être échappée! Malheureuse! ce n'était rien de me revoir captive; j'allais me voir déshonorée. Mon courage m'abandonna; je me mis à pleurer. En pleurant, j'invoquai le Ciel, je le pris à témoin de l'innocence de mon cœur; et tombant à genoux, je lui recommandai une pauvre orpheline réduite au dernier désespoir.

En faisant ma prière, je remarquai, du côté de Quincy, un petit bois assez touffu, et il me vint dans la pensée de m'y cacher jusqu'à la nuit suivante. J'y trouverai de l'eau, me disais-je à moi-même, et je supporterai la faim.

Je m'acheminai vers le bois; et après m'y être bien cachée, je respirai, assise sur mon petit paquet, et rendant grâce au Ciel de m'avoir offert ce refuge. Le croiriez-vous? j'éprouvai même un peu de joie d'y entendre le chant des oiseaux; et toutes ces idées de liberté, d'amour et de bonheur, que leur voix réveille dans l'ame, vinrent plonger la mienne dans une douce rêverie. Je pris plaisir à voir Jeannot lapin et sa famille jouer autour de moi,

> Et faire à l'Aurore leur cour
> Parmi le thym et la rosée.

Je ne prévoyais pas que ce serait pour moi la cause d'un des plus terribles dangers qu'à mon âge l'on pût courir.

Un garde-chasse, le fusil sous le bras, traverse la plaine et s'avance vers le bois où j'étais cachée. Jeune et leste, il allait d'un pas à m'attraper bien vite, si j'avais voulu fuir, et je n'en avais pas la force. Épouvantée de son approche, je m'enfonçai encore plus avant dans l'épaisseur du feuillage, et là je me tins immobile sans oser respirer. Le risque d'être atteinte du plomb mortel ne me vint pas dans la pensée; la peur d'être aperçue m'occupait toute entière.

Le chasseur rôda quelque temps autour de moi, et tout-à-coup je le vis qui visait droit à mon buisson. Le coup partit, le plomb siffla autour de moi, et dans un mouvement de frayeur invincible je fis un cri. Me voilà trahie.

Le garde, presque aussi effrayé que moi en me voyant, s'écrie, et me demande s'il ne m'a point blessée. Non, grâce au Ciel, lui dis-je. Oui, vraiment, grâce au Ciel, me dit-il en se rassurant. Alors il me considéra d'un air surpris et satisfait. Quel dommage, dit-il, et quel regret, si j'avais tué une si jolie tourterelle! Et que fait-elle dans ce bois? y attend-elle son tourtereau? Ce ton familier me déplut. Vous voyez, lui dis-je, une orpheline que le malheur poursuit, et qui tâche de lui échapper. J'attends ici la nuit. La nuit! dit-il en souriant, la nuit, dans un bois, à votre âge! Et d'où venez-vous? — D'un couvent où l'on me retenait captive. — Et où avez-vous dessein d'aller? — Chez un vieillard qui n'est pas loin d'ici et qui me servira de père. — Quel est-il, ce vieillard? je connais tout le voisinage. — Pardonnez, c'est là mon secret. — Votre secret, je le devine, ma belle enfant, c'est de l'amour. Tenez, ces aventures de couvent se ressemblent toutes; il y a toujours de l'amour en jeu. Oui, je gage que vous avez quelque amoureux qu'on vous défend de voir, et que c'est pour cela que vous vous êtes échappée. Convenez-en de bonne foi. — En me trouvant ici, vous avez droit, lui dis-je, d'imaginer tout ce qu'il vous plaira; mais le Ciel m'est témoin qu'il n'y a dans ma conduite rien que d'honnête et d'innocent.

Durant ce dialogue, ses yeux étaient attachés sur les miens. J'étais assise, il était debout. Sa contenance était hardie; et cependant son air et son regard avaient je ne sais quoi d'inquiet et d'irrésolu : il se tint quelque temps immobile et pensif, les deux mains appuyées sur son fusil; et moi, intimidée de son attention, je gardais aussi le silence. Quel âge avez-vous? me demanda-t-il. — Dix-sept ans. — Dix-sept ans! et vous avez perdu père et mère? — Hélas! Oui. — Êtes-vous riche? — Non. — Moi je suis à mon aise, je suis garçon, et s'il ne vous fallait qu'un bon mari..... — Je vous suis obligée; mais je n'ai pas dessein de disposer ainsi de moi : je vais pour quelque temps encore me retirer dans un autre couvent. — Bon! les couvents, rien n'est si triste. Allez, mademoiselle, la maisonnette d'un garde-chasse, bon vivant, vaut mille fois mieux, sans me vanter, que le plus beau couvent du monde. Et il allait me faire la peinture de la joyeuse vie que nous y menerions. J'abrégeai l'entretien en le priant de s'éloigner et de continuer sa chasse. Moi, dit-il, vous laisser ici seule jusqu'à la nuit! cela n'est pas possible. Vous êtes, ma foi, trop jolie pour être abandonnée. Je ne vous quitte pas, et ce soir je vous accompagne. Non, lui dis-je, il faut me laisser, ou je vais m'en aller moi-même, au risque d'être prise et remenée dans ma prison. — Vous avez donc bien peur de moi? — Non, mais je sais qu'il ne me convient pas d'être ici seule avec un homme. — Et qui vous gardera, si je m'en vais? — Le Ciel, qui garde l'innocence. — Il fera bien; car pour les jeunes filles il ne fait pas sûr dans les bois. Et il me regardait encore avec des yeux plus animés. Laissez-moi donc, lui dis-je avec instance; je vous en ai prié, je vous en conjure à genoux. Alors il parut prendre sa résolution. Vous le voulez? dit-il; allons, il faut vous obéir. Mais la journée est longue; avez-vous de quoi vivre? — Hélas! non, je n'ai rien. — Je vais donc vous laisser le pain et le vin de mon déjeûner. Je le veux bien, lui dis-je, si vous me permettez de vous payer ce bon office. J'avais tiré ma bourse; mais il eut la noblesse de refuser obstinément l'argent que je lui présentais. Je le remerciai, et pour dernière grâce je lui demandai le silence. Oh! pour le silence, dit-il, en souriant, il faut me le payer, et je n'en veux pas moins que ce petit cœur d'or qui pend là sur ce joli sein. Je ne saurais m'en détacher, lui dis-je, il me vient de ma mère. Il me fait pourtant bien envie! reprit-il avec des yeux étincelants; laissez-moi du moins le baiser. Et en disant ces mots, il y portait la main. Je reculai avec effroi.

En me voyant pâlir, il s'arrêta; et après un moment de silence : Mademoiselle, me dit-il d'une voix entrecoupée et presque éteinte, je suis jeune, mais je suis honnête homme; oui, je le suis, et je veux l'être. Adieu. Ce ne sera pas moi qui abuserai de l'état où vous êtes; mais ne couchez point dans ce bois, non, croyez-moi, n'y couchez pas. Je rôderai tout alentour jusqu'à la nuit, pour vous garder; mais ce sera de loin. Adieu, vous ne me verrez plus.

J'ai réfléchi depuis à la situation violente où j'avais vu l'ame de ce jeune homme, à l'altération de sa voix, au feu qui animait son visage et qui jaillissait de ses yeux, au regard fixe et dévorant qu'il tenait attaché sur le petit cœur d'or qui pendait à mon cou; et j'ai admiré la résolution avec laquelle il s'éloigna de moi, en jetant à mes pieds sa roquille et sa panetière. Bien des héros n'auraient peut-être pas été si magnanimes; et je doute que la continence de Scipion, dont on a tant parlé, fût plus digne d'éloge que celle de mon garde-chasse.

Je dînai de ses dons; et la fatigue de la nuit m'ayant fait un besoin de quelques heures de sommeil, je m'y livrai. Enfin la nuit étant venue, je pris la route de Mareuil.

Nous y arriverons demain; car j'ai fait aujourd'hui, dit-elle, une assez longue course; j'ai besoin de me reposer.

TROISIÈME DÉJEUNER.

LE PRESBYTÈRE ET L'HÔPITAL.

J'étais tremblante en arrivant à la porte du presbytère, reprit madame de Closan, lorsque le cercle du déjeûner fut établi dans son salon. Jeune, fugitive, échappée de mon couvent, oserais-je paraître devant un vieux curé? Que dirait-il de moi? et que lui dirais-je moi-même? La simple vérité. Ce mot me rassura. Je frappai. Une vieille femme vint m'ouvrir : Que demandez-vous? me dit-elle. — Je demande à parler à monsieur le curé. — A cette heure? — A cette heure même. On m'a dit que pour lui il n'y avait point d'heure indue, lorsque les malheureux avaient recours à lui. On vous a dit vrai, reprit-elle. A l'instant je fus introduite.

Le curé me reçut avec surprise, mais avec son air de bonté. Monsieur, lui dis-je, commencez, je vous en supplie, par recommander à cette femme de ne dire à personne que je sois dans votre maison. Il rappela sa ménagère, lui dit deux mots tout bas, et revint m'assurer que je pouvais être tranquille.

Monsieur, repris-je alors, protégez-moi. Je suis une orpheline, malheureuse à l'excès. Si vous m'abandonnez, je n'ai plus le courage de supporter la vie. C'est la réputation de vos vertus et de votre indulgence qui amène à vos pieds Philippine Oray de Valsan.

La résolution du désespoir qu'il vit peinte sur mon visage l'émut profondément. Il commença par me calmer, me promit tous ses bons offices; et ensuite il me demanda d'où j'étais? — De Paris. — D'où je venais? — Du Pont-aux-Dames. — Pourquoi je m'étais échappée de ce couvent? — Pour passer dans un autre, aussi saint et plus à mon gré. Ce fut là que je m'étendis. Je veux, lui dis-je, me dévouer au service des malheureux : ma situation m'apprend qu'il n'y a rien de plus sacré au monde. Je suis pauvre, mais je suis fière, et je veux être libre. Il est un ordre que le plus vertueux, le plus compatissant des hommes, un homme à qui vous ressemblez, Vincent de Paul, a institué pour le soulagement des pauvres; c'est l'ordre des Sœurs-Grises. Je n'en ai jamais entendu parler sans attendrissement et sans vénération. Je ne connais rien de plus noble que le dévouement de ces filles, c'est parmi elles que je veux me cacher; et pour cela, monsieur, j'ai besoin de votre assistance. Faites une bonne œuvre en daignant m'y recommander, je n'ose dire m'y présenter vous-même.

Il ne voulut pas me fatiguer à lui en dire davantage; et après m'avoir fait prendre un peu de nourriture, il m'envoya me reposer. Le lendemain, je lui contai une partie de ce que vous venez d'entendre; mais avec une sensibilité, une naïveté qui n'est plus de mon âge, et qui l'intéressa.

Il m'avait regardée avec pitié en m'écoutant, et lorsque j'eus finis : A-présent, me dit-il, voulez-vous que je vous explique votre vocation? Le jeune homme est à Saint-Lazare, et vous voulez vous rapprocher de lui. Rien n'est plus vrai, lui dis-je; ma plus douce espérance serait de lui faire savoir que je suis là. J'y serai tout le temps de sa détention; je l'emploirai ce temps, à mériter, par de bonnes œuvres, d'être une heureuse épouse et une heureuse mère; et lorsqu'il sera libre, je le serai moi-même; car sous la règle du bon Vincent de Paul, on ne s'engage que pour un an. Enfin, si je puis être unie à mon amant, Dieu permettra que je lui demande à l'autel cette récompense des soins que j'aurai pris de mes pauvres malades. Si au contraire on nous ôte toute espérance d'être unis, l'état que j'aurai embrassé sera ma consolation.

Cette manière de charmer les ennuis de l'absence ne déplut point au curé de Mareuil.

Mais pourquoi, me dit-il, ne pas signifier à vos parents cette résolution louable? Ils la traiteraient de folie, de dépit amoureux, lui dis-je; ils en feraient punir celui qui en est la cause, et ils seraient encore assez cruels pour nous envier la douceur de nous savoir près l'un de l'autre. Je vous l'ai dit, ils n'estiment que l'or, et le crime de mon amant est de n'en avoir pas. Tirez-moi de leurs mains, ou je ne réponds plus de moi.

Mon enfant, me dit-il, si vous aviez un père et une mère, toute la pitié que m'inspire votre situation ne me dispenserait pas de vous remettre en leur pouvoir : vous êtes orpheline, et les droits d'un tuteur ne sont pas, je l'avoue, aussi sacrés pour moi. Ce que je vais faire pour vous ne laisse pas d'être imprudent; et quoique mon âge et mon caractère donnent à ma conduite assez de gravité, je sens que je m'expose à une maligne censure : mais *moins de prudence et plus de bonté* a toujours été ma devise; et le courage de bien faire n'est pas du courage pour rien. Vous demandez le plus saint des asyles, vous voulez embrasser le plus vertueux des états; je seconderai ce pieux et courageux dessein. Restez ici cachée. Quand je croirai qu'on aura cessé les recherches et les poursuites, je vous menerai au noviciat des Héroïnes de la Charité, et je vous y présenterai moi-même.

En effet, peu de jours après, j'y fus reçue sous ses auspices, comme une orpheline dont la providence lui avait, disait-il, remis le soin.

Me voilà donc sœur-grise, à quelques pas de mon amant. Mais cette relation d'une maison à l'autre, dont se flattait mon espérance, était sévèrement et absolument interdite; et le temps de mon noviciat, tout occupé, de minute en minute, de saintes fonctions de mon nouvel état, ne me laissait pas un instant de relâche et de liberté. Ma seule et triste consolation était de voir de près les murs où gémissait l'unique objet de ma pensée.

Mais le bon curé de Mareuil ne nous avait point oubliés. Le bruit de mon évasion, qui avait rempli le voisinage, ayant rendu célèbre la petite Florette, ma disgrâce avait rejailli sur cet innocent animal. Madame de Nuisy me désavouait hautement : Ma fille n'était point liée avec cette jeune personne; c'est uniquement par pitié, disait-elle, que nous avons eu la complaisance de prendre soin de sa petite chienne; et pour n'avoir rien qui vienne d'elle, je la donne à qui la voudra. Donnez-la-moi, dit le bon curé, qui par bonheur se trouvait là; et il fut aussi son refuge. Mais c'était là le moindre des services qu'il nous rendait.

Le diocèse de Meaux confine avec le diocèse de Paris, et dans celui-ci mon vieillard avait pour ami un curé de son caractère. Ne serez-vous pas ce carême de la retraite de Saint-Lazare? demanda-t-il à ce curé. Si vous en êtes, souvenez-vous d'un jeune homme appelé Closan, qui, pour une imprudence dont on a fait un crime, est captif dans cette maison. Dites du bien de lui, tâchez de lui adoucir, de lui abréger son châtiment; obtenez qu'on n'altère pas la bonté de son naturel, car je réponds qu'il est bien né; et faites-lui savoir, s'il est possible, qu'il trouvera un consolateur, un ami dans le vieux curé de Mareuil.

Ces mots fidèlement rendus au général de Saint-Lazare, firent une impression d'autant plus favorable, qu'ils venaient d'un vieillard connu et révéré pour la sainteté de ses mœurs, et que dans sa prison le jeune homme lui-même s'était rendu intéressant.

Le général le fit appeler, lui demanda s'il était parent du curé de Mareuil. Il répondit qu'il n'avait pas l'honneur de le connaître. Vous avez cependant, lui dit le lazariste, un véritable ami dans ce vénérable pasteur. Ensuite il se fit raconter notre petit roman; et Closan fut aussi sincère qu'il lui était permis de l'être. Le pieux lazariste pensa qu'il serait bon d'en instruire le cardinal; et ce ministre qui ne haïssait pas les historiettes amoureuses, écouta celle-ci avec quelque intérêt. Allons, dit-il au général, c'est bien assez de quelques mois de correction pour une folie de jeunesse. A cet âge on est si fragile! Nous nous en souvenons, mon père, vous et moi. Closan fut mis en liberté.

Son premier soin, comme vous pensez bien, fut d'aller rendre grâce à son libérateur, et de savoir de lui ce qui s'était passé au couvent depuis son absence. En entrant dans le presbytère, le premier objet qui s'offrit à sa vue, ce fut Florette. Ah! tu seras toujours pour moi d'un bon présage, s'écria-t-il; et il la tenait dans ses bras lorsque le curé vint à lui.

Généreux vieillard, lui dit-il, vous à qui je

dois la liberté, et peut-être plus que la vie, vous dont la bonté s'étend jusque sur cette petite chienne, vous me direz, sans doute, des nouvelles de sa maîtresse, et si elle est encore prisonnière dans le couvent du Pont-aux-Dames? Elle n'y est plus, lui dit le bon curé. — Son tuteur l'en a donc tirée pour l'enfermer ailleurs? — Non, elle est libre; elle n'est plus en son pouvoir; elle est en sûreté. — Vous me comblez de joie. Et quel est son asyle? — C'est ce qu'il n'est pas temps que je vous dise; auparavant il faut savoir ce que vous allez devenir. — Hélas! et le sais-je moi-même; j'ai perdu mon emploi; et celui qui me l'avait donné daignera-t-il encore, après mon imprudence, s'intéresser à moi? Je vais le retrouver, car c'est là mon unique espoir. Mais, de grâce, mettez le comble à vos bienfaits en m'apprenant où tout ce que j'aime respire. — Elle est bien; elle vous attend. Si vous en saviez davantage vous feriez encore des folies. C'est à quoi, s'il vous plaît, je ne veux pas contribuer. Vous êtes jeune, vous avez du courage et des talents, procurez-vous un état où vous puissiez vivre décemment et en gens de bien; dès-lors elle est à vous. C'est tout ce que je puis vous dire; et cela dit, mon cher pupille, reposez-vous, et dînons gaiement.

Closan, dès le soir même, voulut retourner à Paris pour solliciter un emploi; et en prenant congé de son généreux bienfaiteur, il lui recommanda Florette. Oui, tant que je vivrai, j'en prendrai soin, dit le curé; et si je meurs, je tâcherai qu'elle soit bien encore. Si vous mourez, je ne vivrai plus, lui dit Closan, car vous aurez emporté le secret auquel ma vie est attachée. Vraiment, dit le curé, vous m'y faites penser; j'allais être cruel en vous faisant courir ce risque; mais je vais vous en garantir. L'ayant donc laissé seul quelques moments, et revenant à lui avec un billet cacheté : Votre secret est là-dedans, lui dit-il; ce billet, si je viens à mourir, vous instruira du lieu où s'est cachée Philippine Oray de Valsan. Mais j'exige votre parole que le billet ne sera ouvert qu'après ma mort. A présent, c'est à vous de voir si vous vous sentez la force d'en être le dépositaire; ou si vous aimez mieux qu'il soit remis, comme je le promets, dans les mains du notaire que vous m'aurez nommé. Choisissez : je m'en fie à vous, si vous répondez de vous-même.

O le meilleur des hommes! lui dit Closan en se jetant à ses genoux, vous faites à ma probité un honneur dont je sens le prix, et j'ose croire en être digne. Mais à mon âge, et le cœur plein d'une passion violente, il y aurait de la témérité à trop présumer de mes forces. Il est des situations où l'on n'est plus maître de soi. Ce billet, dites-vous, me fera retrouver Philippine Oray de Valsan; mais je ne dois l'ouvrir que lorsque vous ne serez plus. Eh bien! je ne veux pas me le confier à moi-même. Vous avez la noblesse de m'en offrir la garde; j'ai celle de la refuser. Qu'il soit remis dans les mains du notaire chez qui j'ai travaillé; et il le lui nomma. Ce fut alors que le bon curé s'applaudit avec joie de ce qu'il avait fait pour lui.

Je n'ai pas besoin de vous dire avec quelle rigueur Closan fut accueilli par le farouche Bliancour. Il ne daigna le voir que pour lui déclarer qu'il ne ferait plus rien pour lui; et sa porte lui fut fermée. Cependant il avait montré dans son emploi du zèle et de l'intelligence; les bureaux dont il était connu obtinrent qu'il fût rétabli, mais il le fut mal, et le plus loin possible, sur les confins de la Savoie, dans les montagnes du Dauphiné. Cet emploi modique et pénible suffisait à peine aux besoins d'une vie obscure et solitaire; et il n'aurait jamais pensé à m'offrir un si dur état; mais cette étoile dominante, à laquelle j'ai tant de foi, nous suivait, lui sur ses montagnes, et moi dans le pèlerinage que l'on m'avait prescrit au sortir de mon noviciat.

C'était par les Sœurs-Grises que l'hôpital d'Embrun était servi; et c'était là qu'on m'avait envoyée. Jeune encore, mes surveillantes ne m'y donnaient que les devoirs les plus modestes à remplir. Par exemple, l'un de mes soins était de préparer les boissons salutaires et de les porter aux malades, bien entendu qu'en les présentant, j'avais un voile sur les yeux.

Un jour que j'approchais du lit d'un jeune

homme accablé, consumé d'une fièvre ardente...
Vous tressaillez? Eh! oui, c'était lui-même; car
je ne veux pas vous surprendre; le chagrin, la
fatigue, les longues insomnies lui avaient allumé
le sang; et trop mal à son aise, trop délaissé
chez lui pour y rester dans cet état, l'infortuné
avait eu recours à nos soins; il avait pris dans
l'hôpital une chambre particulière, comme faisaient souvent d'honnêtes citoyens.

Un jour donc que je me présentais une coupe
à la main et mon voile baissé, je le vis détourner la tête, et de son bras il écarta languissamment la coupe que je lui présentais. Il faut tâcher,
lui dis-je, de vaincre cette répugnance; un moment de dégoût n'est rien au prix de la santé
que ce breuvage peut vous rendre; un peu de
courage. Ah! dit-il, j'ai le courage de mourir,
et je n'ai pas besoin d'en avoir d'autre. Laissez-moi.

Je n'avais entendu sa voix que deux ou trois
fois en ma vie, et cependant, quoiqu'affaiblie,
quoiqu'altérée par la douleur, elle me fit impression; mais une impression confuse. Il aurait pu
se rappeler la mienne, quoiqu'il l'eût à peine
entendue; mais pour lui comme pour moi-même,
l'invraisemblance éloignait trop l'idée de la vérité. Ce ne fut donc que par un sentiment d'humanité que je lui dis : Monsieur, au nom de ce
qui vous est le plus cher au monde, ne me refusez pas. Ce que j'ai de plus cher au monde,

me dit-il, est perdu pour moi; je ne la verrai plus, ou si je la revois, ce sera dans les bras d'un autre. Laissez-moi, laissez-moi mourir.

À ces mots, je sentis mon émotion redoubler, mais sans oser espérer encore ce que j'aurais tant désiré; et d'une voix presque aussi éteinte que la sienne : Pourquoi, lui dis-je, voulez-vous croire qu'elle vous soit ravie? Peut-être au moment même que vous voulez mourir pour elle, ose-t-elle espérer de vous revoir et de vivre pour vous.

Ange consolateur, me dit-il en retournant vers moi la tête, c'est donc peu de vouloir me rappeler à la vie, vous essayez encore de me rappeler au bonheur! C'est ici qu'il m'est impossible de vous donner l'idée de ce que j'éprouvai en retrouvant mon unique bien, et en le retrouvant dans ce lit de douleur.

Mon premier mouvement eût été de lever mon voile; mais dans l'état de faiblesse où je le voyais, la commotion d'une surprise aussi soudaine aurait pu lui coûter la vie. Je me retins, et cet effort que je fis sur moi-même fut si violent que j'en fus accablée. Mes genoux fléchissaient, la coupe tremblait dans mes mains. Heureusement ma surveillante, sœur Thérèse, en s'approchant de nous, me rendit le courage. Elle représenta au malade que ce breuvage lui était nécessaire; et moi, reprenant mes esprits : Allons, monsieur, lui dis-je, au moins pour l'amour d'elle. Ah!

pour l'amour d'elle, dit-il, que ne ferais-je pas. A ces mots il saisit la coupe, et la but d'un seul trait sans aucun signe de dégoût.

Ma compagne fut satisfaite de la douceur avec laquelle je parlais aux malades; c'est par la sensibilité qu'on leur témoigne, me dit-elle, que l'on commence à les soulager; c'est l'ame bien souvent qu'il faut guérir comme la plus malade, sur-tout dans l'âge où est celui-ci.

Je crus voir dans cette rencontre le signe le plus évident de la faveur du Ciel; et dès que je fus seule, je lui en rendis grâce à genoux, avec l'effusion d'un cœur pénétré de reconnaissance. Mais ce qui m'était le plus doux, c'était de prévoir à quel point Closan serait touché du moyen vertueux que j'avais pris de lui rester fidèle, et de me conserver pour lui.

Sœur Thérèse ayant remarqué avec quelle docilité le malade m'obéissait, m'en laissa prendre soin, mais toujours sous ses yeux et en surveillante assidue. Ah! ce ne fut pas cette fois que mon emploi fut méritoire. Et quel devoir, grand Dieu! eût été préférable à celui de veiller auprès du lit de mon amant?

A la seconde potion que je lui présentai : Est-ce encore, me dit-il, pour l'amour d'elle? — Oui, c'est pour l'amour d'elle encore. — Ah! du moins, si elle le savait! Si elle savait que c'est le chagrin d'être séparé d'elle qui me dévore, et qui m'a mis dans l'état où je suis! Ma sœur, en expirant, je vous la nommerai; vous irez voir un bon curé de qui elle est connue, et vous lui ferez dire que je suis mort en l'adorant. Quelle fut ma vertu! ou plutôt quelle fut la force que me donna la crainte de le faire expirer si je me dévoilais! Je l'eus cette force incroyable. Non, vous ne mourrez point, lui dis-je. Mais quelque jour elle saura tout ce que vous aurez souffert, et son cœur vous en tiendra compte. Elle vous saura gré surtout du soin que vous nous aurez laissé prendre des jours qui lui sont consacrés. Oui, dit-il, *consacrés* jusqu'au dernier soupir; et il tendit la main pour recevoir la coupe.

Mais tandis que je m'inclinais pour la lui présenter, mon voile, en s'éloignant de mon visage, le lui laissa entrevoir dans l'ombre; et lui, d'un mouvement soudain, il acheva de l'écarter ce voile qui me trahissait. — Dieu! grand Dieu! c'est elle! — A ces mots je crus le voir expirer sous mes yeux. A mon tour, je poussai un cri. Ma compagne accourut, et nous trouva, lui évanoui de faiblesse, et moi pâle et glacée, étendue au pied de son lit.

Le premier soin de sœur Thérèse fut de ranimer son malade; ensuite elle m'aida moi-même à revenir de cette pamoison, qu'elle me reprocha comme un excès de faiblesse, indigne d'un état où il fallait, dit-elle, se familiariser avec la douleur et la mort.

Enfin Closan fut rendu à la vie; ses yeux se

rouvrirent sur moi. Puissances du Ciel! quel regard? Non, je ne l'oublierai jamais. Il exprimait l'élan d'une ame qui aurait voulu, pour passer dans mon sein, se détacher de ce corps défaillant qu'elle animait à peine. Il fut quelques moments sans retrouver l'usage de la voix; et dès qu'il put parler : Rassurez-vous, dit-il à sœur Thérèse; c'est une crise que je viens d'éprouver, et je sens qu'elle est salutaire. Ces mots me rendirent la vie. Mais après cette défaillance, sœur Thérèse et le médecin crurent ne pas devoir l'exposer au danger d'un pareil accident sans l'avoir prémuni des secours spirituels; et ils lui furent annoncés.

Il en reçut l'avis avec sérénité. C'est une cérémonie auguste, nous dit-il, vous y assisterez, mes sœurs; vos soins me sont si doux, si précieux! Nous lui promîmes, l'une et l'autre, de nous tenir à ses côtés; et ses yeux, en nous rendant grâces, me prévinrent confusément de ce qui allait se passer.

Ce devoir religieux ayant été pieusement rempli, le malade adressant la parole au prêtre qui venait d'attirer sur lui l'attention du Ciel : Monsieur, lui dit-il, ce moment, le plus précieux de ma vie, doit être marqué par mes engagements les plus saints, les plus solennels. Daignez les recevoir. Je jure devant Dieu, dont la majesté m'environne, que je ne souhaite de vivre que pour sanctifier à l'autel l'amour dont je suis consumé; je jure à celle qui en est l'objet de ne respirer que pour elle, et, si elle y consent, de lui être uni jusqu'au tombeau. Ma sœur, ajouta-t-il en me tendant la main, voulez-vous bien la recevoir pour elle, cette foi que je lui engage peut-être à mon dernier moment? Ma compagne, qui croyait voir un commencement de délire, me dit de lui donner la main pour ne pas le contrarier; et tout le monde se faisait signe que c'était le prélude d'un violent accès. Monsieur, dit-il au prêtre, vous m'avez entendu. Soit que je vive, ou que je meure, je viens, en présence du Ciel, en présence des choses saintes, je viens de prendre pour épouse Philippine Oray de Valsan; et l'assistance m'est témoin qu'elle m'accepte pour époux.

Le nom de Valsan, que mon père avait pris, n'était pas connu des Sœurs-Grises; mais mon véritable, le nom d'Oray, comme celui de Philippine, était connu; Thérèse en fut frappée. O Ciel! me dit-elle tout bas, c'est vous qu'il a nommée! Je gardai le silence tant que nous eûmes des témoins; mais quand nous fûmes seules : Que voulez-vous, lui dis-je? le Ciel m'amène ici pour y trouver, au bord du tombeau, l'amant que je croyais avoir perdu; fallait-il lui donner la mort? fallait-il refuser de lui rendre la vie? Ma sœur, ne me trahissez pas. S'il meurt, je me dévoue au service des pauvres, et je ne vivrai que pour eux. Mais si nous pouvons le sauver, permettez ce que veut le Ciel, puisque, par un prodige, il nous a réunis.

Nous le revîmes le soir même. Je lui dis que Thérèse était dans notre confidence, et qu'elle respectait la sainteté de nos engagements; que j'allais en instruire notre bon curé de Mareuil, et le prier d'obtenir de mon oncle que lui-même il y consentît.

Ce fut là le vrai baume qui, coulant dans ses veines, guérit les plaies de son cœur, appaisa l'ardeur de sa fièvre, et le ramena insensiblement à la vie et à la santé.

Jusqu'à sa convalescence, ma compagne, en tiers avec nous, fut témoin du courage avec lequel ce bon jeune homme, qui me croyait aussi pauvre que lui, se promettait de vaincre l'infortune par son travail et sa constance, en me demandant mille et mille fois pardon de n'avoir pas des trésors à m'offrir. Ah! c'en était un que son cœur.

Il n'était pas rétabli encore, lorsque le curé de Mareuil ayant reçu ma lettre, se rendit à Paris chez mon tuteur, s'en fit connaître, et avec l'éloquence de la raison et de la bonté, l'ayant disposé à l'entendre: Monsieur, ajouta-t-il, ce n'est pas une opinion vaine qu'il y ait des mariages écrits d'avance dans le Ciel; et de ce nombre était celui de votre nièce avec ce bon jeune homme que vous avez si sévèrement, si injustement poursuivi. Malgré vous, et à leur insu, ce qu'on appelle la destinée, et ce que j'appelle la Providence, les a sans cesse ramenés l'un vers l'autre : enfin, par tout ce qu'il y a de plus saint, de plus inviolable, ils se sont engagés. Ils vous demandent votre aveu.

Où est-elle donc cette insensée? lui demanda mon oncle. Où est-il ce ravisseur! Laissez-là l'invective, dit le pasteur, elle est injuste; et quand même elle serait plus méritée, elle serait tardive et ne remédierait à rien. Votre pupille est innocente, et rien n'est plus pur que son cœur. Le jeune homme est plus qu'innocent, il est vertueux. Leur amour est déja sans tache devant Dieu; et quand il vous plaira, il le sera devant les hommes. N'attachez point le blâme à ce que la piété la plus tendre a sanctifié.

Je vous l'ai dit, mon oncle était dévot. Monsieur, dit-il au curé, j'ai rempli mes devoirs de tuteur, je les ai remplis en honnête homme; et ce que j'ai fait pour sauver ma pupille de ses égarements, je le crois irrépréhensible. Pour elle, je ne puis la voir des mêmes yeux que vous; pardonnez ma sincérité. Vous trouvez innocente une jeune personne qui, à l'âge de dix-sept ans, s'échappe du couvent où ses parents l'ont mise, et court après un amoureux! Votre morale n'est pas sévère. Vous trouvez bon que sans l'aveu de son tuteur, elle engage sa foi; et cet engagement vous paraît saint. Je m'humilie devant vous; votre état et vos cheveux blancs m'imposent le silence, et me commandent le respect.

Monsieur, lui répondit en souriant le bon curé, je n'établirai point en maxime mon indulgence. Je suis sévère quand je dois l'être. Mais à toutes les règles, même aux plus inflexibles, il faut se réserver quelques exceptions, et ceci en est une. Votre nièce s'est échappée d'un couvent, pour aller prendre, dans un hospice encore plus saint, l'habit et l'état de Sœur-Grise. C'est auprès du lit des malades qu'elle a passé trois de ses plus beaux ans; c'est dans le fond du Dauphiné, occupée à servir les pauvres, qu'elle a retrouvé son amant sur le bord du tombeau. Le malheureux l'a reconnue, et se croyant à son heure dernière, en présence du Dieu vivant, il lui a donné sa foi. C'est ainsi qu'elle l'a reçue, et c'est là ce que vous et moi nous devons appeler religieux et saint.

Mon tuteur interdit prit alors le ton de l'excuse. J'ai voulu, dit-il, je l'avoue, procurer à ma nièce un mariage avantageux. Mais enfin, puisqu'elle préfère un fol amour à tous les autres biens, et qu'il ne manque plus à son bonheur que mon aveu, je le lui donne. C'est tout ce qu'elle vous demande, reprit le curé : l'infortune dont tant de monde a peur ne l'épouvante point; ils auront l'un et l'autre, ou le courage de la vaincre, ou la patience de la souffrir; une Sœur-Grise doit savoir être pauvre. Non, monsieur le curé, dit mon oncle avec un soupir, non elle n'est point pauvre; et je vais lui rendre son bien.

Qu'appelez-vous son bien, dit le curé? Est-ce qu'elle en a? Si elle en a, reprit mon oncle avec douleur? Elle a cent mille écus comptant, dont les deux tiers ont été le produit du travail de son pauvre père. Le reste est le fruit des épargnes que j'ai faites pour elle depuis douze ans. Voilà des soins bien employés! Cent mille écus, dit le curé avec étonnement! Hélas! oui, dit mon oncle toujours plus désolé, cent mille écus en or! Jugez, monsieur, quel mariage elle aurait fait si elle eût voulu me croire; et quel regret ce doit être pour moi de la donner à un jeune homme qui n'a rien. Mais elle l'a voulu, la malheureuse! Que le Ciel soit loué, et qu'elle vienne le recevoir, cet héritage; il est à elle; je le lui ai bien conservé.

Le curé, qui depuis nous a raconté cette scène, ne pouvait s'empêcher de sourire en se rappelant la désolation de mon oncle, et le contraste de ses soupirs avec la joie qu'il lui causait. Consolez-vous, lui dit-il, monsieur, de la fortune de votre nièce; elle en fera un bon usage. Elle n'oubliera point le vœu qu'elle avait fait d'être la sœur des pauvres, et le secours des malheureux. Il demanda bien vîte à mes supérieurs de me rappeler à Paris, où de grands intérêts exigeaient ma présence. En même temps il écrivit à notre jeune convalescent de venir le trouver sitôt qu'il serait rétabli.

Closan arriva seul; je le suivis de près, et l'an

de mes vœux écoulé me laissant libre, le curé vint me prendre et me mena chez mon tuteur. Nous le trouvâmes radouci. Son voisin le notaire lui avait fait de son clerc l'éloge le plus consolant. C'était encore du curé de Mareuil que nous venait ce bon office; car en déposant le billet dont je vous ai parlé, dans les mains du notaire, il s'était informé lui-même de la conduite, du caractère, des mœurs de ce jeune homme; et n'ayant rien appris qui ne fût favorable, il avait prié le notaire d'employer ses soins à détruire les préventions de mon tuteur.

Ce fut par ce même notaire que fut présenté son élève; et ce fut lui qui, sous les yeux de mon oncle et du bon curé, dressa l'acte de mon bonheur. Mon oncle m'y assura son héritage, et me promit de n'en rien dissiper; il m'a tenu parole. Je ne veux pas oublier de dire que Florette fut l'un des témoins du contrat.

Le curé nous avait caché à tous les deux le secret de notre fortune. Mais l'un et l'autre nous savions le secret de nos cœurs, et celui-là nous aurait suffi. L'autre, il faut l'avouer, y ajouta pourtant quelque chose. Ah! s'écria Closan, lorsqu'il entendit annoncer les cent mille écus d'héritage, elle aura donc tout à souhait! Mais je serai bien plus heureux, bien plus glorieux qu'elle; car elle ne me devra rien, et moi je vais tout lui devoir. Je n'admets point, lui dis-je, cette différence affligeante. Nous nous sommes mariés pauvres, il tombe du Ciel une pluie d'or, nous la ramassons en commun; nous voilà riches tous les deux.

Ainsi fut formé ce lien. Trois enfants heureusement nés en ont été les fruits : ils ont hérité de leur père; et quand ma cendre ira se mêler à la sienne, ils auront ce qu'il m'a laissé. Ce qu'il m'a laissé, mes amis, c'est la terre où nous sommes. Dès que mon mari l'eut acquise, il y appela le garde-chasse du petit bois. Il l'y établit; et entouré de ses enfants, ce brave homme a vieilli près de nous, avec nous; il vit encore; vous l'avez vu; c'est ce concierge en cheveux blancs, ses enfants occupent mes fermes.

L'abbesse apprit mon mariage; elle en bénit le Ciel. Mademoiselle de Nuisy, mariée après moi, fut mon amie intime. Mes fils ont épousé ses filles; le bon curé qui, dans sa vieillesse, était venu se reposer auprès de moi, les bénit avant de mourir. Ils ont rempli ses vœux et les miens; ils sont heureux ensemble. Puissent-ils l'être aussi long-temps que nous l'avons été! c'est tout ce que je leur souhaite. Mais qu'ils se gardent bien d'enfermer leurs enfants! car les amours qui arrivent par la porte sont bien moins dangereux que ceux qui entrent par la fenêtre.

LES BATELIERS
DE BESONS.

J'ai toujours aimé la campagne. Comme elle est aujourd'hui l'asyle et le repos de ma vieillesse, elle fut autrefois la joie et les délices de mon jeune âge; et c'est de-là que me reviennent mes souvenirs les plus intéressants.

Le soir de l'un de ces beaux jours que j'y passais, me promenant sur le bord de la Seine avec deux jeunes femmes que je n'appellerai que Sophie et Adélaïde, quoiqu'il me fût bien doux de les nommer : Je gagerais, leur dis-je en leur montrant la maisonnette d'un batelier-pêcheur (car ses filets étaient pendus près de sa barque, à la porte de sa cabane), je gagerais que sous cet humble toit il y a plus de bonheur que dans le plus riche palais. Pourquoi? me demanda Sophie. — Parce qu'on n'y désire que ce qu'on a sans peine, et qu'après un travail facile et légèrement animé d'espérance et d'inquiétude, on y jouit d'un doux repos.

Cet assaisonnement du bonheur de la vie touchait peu mes jeunes compagnes; mais en approchant de la maisonnette nous fûmes embaumés de l'odeur d'une matelote dont on allait souper; et mes dames alors commencèrent à croire qu'on pouvait être assez heureux dans un ménage dont le souper sentait si bon. Il leur en prit envie; et pour le lendemain, elles formèrent le projet de revenir le soir manger dans la cabane une matelote pareille. Il fallut savoir du pêcheur s'il voudrait nous en régaler.

En entrant chez lui, nous trouvâmes, autour d'une table appétissante aux yeux par la blancheur du linge, la netteté des vases et la blonde couleur du pain, nous trouvâmes une famille qui respirait, non pas la joie, mais le calme heureux du bien-être : un homme de cinquante à cinquante-cinq ans, un plus jeune au moins de quinze ans, une femme de vingt-quatre à vingt-cinq ans tout au plus, et auprès d'elle trois enfants dont le plus petit pouvait avoir été sevré depuis six mois; bien entendu que sa nourrice, encore dans toute la fraîcheur de la jeunesse et de la santé, était grosse du quatrième. Son mari nous parut taillé sur le modèle du gladiateur antique, et sa physionomie ouverte et joviale était l'image de la franchise et de la cordialité. Pour elle, on voyait bien qu'avant que d'être mère, elle avait dû avoir la taille de Diane, comme elle en avait sur le front la fière et douce modestie.

Elle nous reçut d'un air hospitalier, et nous demanda poliment ce qui leur procurait la faveur de notre visite. En passant, lui dit Adélaïde, nous avons respiré l'odeur d'une excellente matelote, et nous venons..... La batelière n'attendit point qu'elle achevât pour nous offrir leur petit souper. Non, lui dîmes-nous, c'est demain que nous viendrons nous régaler, si vous voulez bien le permettre.

Le jeune homme, en riant, nous promit une matelote meilleure que la leur, et aussi bonne au moins, dit-il, que celles qu'il faisait dans l'Inde et que le mogol aimait tant. Le mogol! dit Sophie avec étonnement. Oui, reprit-il, le grand-mogol; c'était là son mets favori. Aussi m'avait-il pris dans une affection singulière; et nous serions encore ensemble, si un méchant voisin, un certain roi de Perse, appelé Nadir-Kouli-Kan, n'était pas venu, sans dire gare, lui battre son armée, lui voler ses trésors et lui prendre son cuisinier. C'est lui qui m'a fait quitter l'Inde; mais je le lui pardonne; car c'est lui qui est la cause que Bathilde s'est échappée avec son innocence, du serrail du jeune sophi, et qu'elle est venue à Besons me donner ces jolis enfants.

Que nous dites-vous-là? s'écrièrent mes jeunes dames. La vérité, dit-il avec son air tranquille et froid. — Cette vérité-là serait bien étonnante! — Pas plus étonnante qu'une autre. Tout dans la vie ne va-t-il pas de même, à veau-l'eau et à l'aventure? Les hommes, sans comparaison, sont tous comme du bois flotté; l'un s'arrête ici, l'autre là, selon les détours du rivage, jusqu'à ce que le flot les ramène au courant. Et, par exemple, mon beau-père que vous voyez serait-il là si le czar Pierre n'avait pas voyagé en France, si Élisabeth sa fille ne s'était pas fait couronner; et si, dans ce temps-là, les Tartares n'avaient pas fait des courses dans le royaume de Kazan? Ajoute, dit le père, si un commerçant de Damas n'avait pas cru à la métempsycose, et si quelque accident n'avait pas détraqué la pendule du dey d'Alger.

Il nous semblait entendre le début d'un conte des *Mille et une Nuits;* mais le jeune homme et son beau-père souriaient de notre surprise; et Bathilde, sans prendre garde à ce que nous disaient son père et son mari, s'occupait de la matelote.

Nous espérons, leur dit Sophie, que tous les trois, demain, vous voudrez bien nous faire plus au long le récit de vos aventures. Très-volontiers, lui dirent-ils. — A demain donc, car il est tard, et il faut vous laisser souper.

En nous en allant, nous fîmes réflexion que si notre société savait ce qui, le lendemain, nous attendait à la cabane, tout le monde y voudrait venir; et pour être plus à notre aise, nous nous promîmes le secret; mais chacun de nous essayant de deviner comment tant d'épisodes si divers s'ajusteraient, se lieraient ensemble, nous y perdions tous notre peine. Ces bonnes gens, disait Adélaïde, n'ont-ils pas rêvé tout cela? Et qui de nous, lui dis-je, s'il veut se retracer les événements de sa vie, ne croit pas les avoir rêvés? Ce n'est pas vous, mesdames, dont les jeunes années ont si paisiblement coulé; mais vous-mêmes, dans le sommeil, n'avez-vous jamais fait de ces songes pénibles, où l'on croit tomber et rouler de précipice en précipice, lutter contre les flots, gravir sur des écueils? et n'avez-vous pas ressenti l'inexprimable volupté d'un réveil qui vous replaçait tout-à-coup dans un lit tranquille, reposait votre ame accablée, et vous faisait jouir du ravissant spectacle de tous ces périls dissipés? C'est là, je crois, le moment de bonheur le plus vif et le plus sensible. Eh bien! telle a été peut-être la situation de ces gens-là en se retrouvant à Besons.

Le lendemain, en arrivant dans la cabane, nous eûmes le plaisir d'y voir, au milieu d'un feu clair et dans un bassin aussi pur, aussi luisant que la flamme elle-même, une ample matelote cuisant à gros bouillons; et après en avoir quelque temps respiré la douce fumée, nous allâmes l'attendre, assis sur la pelouse où notre couvert était mis. Là, nous invitâmes nos hôtes à nous raconter leur histoire.

La mienne n'est pas longue, dit le jeune homme. Je suis né à Besons. Mon père, Nicolas Verbois, était ce que je suis, batelier, homme de rivière. Cette cabane était la sienne. Ma mère était la sœur de ce fameux Lucas, le premier homme du Gros-Caillou pour les noces et les festins, et surtout pour les matelotes. Je fus élevé dans sa guinguette, et à l'âge de quatorze ans, j'en savais presque autant que lui:

Vous ne sauriez croire, mesdames, combien cette guinguette fut pour moi une bonne école. Il y venait de temps en temps une troupe de gens instruits et qui parlaient comme des livres. En vérité, quand ces gens-là, qui savaient tout au monde, se rappelaient le temps passé, et qu'ils en citaient des exemples de fierté, de droiture, de franchise et de loyauté, ils en donnaient envie; et moi, qui les servais et qui les écoutais, je ne les entendis jamais sans me sentir l'appétit d'être l'homme que je leur entendais louer. Ils firent tant qu'à la fin, remué par leurs discours, je me trouvai déplacé dans une guinguette, et je voulus prendre un état où l'ame fût moins à l'étroit. Mon père était renommé sur la Seine; d'abord je suivis son exemple, et je sautai sur un bateau dès que je pus manier l'aviron. Bientôt je m'ennuyai de ne naviguer qu'en eau douce; je voulus être homme de mer. Je descendis au Hâvre; je me fis matelot, et dans six mois je fus dans l'Inde.

J'espérais devenir pilote, et puis, et puis, tout ce que la fortune aurait voulu. Mais on a bien raison de dire qu'on ne peut fuir sa destinée, et la mienne avait résolu que je serais batelier à

Besons. Lorsque nous fûmes arrivés dans l'Inde, mon capitaine ayant vanté quelques ragoûts que j'avais faits sur le navire, il ne fut bruit que mon talent. Le gouverneur me fit venir; il m'essaya; il fut content de moi, et si content, que pour complaire au nabab du Décan, qui désirait d'avoir un cuisinier français, ce fut moi qu'il lui envoya.

Le nabab allant à Delhi faire sa cour, je l'y accompagnai; et dans les dîners qu'il donna, je fis si bien pour soutenir la renommée du Gros-Caillou, que l'empereur, qui n'entendait parler que de ragoûts à la française, engagea le nabab à me céder à lui. Il était friand, le mogol; je le régalais de mon mieux : ainsi nous nous trouvions le mieux du monde l'un de l'autre; et qui sait jusqu'où sa faveur aurait pu m'élever? Il ne fallut pas moins qu'un roi de Perse et des batailles pour renverser mes espérances.

Tout-à-coup j'entends dire que les frontières de l'empire sont attaquées; et que ce roi de Perse, appelé Nadir-Kouli-Kan, s'avance à la tête de cent mille hommes. Il soumet nos provinces, il les met au pillage, et il écrit à mon bon maître que tout ce qu'il en fait n'est que par amitié pour lui. Enfin, après lui avoir battu un million de mauvais soldats, pris leur camp, raflé leurs bagages, leurs armes, leur artillerie, il vient cordialement s'établir à Delhi, dîner, souper, loger dans le palais de l'empereur; et croyant même lui faire grâce que de lui laisser sa couronne, il lui enlève tous ses trésors. C'étaient des tonnes d'or, des boisseaux de rubis, de perles et de diamants; c'étaient des richesses immenses. Encore fallait-il tous les jours le traiter magnifiquement.

Avant de s'en aller, il maria l'un de ses fils, Allah Mirza, avec une princesse de l'Indostan, et le mogol fut encore obligé de donner le repas de noce. Je vous laisse à juger si je les servis de bon cœur. J'aurais voulu, au lieu d'anguilles, leur faire avaler des couleuvres; mais je n'en fis pas moins la matelote en conscience, heureusement pour moi, comme vous allez voir.

Nadir l'avait trouvée si bonne, et il en avait tant mangé, tout sobre qu'il se piquait d'être, que la nuit il en fut malade, et rien n'était plus naturel. On vint m'éveiller en sursaut; c'étaient six de ses gardes, qui, le sabre à la main, m'ordonnèrent de me lever et de les suivre. J'obéis, et je fus conduit dans l'appartement de Nadir. Je le trouvai à demi-couché sur un sofa. Je crus voir un géant terrible. Sa moustache était hérissée, son visage était allumé et son œil ardent de fureur. J'étouffe, me dit-il, et je sens des épreintes. Tu m'as sans doute empoisonné avec tes perfides ragoûts. Confesse-moi ton crime, et je te le pardonne; car tu n'auras fait qu'obéir. Un cuisinier français, lui dis-je, sait assaisonner des ragoûts et non pas les empoisonner. Cette réponse froide et fière l'étonna. Qu'est-ce donc, me dit-il, que les épreintes que je sens? Je crois le savoir, répondis-je; mais je ne le dirai qu'à toi. Alors il fit éloigner ses gardes, et il m'ordonna de parler. Roi des Persans, lui dis-je, l'anguille est indigeste; ta hautesse en a trop mangé. Cela peut être, reprit-il; mais tu as fait prudemment de ne le dire qu'à moi seul; ce mot t'aurait coûté la vie. Sais-tu quelque remède à mon intempérance? Oui, lui dis-je : un vase d'eau tiède qu'il faut avaler tout d'un trait. Il le but, il fut soulagé. Écoute, me dit-il, je te sais gré de m'avoir fait connaître le plaisir de la gourmandise; mais l'indigestion est indigne de moi, et que l'excès où je suis tombé soit ta faute ou la mienne, je t'en ordonne le secret : ta tête m'en répond; et pour m'en assurer, demain je t'emmène à ma suite.

Quoi! dit Adélaïde, vous voilà dans la Perse, au service de Kouli-Kan! Hélas! oui, reprit le jeune homme. Je voulus en vain m'en défendre. Je lui représentai qu'il enlevait à mon bon maître ses trésors, deux de ses provinces, tous les diamants de sa couronne; et je le conjurai de lui laisser au moins un véritable ami. Il ne me répondit que par un fier sourire; et il fallut partir le lendemain pour la Perse, où je fus sept ans.

Nadir, tout ce temps-là, fut occupé de sa guerre contre les Turcs; mais à la paix, en rentrant chez lui, il crut trouver sa cour amollie et affriandée, et m'accusa d'avoir gâté le goût de ses enfants. Il fut cependant généreux envers moi; car m'ayant fait appeler, il me dit : Cuisinier français, je t'estime ; tu m'as montré de la franchise et du courage, et tu fais d'excellents ragoûts ; mais tu nous rends intempérants, et mon devoir à moi est de rendre mes enfants sobres. Va-t'en, comblé de mes bienfaits. Son trésorier me prodigua les bourses d'or, et je partis.

Mon premier mouvement fut de retourner à Delhi consoler mon bon maître ; car je le savais malheureux ; mais mon retour dans ma patrie avec mes bourses d'or eut pour moi tant de charmes, que je ne pus y résister. Je suivais une caravane pour gagner la Syrie, où j'allais m'embarquer, lorsqu'au-delà du Tigre, dans les plaines du Diarbek, la caravane fut attaquée par les Arabes, et les bons Musulmans et moi nous fûmes tous dévalisés. Il n'y avait rien de plus commun : ces Arabes étaient voleurs, comme moi j'étais cuisinier ; et après avoir vu enlever au mogol pour des milliards de richesses, vous pensez bien que je fus peu surpris de me voir confisquer ma petite fortune : c'était la mode du pays. Je me sauvai du côté d'Alep, avec quelques sequins que j'avais bien heureusement su dérober à mes voleurs.

Alep, dans le Levant, est une ville de commerce ; et j'espérais y trouver bientôt quelque moyen de passer en Europe. Je ne me trompais pas ; mais ce que j'y trouvai sans m'y être attendu, ce fut ma femme que voilà. La pauvre enfant était esclave; et avec une foule d'autres, elle était mise en vente dans le marché d'Alep, assez légèrement vêtue, avec un voile sur les yeux. Dans ses compagnes d'infortune, je n'aperçus aucune émotion ni de honte, ni de tristesse; mais chaque fois qu'on levait le voile de celle-ci, je voyais ruisseler ses larmes sur son sein, et son voile en était trempé. Je vis aussi ses belles joues rougir d'une honnête pudeur. J'en fus touché jusqu'au fond de l'ame; et en passant près d'elle, je ne pus m'empêcher de dire, dans la langue de mon pays : *La pauvre enfant!* Ces mots français frappèrent son oreille; et quoique j'eusse pris l'habit arménien, elle espéra de n'être pas étrangère pour moi. Qui donc êtes-vous, me dit-elle à demi-voix, pour me parler ma langue et pour vous montrer si sensible à mon malheur? A ces paroles, je sentis mon cœur tressaillir. De ma vie je n'avais éprouvé une pareille émotion; et je crois que dès ce moment je l'aimai autant que je l'aime.

Si vous êtes Français, si vous êtes chrétien, par pitié, me dit-elle, achetez-moi, sauvez-moi de ces infidèles.... Ah! les maudits Arabes! pourquoi m'avaient-ils pris mon or! Avec quelle joie je l'aurais employé à racheter la belle esclave! Je comptai le peu de sequins qui me restaient, et m'adressant au Syrien qui l'avait mise en vente, je lui en demandai le prix. Ce prix excédait de beaucoup mes facultés; cependant je n'eus pas d'abord l'air de vouloir y renoncer; et pour m'en donner plus d'envie, le marchand me laissant l'examiner tout à mon aise, j'eus le temps de dire à l'esclave, que j'étais désolé de ne pas me trouver assez riche pour la payer; que j'étais Français; que j'allais m'ingénier dans ma patrie pour me procurer sa rançon; que je m'appelais André Verbois; que je serais près de Paris, dans le village de Besons; qu'elle m'y fît savoir, s'il lui était possible, ce qu'elle serait devenue; que je ne l'oublierais jamais; que je la conjurais de ne pas m'oublier. Elle me le promit. Elle me dit son nom, Bathilde Lorizan; elle ajouta que vraisemblablement son père était comme elle esclave, et que sa plus grande douleur était d'en être séparée sans aucune espérance de le revoir jamais.

Dans le moment, un vieux coquin de Cypriote vient lui annoncer qu'elle est à lui; et je me la vois enlever. Ah! les maudits Arabes! pourquoi m'avaient-ils pris mon or!

D'Alep à Smyrne, où je m'embarquai, et de Smyrne à Marseille, et de Marseille ici, je n'eus que ce regret et que cette même pensée. Ces beaux yeux d'où tombaient des larmes, ce beau sein qui en était baigné, ce regard suppliant si doux et si sensible, cette voix dont le son m'avait pénétré l'ame, tout m'en était si présent, que sans cesse je croyais la voir et l'entendre.

Mais lorsqu'en arrivant à Besons, je trouvai cette cabane abandonnée, et que l'on m'apprit que mon père, dans une débacle de glaces de l'hiver précédent, avait péri en voulant secourir des malheureux; cette douleur me fit oublier l'autre, et j'en fus d'abord accablé. J'en revins cependant, et le souvenir de Bathilde me reprit plus fort que jamais.

J'avais eu l'espérance d'intéresser pour elle mon vieil oncle Lucas : chaque noce et chaque festin qui se fera chez lui contribuera, disais-je, à la rançon de cette aimable fille; car le vin et la joie rendent les bonnes gens meilleurs encore et plus sensibles. Mon oncle lui-même est si bon! il grossira la somme, et moi, par mon travail, je tâcherai de l'achever : enfin Bathilde me donnera de ses nouvelles, et dès que je saurai où la trouver, je partirai.

Mais Lucas n'était plus le même; il s'était enrichi, il était devenu avare : il avait quitté sa guinguette; il était bourgeois de village; et quand j'allai le voir, il me reçut mal; il me dit que si j'avais voulu le croire je l'aurais remplacé dans sa profession; que j'avais mieux aimé courir le monde, et qu'il n'avait plus qu'un conseil à me donner; c'était de le courir encore ou de reprendre l'aviron. Je fus tout aussi fier que lui. Je lui répondis que j'étais jeune, que j'avais bon bras et bon cœur, que je ne lui demandais rien qu'une franche amitié en retour de la mienne, et que ce marché-là ne le ruinerait point.

Je me remis donc au travail, et ce travail fut

sans relâche. Au port, sur des bateaux, à la corde du bac quand il y avait foule au passage, tantôt pêcheur, tantôt marinier, le jour, la nuit, sans cesse on me trouvait par-tout, et cela dans l'espoir que mes salaires amassés racheteraient peut-être un jour cette malheureuse Bathilde. Mais où l'aller chercher? c'était là mon plus grand souci.

J'appris que dans Paris il y allait avoir une procession de captifs, tout nouvellement délivrés. Ah! dis-je, quelqu'un d'eux peut-être me dira ce que Bathilde est devenue; quelqu'un peut l'avoir rencontrée au port de Tripoli, de Tunis ou d'Alger. J'allai aux Mathurins attendre les captifs, les questionner l'un après l'autre, demandant à chacun s'il n'aurait pas ouï parler d'une esclave appelée Bathilde Lorizan, française de naissance, et dont le père était aussi captif dans les Échelles du Levant.

Jugez de ma surprise quand ce fut à lui-même que je parlai. Ah! bon jeune homme, me dit-il, quel intérêt si généreux prenez-vous à cette famille? Je suis ce père infortuné; et plût au Ciel qu'il me fût possible de savoir au moins où est ma fille! Mais encore une fois, quel motif généreux vous intéresse à notre sort? Je lui contai notre aventure; et l'état où j'avais laissé sa chère enfant lui fit verser des pleurs amers.

Ça, lui dis-je, point de faiblesse. Le Ciel peut-être écoutera nos vœux; car il aime les gens de bien. Déja nous voilà deux qu'il fait trouver ensemble; il ne lui en coûtera pas davantage de faire que nous soyons trois.

Il se pressa de me demander si dans l'Inde ou en Perse on ne m'avait pas fait renier ma croyance. Non, par saint Nicolas! lui dis-je; ils savaient bien que j'étais Français. Je les servais en homme libre; et ils ne m'ont pas plus parlé du *Credo* que de l'*Alcoran*. Alors ce bon père leva les mains au ciel, et je vis bien qu'il pensait à sa fille; mais quant à moi, dès ce moment il voulut bien me traiter en ami et me confier sa détresse.

A cinquante ans, seul, délaissé, sans biens, sans industrie, et n'ayant que des connaissances dont personne n'avait besoin, qu'allait-il devenir? Bon! lui dis-je, est-ce là ce qui vous inquiète? Je connais un métier que vous saurez dans quatre jours, et qui donne à vivre à son homme. Venez être pêcheur avec moi, à Besons. Ma cabane peut bien nous loger l'un et l'autre, et Bathilde encore avec nous; car je lui ai dit mon nom et ma demeure; et après ce qui nous arrive, j'espère encore plus que jamais de vous l'amener un beau jour. Il vint donc ici. Nous soupâmes aussi-bien et plus à notre aise que ne soupaient ensemble le roi de Perse et le mogol; et après avoir bu quelques coups d'un vin vieux que je gardais pour mes amis et pour mes matelotes, il me dit son histoire comme il va vous la raconter.

Mon histoire, dit le bon père en prenant la

parole, n'a rien d'assez intéressant pour occuper ces dames; et sans le malheur de ma fille, je ne parlerais pas du mien. Le Ciel me l'a rendue, voilà ce que ma destinée a de plus merveilleux; le reste en est tout simple : ce qui m'est arrivé peut arriver à tout le monde.

Mon père, Étienne Lorizan, était un habile horloger. Il fut du nombre des artistes que le czar Pierre fit passer de Paris en Russie. J'étais bien jeune encore; j'accompagnai mon père. Dans un pays où les arts d'agrément étaient nouveaux et rares, il fut facile à un bon horloger de faire une honnête fortune en peu de temps; mais vous savez que dans un père la faiblesse la plus commune est de vouloir donner à ses enfants un état au-dessus du sien. Mon père, qui peut-être n'estimait pas assez cet art qui l'avait enrichi, me le fit négliger pour les mathématiques, dont Pierre avait fondé l'école. Je n'y étais pas encore bien avancé, lorsque le czar descendit au tombeau; mon père l'y suivit de près. Sa santé frêle et délicate ne put résister au climat.

Avant sa mort, il m'avait marié à une jeune Moscovite dont les biens étaient situés dans le royaume de Kazan, vers les plaines où le Volga est le plus voisin du Tanaïs. Par-là sa tendre prévoyance avait voulu me sauver du péril auquel il succombait lui-même; et redoutant pour moi ce froid mordant du nord de la Russie : Mon fils, m'avait-il dit, crois-moi, va-t'en vieillir sous le ciel du midi. Je différai de suivre ce conseil; et la faveur de Catherine et d'Anne me retint auprès de leur cour. Mais quand vint la révolution que fit dans cet empire le courage d'Élisabeth, attristé de voir la disgrâce de deux protecteurs de mon père, Osterman et Munik, les premiers hommes de l'État, plus affligé encore du dépérissement de la santé de ma femme, que je voyais languir depuis qu'elle avait mis au jour sa fille unique, je me souvins de l'avis sage que mon père m'avait donné; et peu jaloux de la célébrité qu'auraient pu m'acquérir de savantes études, j'allai sur le Volga chercher un ciel plus doux et un repos plus assuré.

Vous croyez bien, ajouta-t-il, que dans un pays où les hommes appartiennent au sol et en font la richesse, ce n'est pas moins pour le propriétaire une règle d'économie qu'un principe d'humanité de ménager les siens; et que, s'il lui était facile de leur apprendre à être libres, il n'aurait garde de négliger ce moyen de les rendre heureux. C'était là mon ambition; et par les progrès des lumières, de l'exemple et de l'habitude, en leur donnant de bonnes mœurs, j'espérais les mettre en état de mériter de douces lois.

Cette espérance fut détruite par un événement que j'aurais dû prévoir dans un temps de révolution. Les Tartares, voisins des rives du Volga, y firent des courses fréquentes; et par l'une des bandes qui faisaient le butin, ma demeure fut saccagée. Ma femme n'était plus; ma fille me fut enlevée à l'âge de quinze ans; et moi je fus réduit en esclavage. Hélas! ce ne fut ni mon bien ni ma liberté que je pleurai. J'étais père; ma fille était dans les mains des Tartares, et je croyais la perdre pour jamais : c'était la seule de mes peines qui pesât sur mon cœur; le reste n'était rien; mais ma fille! ma fille! je n'osais pas même penser au sort qu'elle avait dû subir.

Plus d'une fois, parmi les Musulmans, j'aurais servi des maîtres assez doux, si j'avais eu quelqu'un des talents d'un esclave. J'étais docile et diligent, mais faible, mal-adroit, et inhabile à tout; la bêche est le seul instrument que je maniais assez bien, encore étais-je bien las de cet exercice pénible. Lorsqu'on me demandait ce que j'avais appris, pour savoir à quoi j'étais bon, je répondais toujours, *les langues, les mathématiques*. Ce n'était pas ce qu'il fallait à mes bons Musulmans; et sans me quereller, me trouvant inutile, ils me revendaient à vil prix.

Ainsi de place en place, je me vis promené dans cette Asie, autrefois si célèbre, qu'on appelle la Natolie. Je cheminais sur les ruines de l'empire de Darius et d'Alexandre, et dans les plaines où Scipion avait défait Antiochus. Grandes leçons de patience! Je vis le détroit où Xerxès avait fait passer son armée; je me rappelai son retour. Je parcourus le royaume de Mithridate et celui de Crésus. J'aperçus de loin, dans Bysance, ce serrail qui occupe la place de l'antique palais de Constantin. Je traversai les champs où s'élevaient les murs de Troie; et je crus distinguer encore le Scamandre et le Simoïs. Quelquefois bêchant un jardin sur les ruines ensevelies d'Éphèse, de Nyse ou de Sardes, je pensais à Munik, qui était en Sibérie, bêchant la terre comme moi. Vous croyez bien qu'auprès de ces révolutions, celle de ma fortune me semblait peu de chose.

Enfin j'avais trouvé ma place chez un négociant de Damas, et mon talent pour le calcul m'en faisait estimer. C'était un honnête homme: sensible, indulgent, équitable, son caractère était un mélange de douceur et de gravité; mais par malheur je ne savais pas qu'il était sectateur de la doctrine de Pythagore. — De Pythagore! — Oui, mesdames, j'ai retrouvé là toute l'ancienne philosophie; des écoles de stoïciens, d'épicuriens, de sceptiques. Pourquoi s'en étonner? j'étais dans leur pays; il n'est pas bien étrange qu'après quelques mille ans, les esprits de Zénon, d'Épicure, de Pythagore, y rôdent encore çà-et-là.

Mon philosophe ayant donc entendu crier un chien que j'avais chassé de la maison : Pourquoi, me dit-il doucement, avez-vous battu ce chien-là? Savez-vous quelle ame l'anime? c'est bien certainement celle d'un homme vigilant, serviable, reconnaissant, d'un ami sensible et fidèle; pourquoi donc la faire souffrir? Que l'on perce de coups un sanglier, un tigre, un loup vorace, on ne fait que punir l'ame d'un méchant homme, l'ame d'un bacha, d'un visir; mais dans le chien, dans le chameau, dans l'éléphant, respectons, mon ami, le malheur d'un homme de bien dont l'ame n'est qu'en pénitence de quelque faute, hélas! peut-être bien légère, que le Ciel lui fait expier. Comme il me vit un peu surpris de sa doctrine, il voulut bien me l'expliquer.

Quand l'homme expire, me dit-il, si son ame n'est pas bien pure, son châtiment est de passer dans le corps de quelque animal d'un caractère analogue au sien (et il me fit un long détail de ces diverses métamorphoses); mais après une expiation plus ou moins longue, ajouta-t-il, elle revient, purifiée, animer un homme naissant.

Rien ne serait plus consolant, lui dis-je, que votre doctrine, si l'on se souvenait de ce qu'on a été; mais malheureusement l'oubli coupe le fil de l'existence, et à chaque mutation, c'est une ame nouvelle et un homme nouveau. Il m'écouta, les yeux baissés; et après avoir réfléchi quelques moments : Vous me faites là, me dit-il, l'objection d'un incrédule. Vous avez dû sentir qu'elle m'affligerait; et ce n'est pas à vous de vouloir m'affliger; je ne vous ai fait aucun mal, et vous m'en faites un cruel en me troublant dans ma croyance. Le lendemain il me vendit.

On cherchait pour le dey d'Alger un esclave,

interprète des langues de l'Europe. J'en savais quelques-unes; on m'acheta pour lui, et je passai à son service. C'était l'homme du monde qui se donnait le moins la peine de penser. Il était curieux et grand questionneur, mais très-facile à satisfaire; et pourvu qu'on lui répondît, comme aux enfants, quelque chose qu'il crût entendre, vrai ou non, il était content.

Par exemple, quand je lui eus dit d'où je venais, il me demanda s'il y avait dans ce pays-là un soleil, des étoiles et une lune. Je répondis que non; mais que de loin on s'y chauffait à son soleil, et que la nuit on était éclairé par sa lune, par ses étoiles. Je vis qu'il était fier que tout cela ne fût qu'à lui.

Une autre fois il me demanda pourquoi les bêtes ne parlaient pas. Les unes, répondis-je, ne parlent point, parce qu'elles ne savent que dire; les autres, parce qu'elles ont peur de dire des sottises, et qu'elles aiment mieux se taire que de parler imprudemment. Celles-là, dit-il, ont raison; et si mon perroquet eût été aussi sage, je ne lui aurais pas fait couper la tête pour une impertinence qu'il me dit l'autre jour. Cet exemple du perroquet fut un avis pour l'interprète.

A propos des arts de l'Europe, il me demanda si on y savait faire la pluie et le beau temps. Je répondis que oui, mais que c'était un art exercé par les femmes. Il m'en demanda le secret. Je ne le sais pas bien, lui dis-je; mais c'est avec des girouettes, qu'elles font tourner à leur gré. Il crut entendre ce mécanisme. Je veux, dit-il, que l'on m'amène quelqu'une de ces ouvrières; et si jamais, pour quelque ambassade, je t'envoie dans ton pays, tu me feras ce plaisir-là. Je l'assurai de tout mon zèle; mais je lui étais nécessaire dans mes fonctions d'interprète; et je serais encore auprès de lui, si le Ciel, qui voulait me réunir avec ma fille, n'eût pas permis qu'une belle pendule, dont le roi avait fait présent à mon curieux barbaresque, se fût tout-à-coup dérangée.

D'abord on s'aperçoit qu'elle est privée de mouvement; grande alarme dans le palais. On la remonte; mais elle avance, elle retarde, elle s'arrête encore; le dey prétend qu'elle a perdu l'esprit, et promet tout au monde à qui le lui rendra; car, à quelque prix que ce soit, il veut savoir l'heure qu'il est. Je m'aperçus même qu'il regardait cet accident comme un mauvais présage, et qu'il en perdait le sommeil.

Alors me souvenant des premières leçons que j'avais prises de mon père dans l'art qu'il m'avait fait quitter, j'espérai d'en savoir encore assez pour remédier à l'accident de la pendule; et j'osai dire que si, pour récompense, le dey voulait m'accorder la liberté, je croyais assez bien connaître cette merveilleuse machine pour en rétablir les ressorts. La liberté me fut promise avec serment *par Mahomet*, serment qu'un vrai croyant n'a jamais violé. Je parvins, en effet, à remettre la pendule dans son bon sens; et le dey, ravi de la voir plus raisonnable que jamais, tint sa parole, et consentit que je fusse du nombre des captifs rachetés.

Ça, me dit-il, lorsqu'en me prosternant devant lui je lui rendis grâces, souviens-toi de ma commission. Je n'ai ici que des girouettes que le vent fait aller; j'en veux avoir de celles qui font aller le vent; et si tu peux m'en procurer, je t'en aurai encore plus d'obligation que d'avoir guéri ma pendule. Voilà, mesdames, par quel moyen je sortis d'esclavage; et comment par de longs détours, mais par la pente naturelle du courant de la vie, mené de Paris à Moscou, de Russie en Afrique, et d'Alger à Besons, je me trouve avec mes enfants.

En effet, dirent mes deux compagnes, il n'y a rien dans tout cela que de simple et de naturel.

Pour intermède, on nous servit la matelote. Nous la trouvâmes délicieuse; et après le souper, ce fut le tour de la batelière de répondre au désir que nous avions d'entendre ce qui lui était arrivé.

Quand je fus prise par les Tartares, nous dit Bathilde, j'avais dans l'ame deux sentiments qui, grâce au Ciel, ne m'ont jamais abandonnée, la pudeur et la piété. Je n'avais qu'une idée bien confuse de leur objet; mais je savais que pour être sans tache devant Dieu et devant le monde, je ne devais permettre aucune liberté à aucun homme qu'à mon mari, et que nul homme ne pouvait être mon mari qu'il ne fût chrétien. Voilà, mesdames, ce qui tout simplement a conservé mon innocence.

Quoi ? dit Adélaïde, même chez les Tartares ! Chez les Tartares, reprit-elle; je dus, il est vrai, mon salut à l'avarice du brigand dont j'étais le butin; car il me regardait comme un diamant pur, qui eût perdu sa valeur si on l'avait terni. En m'enlevant, il m'avait prise en croupe : le cheval qu'il montait allait plus vite que le vent; et moi, toute éplorée, toute éperdue que j'étais, j'avais encore, il faut que je l'avoue, la peur de me laisser tomber. Je pleurais, je me désolais, j'appelais mon père à mon aide; mais par un mouvement involontaire, je me tenais toujours à la ceinture du Tartare. Le cruel, avec un sourire et un regard dont je frémis encore, tournant vers moi la tête, insultait à-la-fois à ma crainte et à ma douleur.

Nous arrivâmes dans son camp; et là, je vis ses compagnons m'entourer, le féliciter, et lui s'applaudir de sa proie, mais la garder à vue, appuyé sur son arc, et prêt à la défendre si quelqu'un eût osé vouloir la lui ravir.

Quand nous fûmes seuls dans sa tente, il m'offrit, d'un air aussi doux que pouvait l'avoir un Tartare, de partager avec lui son souper : c'étaient quelques lambeaux de chair crue et sanglante, seulement un peu attendrie sous la selle du cheval. Je refusai cette pâture; mais ses instances, redoublées d'un air impatient, me forcèrent enfin de boire un peu de lait. Il fallut obéir. J'étais en son pouvoir; je voulais, s'il était possible, qu'il eût quelque pitié de moi; mais je vous laisse à penser, mesdames, quelle est la pitié d'un Tartare pour une fille de quinze ans. Celui-ci me voyait pleurer sans être touché de mes larmes; et son regard, si j'avais pu l'entendre, exprimait autre chose que de la compassion. Cependant, sans savoir ce qu'il ruminait en lui-même, je vis bien qu'il se combattait et qu'il se faisait violence. Tout-à-coup murmurant tout bas quelques paroles, il quitta brusquement le siége de gazon où nous étions assis, fit quelques pas hors de sa tente, rêva quelques moments, puis revenant à moi en secouant la tête me montra la peau d'ours sur laquelle j'allais coucher. Faible, tremblante, à sa merci, le corps excédé de fatigue et de douleur, qu'aurais-je fait? J'invoquai mon bon ange, je me recommandai à lui, et couchée auprès du Tartare que j'entendais frémir, je veillai, je pleurai long-temps; mais je finis par céder au sommeil. Non, jamais l'innocence n'a couru plus de risques; mais je vous l'ai dit; j'étais là comme un trésor sous la main d'un avare, et le prix qu'il en attendait le fit s'abstenir d'y toucher.

Le lendemain, nous arrivâmes au port d'Azow, où je fus vendue pour le serrail du grand-seigneur; et le vaisseau sur lequel je passai fut un asyle où je fus gardée avec le plus humble respect.

En débarquant sous les murs du serrail, je fus conduite par le kussir-aga, chef des eunuques noirs, dans l'appartement des novices. Là, sous les yeux d'une surintendante appelée Kadan Kahia, je fus, ainsi que mes compagnes, élevée avec soin dans les mœurs du serrail. Une sévère modestie, une docilité parfaite, quelques jeux innocents, quelques travaux légers, une étude assidue des langues orientales, et l'émulation la plus vive pour les talents qui rendent la beauté plus aimable, comme la danse et la musique, telle était à-peu-près la règle de cette espèce de couvent. Je m'affligeais d'y être captive, mais je ne m'en désolais pas. Loin de me défier du soin que l'on prenait de nous enseigner l'art de plaire, je m'étonnais qu'on eût pour nous tant de bonté. L'élégance de nos parures, l'attention et la diligence que l'on avait à nous servir, ne m'alarmaient pas davantage; et sans savoir ce qu'on voulait de moi, je n'en augurais aucun mal; mais dans le premier entretien que je pus avoir en secret avec l'une de mes compagnes, j'appris ma destinée; et dès ce moment-là je fus dans la douleur. Être livrée aux fantaisies d'un homme qui ne serait pas mon mari, qui n'était pas même chrétien;

être captive dans son palais, jusqu'au moment où je serais mère, ou que lassé de moi, il daignerait me céder pour femme à quelqu'un de ses favoris; enfin être réduite à dissimuler ma croyance pour m'accommoder à la sienne; me faire musulmane, parce qu'il était musulman; tout cela me fut odieux.

Les femmes qui nous instruisaient, et la sultane mère, à qui l'on nous menait faire la cour, ne cessaient de nous dire que pour nous le bonheur suprême serait de plaire au sublime sultan et de mériter ses faveurs. Ces humiliantes leçons me flétrissaient le cœur; j'étais d'une tristesse que rien ne pouvait dissiper. Je ne savais comment me faire renvoyer; j'aurais voulu de bon cœur être laide; j'eus bien des fois l'envie de me défigurer, je n'en eus jamais le courage. Soir et matin, je priais mon bon ange de me tirer de là, et je veux croire que ce fut lui qui m'en inspira le moyen.

Un jour que mes compagnes, pour flatter la sultane mère, disaient merveilles de la grandeur et de la gloire de son fils : Hélas! mon fils, dit-elle, serait le plus heureux des souverains du monde, comme il en est le plus puissant et le plus magnifique, sans le malheur qu'il eut dans son enfance de voir un chat croquer une souris. L'impression qui lui en est restée lui a fait prendre en aversion ces deux espèces d'animaux; s'il en voit un, s'il croit l'entendre, il en a des frissons et des tressaillements qu'on a de la peine à calmer. C'est un secret, ajouta la sultane, dont il faut bien que vous soyez instruites, afin que si jamais cet accident lui arrive lorsque vous serez avec lui, vous me fassiez appeler bien vîte; car le plus prompt remède à ses convulsions, c'est la présence de sa mère.

L'une de mes compagnes prit la liberté de lui dire qu'il devait être bien aisé de prévenir cet accident. Eh non! dit la sultane, cela n'est pas facile. Si le sultan ne détestait que les souris, les chats seraient sa sauve-garde; s'il ne haïssait que les chats, on négligerait les souris; mais sans les uns, comment se garantir des autres? Les piéges ne sont pas un moyen sûr : quelques souris s'y prennent, mais le grand nombre s'en échappe; et pour n'en pas laisser peupler tout le serrail, il a fallu du moins y souffrir quelques chats. Tel a été le résultat de la sagesse de nos conseils : selon cette grande maxime, que de deux maux, dont l'un sert de remède à l'autre, et qu'on ne peut détruire ensemble, c'est le moindre qu'il faut choisir.

Nous parûmes toutes sensibles à l'affliction de la sultane, et moi-même je dis que c'était bien dommage qu'une cause si mince, et si futile en apparence, troublât tant de prospérités.

Lorsqu'on put se flatter de nous avoir donné assez de talents et de grâces pour plaire aux yeux de notre souverain, l'on obtint de lui la faveur de nous voir et de nous entendre. J'eus d'abord peu de succès devant lui : mon chant, ma danse, ma figure, tout lui parut froid comme glace; et en parlant de moi, j'eus le plaisir de lui entendre dire qu'il ne manquait à cela qu'une ame. Ah! cette ame, je l'avais bien, mais je ne l'avais pas pour lui.

Celles de mes compagnes qui, dès l'enfance, destinées à l'esclavage, n'avaient presque aucun sentiment de pudeur ni de liberté, se disputèrent ses regards; mais ni la vive Napolitaine, ni la tendre Espagnole, qui partageaient mon sort, ne me firent rougir pour elles. Avec une noble décence elles attendirent du moins l'hommage dû à leur beauté. La préférence leur fut donnée; je ne la leur enviai point.

Toutes les fois que le sultan venait choisir une nouvelle favorite, je tremblais que ce ne fût moi. Je me tenais les yeux baissés, immobile, interdite; le frisson dans le cœur, la confusion sur le visage; et si la tristesse avait pu le rebuter, j'étais sauvée; mais il la prit, cette tristesse, pour de la jalousie, et ma froideur pour du dépit. Émire est mécontente, dit-il en souriant (Émire était le nom que l'on m'avait donné); elle a raison d'être piquée. J'ai trop tardé à faire voir combien elle est belle à mes yeux; mais je ménage mes plaisirs et je sais réparer mes torts. A ces mots, croyant me combler de bonheur et de gloire, il me présenta le mouchoir. Peu s'en fallut que ma main tremblante ne le laissât tomber; mais que n'eût-il pas fait de moi si je l'avais mis en colère? Je parus donc soumise sans paraître flattée, et j'eus bien de la peine à fléchir le genou. J'en fus sévèrement grondée par la vieille surintendante; et il me fut bien recommandé d'oublier, le soir avec lui, cette ridicule pudeur.

Après le souper du sultan, continua Bathilde, l'effroyable kussir-aga, avec deux de ses noirs, vint m'annoncer, en se prosternant devant moi, que le grand-seigneur m'attendait.

Parfumée et vêtue aussi légèrement et aussi galamment qu'il avait plu à nos vieilles kadunes, les gouvernantes du serrail, je fus conduite par les noirs dans la chambre de Mahomet. Il était couché; mais la chambre était illuminée. Il me fit signe d'approcher, et à l'instant les noirs se retirèrent.

Me voilà seule avec le maître de ma vie..... Vous avez peur, mesdames; rassurez-vous: ma résolution était prise, de mourir ou de lui échapper.

Fidèle à la leçon que l'on m'avait donnée, je m'incline, j'approche d'un air humble et timide. Il me voit pâle et chancelante, et pour me rassurer: Venez, me dit-il, rose blanche, venez; les feux de mon amour vont bientôt vous rendre vermeille. Je m'avance; et selon l'usage, m'inclinant encore une fois au pied du lit avant que d'y monter, je prends la voix du chat, que j'imitais à s'y méprendre, et le plus doucement qu'il m'est possible, je fais entendre *miaou*.

Un chat! s'écria le sultan en sautant du lit éperdu, un chat dans mon appartement! Il sonne; il va tomber en syncope sur un sofa.

Au bruit de ses sonnettes, le serrail est troublé, les pages de la chambre et les eunuques tremblent. Ils jurent tous par Mahomet qu'aucun chat n'a pu se glisser dans l'appartement de leur maître; et la sultane Validé, quand son fils a repris ses sens, veut lui persuader que sa frayeur est sans objet. Eh quoi! ma mère, lui dit-il avec impatience, croirez-vous toujours que je sois un visionnaire, un enfant? Cessez de vouloir excuser la négligence de mes esclaves; c'était un chat, vous dis-je. Émire en est témoin; elle l'a entendu. J'attestai qu'en effet j'en avais entendu la voix; et la peur lui ayant fait illusion, comme elle le fait souvent, il ajouta qu'il l'avait vu s'enfuir et s'échapper quand les portes s'étaient ouvertes.

Dans le saisissement où il était encore, et qui dura toute la nuit, il avait besoin de repos. Je fus donc remenée sans accident dans ma cellule; et je dis mille choses tendres à mon bon ange, en le remerciant du conseil qu'il m'avait donné.

Le lendemain, au thé, j'essuyai quelques railleries de mes malignes compagnes; mais je les laissai s'égayer à mes dépens; et sous un air humble et confus, je leur dissimulai ma joie, me flattant que cette aventure ayant donné de l'humeur au sultan, il ne penserait plus à moi.

Je me flattais en vain. Il voulut réparer ce qu'il appelait ma disgrâce ; et au déclin du jour il me fit amener dans le salon de ses plaisirs. Dans ce salon semé de fleurs, et rempli des plus doux parfums, je le trouvai à demi-couché sur un sofa de brocard d'or. Pour cette fois, il fut galant. Il se donna la peine de venir au-devant de moi ; il daigna me sourire, et, me donnant la main, il me conduisit sur le sofa.

Là, nonchalamment appuyé sur des coussins, et la tête penchée de mon côté, il débuta par se louer de l'intérêt aimable que j'avais pris à son accident, me dit qu'il était enchanté de me savoir un cœur sensible, et il me demanda si je l'aimerais bien. J'étais muette ; il prit ce silence pour un aveu. Levez donc les yeux, me dit-il, et qu'au moins ces yeux me répondent. Alors me regardant lui-même comme s'il eût voulu me dévorer, il m'attirait vers lui, et m'enveloppait dans ses bras, quand tout-à-coup je le vis frémir. Seigneur, qu'avez-vous donc, lui dis-je avec l'air de l'inquiétude ? Il resta un moment immobile et pensif ; et l'instant d'après : C'en est une, s'écria-t-il, oui, c'en est une. Quoi donc, lui demandai-je ? Une souris, une souris, dit-il. Elle est sous ces coussins, elle a gratté à mon oreille ; et c'est elle sans doute que le chat guettait hier au soir. Je feignis de vouloir le rassurer, il s'excusa de sa faiblesse, et soit par complaisance ou par confusion, il se remit auprès de moi. Mais bientôt la souris gratta tout de plus belle. Pour le coup, il n'y put tenir; et comme si le feu avait été dans le salon, il en sortit précipitamment et alla s'enfermer au fond d'un cabinet voisin.

Je sonnai. Son monde accourut, et la sultane-mère accourut elle-même. On me trouva seule et tremblante; je fus interrogée, et avec l'air le plus naïf qu'il me fut possible de prendre, je racontai ce qui venait d'arriver au sultan. Sa mère, inquiète et troublée, frappe à la porte du cabinet, se nomme, enfin se fait ouvrir. J'entre avec elle, et je m'empresse, à son exemple, de calmer l'émotion dont le sultan était saisi. Mais il était trop occupé de la souris pour s'occuper de moi.

Ils étaient tous bien bêtes, interrompit Sophie, de ne pas deviner que vous aviez été le chat, et que vous étiez la souris! Justement, dit Bathilde, c'est toujours au plus simple que l'on pense le moins; et puis, était-il si facile d'imaginer qu'une esclave faisait cette niche au sultan, et que c'étaient mes doigts qui grattaient le sofa? Savez-vous bien, mesdames, qu'il y allait de ma vie, et qu'on m'eût fait expirer sous les verges, si le sultan eût découvert que je lui jouais ce tour-là? J'en eus toute la peur; car la sultane-mère, trouvant singulier que deux fois précisément à l'heure, à la minute où j'étais avec le sultan, cet accident fût arrivé, y soupçonnait quelque artifice. Cela n'est pas naturel, disait-elle, et si mon fils lui-même n'avait pas vu le chat... Je l'ai vu de mes yeux, s'écria-t-il, oui, je l'ai vu s'enfuir; et de plus, j'ai senti l'odeur de la souris. Ces mots imposèrent silence à la sultane, et je fus encore renvoyée; car le moment du tête-à-tête était passé pour le sultan. Je n'étais pourtant pas hors de péril encore. Le serrail s'occupait de moi. La réflexion de la sultane y donnait lieu au babil de nos gouvernantes; et la Kadan-Kahia, sur-tout, ruminant le cas dans sa tête, répétait continuellement, la sultane a raison. Deux fois de suite, à point nommé!..... Non, cela n'est pas naturel. Une vieille Kadune enfin crut avoir pénétré le mystère. J'ai remarqué, dit-elle à la surintendante, que cette jeune esclave se déplaît avec nous; elle est triste et rêveuse, quelquefois elle pleure; je la soupçonne même d'être chrétienne dans le cœur; ces gens-là ont des maléfices, et je crois qu'elle en use pour vous inquiéter. Je lui ai pris à la dérobée un petit livre que voici; il faut qu'il soit écrit en caractères diaboliques, car moi qui sais l'arabe, le turc et le persan, je n'en puis pas lire un seul mot. Il y a sans doute là quelques paroles pour attirer les chats et pour engendrer les souris. C'était un livre d'*Heures*, écrit en langue russe, que je tenais soigneusement caché, et que la duègne m'avait surpris. On feuilleta ce livre; et le trouvant indéchiffrable, on le porta bien vîte à la sultane-mère, qui bien vîte à son tour alla communiquer cette découverte au sultan.

Oh! des soupçons, dit-il; je n'en écoute point; et je ne veux avoir que des femmes qui m'aiment. Si celle-ci s'ennuie, et si elle est maussade, vous n'avez qu'à la renvoyer. Je songe, reprit-il, que ce jeune prince persan, à qui j'ai donné pour asyle mon palais d'Andrinople, m'a demandé quelque amusement. Faites-y passer cette esclave : toute froide et triste qu'elle est, cela peut être bon pour lui. Avec cet éloge flatteur, je fus congédiée, et menée, encore innocente, dans le serrail du jeune Abas.

Pour celui-ci, j'avoue qu'il était moins aisé de me sauver de lui. Il n'avait peur de rien. Il était vif et tendre, et il me trouvait fort jolie. Mais il me vit pleurer; il était malheureux, et il fut touché de mes larmes. Il commença par me demander le récit de mon infortune; je ne dissimulai que mon espièglerie pour me dérober au sultan. Je suis née libre, lui dis-je enfin. Je suis chrétienne; et dans nos mœurs une femme n'a qu'un mari. Jusqu'ici, j'atteste le Ciel que j'ai gardé mon innocence. On m'a livrée à vous, et par la violence vous pouvez disposer de moi. Mais j'ai trop de fierté pour survivre à ma honte; et en mourant, je laisserais peut-être dans votre cœur un long regret d'avoir opprimé la faiblesse.

Moi, s'écria-t-il, moi! que je sois oppresseur! Eh! ne savez-vous pas que je suis opprimé? Alors il me conta que ce Turcoman, ce Nadir, le même à qui mon mari futur faisait alors des matelotes, s'était emparé de son trône, et que c'était pour le lui rendre que le sultan faisait la guerre à cet usurpateur. Je mériterais mon malheur, ajouta-t-il, si j'abusais du vôtre. Il me serait doux, je l'avoue, de posséder dans mon exil une femme aussi belle et aussi aimable que vous. (Pardon, mesdames, je répète ses mots.) Mais ce qui n'est pas juste et généreux ne me sera jamais possible. Le sultan a eu la bonté de vous donner à moi; je vais le supplier de vouloir bien permettre que je vous rende à lui, ou que je vous mette en liberté. Oh! non, de grâce, interrompis-je, ne lui demandez rien; je ne veux plus tomber en son pouvoir. Il faut donc, me dit-il, au moins que vous ayez la complaisance de rester ici quelque temps, et que nous ayons l'air d'y être bien ensemble; car s'il savait qu'en arrivant vous eussiez été renvoyée, il aurait lieu de croire que je dédaigne ses présents. Si dans trois mois, ajouta-t-il, je ne vous ai pas persuadée que nos mœurs ont aussi leur bonté, et que la loi que nous suivons est assez pure et assez sainte pour rendre un Persan vertueux, vous serez libre de me quitter, je vous en donne ma parole.

Ah! c'est ici, mesdames, que je rends grâces à mon bon ange, car ce fut lui qui me soutint. Mon jeune Persan était beau, il était aimable et sensible; il ne pensait qu'à moi, et dès que nous étions ensemble, il oubliait tous ses malheurs.

Si jamais je suis roi, me disait-il, et qu'Émire consente à partager ma fortune et ma gloire, elle n'aura que des esclaves et jamais aucune rivale : je le jure par Mahomet.

C'était ce nom de *Mahomet* qui gâtait tout; et après que mon jeune amant m'avait parlé avec des yeux, une voix et une ame capables d'amollir un cœur plus dur que les cailloux, mon bon ange était là qui me disait, comme à l'oreille : Ce Mahomet n'était qu'un fourbe; garde-toi bien d'y croire; pense que sous sa loi toutes les femmes sont esclaves, et que, chez les chrétiens, la plus simple cabane vaut mieux que chez les Musulmans le plus magnifique palais.

Cependant mon jeune homme devenait tous les jours plus amoureux et plus pressant. Ses yeux perdaient cette douceur timide qui d'abord m'avait rassurée; ils étaient quelquefois étincelants de feu; et puis je les voyais abattus et noyés de larmes, lorsque je lui laissais prévoir le moment de nous séparer. Non, jamais, je le crois, il n'en aurait eu le courage. Et moi, que sais-je où m'eût réduite sa douleur et son désespoir? Je suis si bonne! et lui dans son malheur il était si intéressant! Mais une nuit on vint l'enlever d'Andrinople pour l'enfermer dans une tour. Bon jeune homme! Je le pleurai, et je ne l'oublierai jamais. J'ai su depuis que sa captivité avait été la principale clause du traité de paix que Nadir avait fait avec le sultan.

Le serrail d'Andrinople fut démeublé. Je fus du nombre des esclaves qu'on en tira; et de Trébizonde où je fus vendue, le Syrien qui m'acheta me fit partir avec lui pour Alep. Ce fut là que mon cher André eut la douleur de me voir livrée à un vieux libertin de Cypriote, laid et bourru à faire peur.

Sur le navire où j'étais embarquée avec ce vilain maître, je m'aperçus bientôt qu'il voulait en agir familièrement avec moi, je le trouvai mauvais; mon air froid et sévère l'irrita; mais il se contint; les témoins qui nous observaient réprimèrent sa pétulance.

Il devint plus hardi quand je fus débarquée dans un port de son île, appelé Salamis, où il faisait sa résidence. Venez, me dit-il, suivez-moi, car il est temps de m'obéir. J'obéis en pleurant; il me mena tremblante au fond de ses jardins, dans un pavillon solitaire, où je fus enfermée, sous la garde d'un vieil esclave encore plus farouche que lui. Je ne vous ferai pas languir, me dit-il d'un air insultant, et dès que j'aurai fait un tour dans ma maison, je viens vous retrouver. Nous souperons ensemble; et j'espère, ma belle enfant, que vous me laisserez fléchir votre rigueur.

Les fenêtres du pavillon donnaient sur les jardins; elles étaient grillées, et l'esclave qui me tenait sous la clef fut sourd à mes plaintes. Mon bon ange semblait lui-même m'avoir laissée à l'abandon; mais mon courage à moi ne m'abandonnait pas. Cependant, faut-il l'avouer? je pensai un moment au serrail d'Andrinople, et je soupirai de n'être pas encore au pouvoir de mon jeune Abas. Celui-là du moins n'eût jamais fait violence à ma faiblesse; et André lui-même convient que dans ce moment-là mes regrets étaient pardonnables.

La nuit vint; le bruit des serrures m'annonça l'arrivée de mon vieux scélérat. Il entre; et la porte se ferme. Oh ça! me dit-il, belle enfant, il n'est plus temps d'être sévère. Sans reproche, vous me coûtez mille sequins; et je veux être aimé pour mon argent.

Il avait une dague à sa ceinture, et le lâche, en la regardant, il me la faisait remarquer. Je vis donc qu'il fallait mourir, ou me livrer à lui, ou l'étrangler moi-même. Je ne balançais point, et je m'étais mise en défense; quand tout-à-coup une voix aigre et perçante se fit entendre sous les fenêtres du pavillon. Veux-tu bien m'ouvrir, traître? disait-elle à l'esclave, ou tu vas mourir de ma main. A cette voix, je vis pâlir et frissonner mon Cypriote. Ah! me dit-il en tremblant, c'est ma femme! Nous sommes trahis! Elle entra avant qu'il eût le temps de me dérober à sa vue.

Comment! vieux coquin, lui dit-elle en paraissant, il te faut de jeunes esclaves; et c'est donc pour cela que tu me quittes si brusquement après six mois d'absence, sans me donner, à moi, le plus petit signe d'amour! Je t'apprendrai si c'était là le prix que tu devais à mes soupirs. Infâme libertin, tu ne méritais pas une femme aussi douce, aussi tendre que moi. En prononçant ces mots, les yeux lui sortaient de la tête, et son bras armé d'un couteau était levé sur lui.

Ma femme, lui dit-il, appaisez-vous. Je n'ai rien fait qui mérite votre colère. Vous devez bien plutôt louer ma sagesse et ma continence. Cette esclave peut vous le dire. Je n'ai point usé de mes droits. — De tes droits, misérable! — Oui, de mes droits, sans doute; et le prophète a dit lui-même... — Le prophète aura dit ce qu'il aura voulu; moi, je sais bien ce que je sais, et ce n'est pas à des gens comme toi qu'il a permis plus d'une femme. Allons, la belle, suivez-moi, vous serez sous ma garde. Ah! je t'en donnerai des esclaves de dix-huit ans!

Tandis qu'à travers ses jardins elle m'emmenait avec elle : J'admire, lui dis-je, madame, la noble fermeté avec laquelle vous rangez votre mari à son devoir. C'est là, dit-elle, comme il faut s'en faire aimer. Ils sont hardis tant que nous sommes faibles; mais ils sont faibles à leur tour quand nous cessons d'être timides; et avec du courage et de bonnes manières, nous les mettons à la raison. Et n'avez-vous pas peur, lui dis-je, que dans sa violence..... — Lui, dans sa violence? Il tremble devant moi, ne le voyez-vous pas? Je suis la nièce du cadi. Ce n'est pas que j'en sois plus fière; et telle que vous me voyez, je suis la complaisance même; mon mari fait de moi ce qu'il veut lorsqu'il s'y prend bien. Mais, en revanche, je veux qu'il m'aime et qu'il n'aime que moi; car il me l'a promis; et s'il me manque, il doit savoir que je ne le manquerai pas. Aussi n'ayez pas peur qu'il ose cette nuit troubler votre sommeil. Il sera près de moi, et vous pourrez dormir tranquille; ce sera moi qui veillerai pour vous.

En effet je passai la nuit fort paisiblement auprès d'elle, et dès le lendemain matin, m'ayant menée au port, elle exigea qu'il me vendît, et sur l'heure et en sa présence. Il obéit sans répliquer. Alors, le prenant par la barbe : A-présent, lui dit-elle, mon cher petit mari, faisons la paix; car je suis bonne, et je veux bien tout oublier.

J'aurais ri de mon aventure si elle m'eût mise en liberté; mais j'étais tombée au pouvoir d'un corsaire de Barbarie qui faisait pour l'Égypte sa cargaison de femmes dans les Échelles du Levant. Ah! pour le coup, mon pauvre André, qu'allait devenir ta Bathilde!

Le Barbaresque, après nous avoir embarquées, ne pensait plus à nous. Il était occupé de la manœuvre du navire; nous n'étions pour lui qu'un troupeau; mais au Caire un serrail nous attendait; un maudit vent nous poussait à pleines voiles. C'en était fait de moi, si une galère de

Malte n'avait pas attaqué le navire africain, et ne l'avait pas enlevé. Nous étions quinze, dont la plus vieille n'avait guère plus de vingt ans. Vous pensez quelle fut la joie des chevaliers français d'avoir, d'un seul coup de filet, fait sur les infidèles une si bonne prise.

Je ne vous dirai pas quel fut le sort de mes compagnes, les unes Circassiennes, les autres Géorgiennes, quelques-unes Européennes, toutes assez jolies pour tenter leurs libérateurs. Pour moi, je tombai en partage à un chevalier de Lancy, le plus beau, et, je crois, le plus aimable des Maltais.

La galère fit route vers le port de Marseille; et durant le voyage, surveillée avec soin par mon dangereux chevalier, je lui contai mes aventures. Je lui dis comment jusques-là mon bon ange m'avait gardée. Qui le sait mieux que moi, dit-il en souriant? C'est moi-même qui suis cet ange tutélaire, et qui me rends visible pour obtenir le prix de tout ce que j'ai fait pour vous. Je répondis que mon bon ange avait été jusque-là désintéressé, et que j'espérais bien qu'il le serait toujours.

Mais en lui racontant le malheur du jeune sophi, il avait vu mes yeux attendris et mouillés de larmes; et lorsqu'il m'avait fait entendre qu'il n'y avait pour cet aimable prince aucun espoir de délivrance, il m'avait entendu pousser un long et douloureux soupir. Il prit donc cette marque de sensibilité pour une marque de faiblesse; et il voulut en tirer avantage. Parlons vrai, me dit-il; si le jeune sophi avait été chrétien, vous l'auriez aimé, n'est-pas? S'il eût été chrétien, lui dis-je, il m'aurait épousée; et j'aurais aimé mon mari. Vous épouser, dit-il, cela m'est impossible, cette petite croix me le défend. Mais pour vous aimer, je m'y engage, et promets de m'en acquitter au moins aussi-bien qu'un sophi.

Monsieur le chevalier, lui dis-je, oserais-je vous demander de qui sont les cheveux que je vois enfermés dans le joli cœur de crystal qui pend sur votre sein à ce ruban couleur de rose? (Je dois vous dire que sur la mer la chaleur était excessive, et que monsieur le chevalier, pour respirer plus à son aise, était négligemment vêtu.)

Vous me demandez là, me dit-il, un secret qu'il ne m'est pas permis de révéler. Je crois le deviner, lui dis-je. Ces cheveux sont un gage d'amour et de fidélité; et vraisemblablement vous en avez laissé un pareil en échange. Cela est vrai, répondit-il en rougissant. — Eh bien! monsieur le chevalier, regardez-moi, et voyez si je vaux la peine que vous soyez infidèle et parjure à celle dont le cœur se repose sur votre foi. Le chevalier baissa les yeux. Dans les lectures de mon enfance, rien ne m'a plus intéressée, ajoutai-je, que l'histoire de Malte, et dans le caractère de ses chevaliers, j'ai cru voir autant de générosité que de franchise et de valeur. Soyez, comme eux, aussi loyal que vous êtes aimable; je vous devrai mon innocence; ne m'enviez pas ce bienfait. A l'égard de ma liberté que je vous dois aussi, mais qui ne m'est pas aussi chère, disposez-en, je le veux bien, et faites-en l'hommage à celle à qui la vôtre est engagée. Je consens à ce que ma vie soit employée à la servir. Vous lui direz : J'ai délivré cette fille de l'esclavage; j'ai respecté en elle son honnêteté, son malheur; mais elle croit devoir me consacrer sa vie en échange de mes bienfaits; et comme elle ne peut être à moi, j'ai voulu qu'elle fût à vous. N'est-il pas vrai, monsieur le chevalier, que ce sera faire, des droits que vous avez sur moi, l'usage le plus noble et en même temps le plus doux?

Il fut charmé de ce conseil; et autant je l'avais vu auparavant troublé, interdit et confus, autant je le vis calme et content de lui-même. Cela m'apprit qu'un cœur honnête n'est jamais à son aise avec une pensée ou un désir qui ne l'est pas. Non, dit le jeune batelier, une mauvaise intention est dans l'ame comme une épine dans le doigt : on y a la fièvre jusqu'à ce qu'elle en sorte.

Nous arrivâmes à Marseille, et de là bientôt à Paris. Une lettre m'y avait déja précédée, et recommandée à la comtesse de M***, la plus jolie des veuves; et sur la foi du chevalier, je fus reçue avec bonté. Mais à Paris, je ne songeai qu'au voisinage de Besons, et je fis si bien qu'un beau jour je persuadai à ma maîtresse d'aller, avec son chevalier, nous promener sur ce bord de la Seine, que l'on disait charmant. J'y trouvai mon André : Le voilà, dis-je en le voyant, celui que le Ciel me destine. Il est fidèle au rendez-vous qu'il m'a donné lui-même sur le marché d'Alep. A l'instant j'aperçus mon père. Ah! ce fut là que ma tête, mes sens, mon ame, tout se perdit. André lui-même fut oublié. Je ne vis que mon père; je m'évanouis dans ses bras, et lorsque je rouvris les yeux, je le vis à genoux, arrosant mon sein de ses larmes. C'était cette douce rosée qui venait de me ranimer. André, comme vous croyez bien, ne se possédait pas de joie. Eh bien! s'écriait-il en bondissant, eh bien! vous l'avais-je promis? La voilà! Oui, lui dis-je, la voilà telle que le Ciel la fit naître, et telle qu'elle était dans les bras de son père au moment qu'il lui fut ravi. J'ai couru des périls, mais sans tache et sans honte; et le Ciel m'est témoin, lui qui m'en a sauvée, que j'y aurais laissé la vie s'il m'eût fallu y laisser l'honneur.

Le chevalier et ma maîtresse croyaient rêver, ils ne concevaient rien à tout cela. Mais quand nous fûmes un peu remis d'une première émotion, nous leur contâmes, à-peu-près, ce que vous avez eu, mesdames, la bonté de vouloir entendre; et ils virent bien qu'avec l'aide de mon bon ange, j'avais dû retrouver dans la cabane de Besons mon père et mon fidèle André. Celui-ci prit la liberté de leur offrir une matelote. Nous soupâmes ensemble. Notre bonheur semblait les rendre aussi heureux que nous; et dès ce moment, mon aimable et généreux libérateur me rendit à mon père pour disposer de moi. Mais je voulus remener ma maîtresse; et ce ne fut que le lendemain que je revins à la cabane. J'y trouvai mon André brûlant d'amour. Je suis moins vive; mais ma reconnaissance ne le fit pas languir. Il aurait animé le marbre; et vous pouvez croire, mesdames, que je n'avais le cœur ni assez froid ni assez dur pour rester insensible et glacé près du sien.

La comtesse et le chevalier voulurent bien assister à ma noce. L'un, pour prix de ma délivrance, exigea que la fête en fût célébrée à ses frais; et l'autre eut la bonté de faire mon trousseau, que j'ai conservé pour ma fille.

Ils auraient voulu que mon père redemandât ses biens dans le royaume de Kasan. Mais la valeur de ces biens-là tient aux hommes qui les cultivent, et où retrouver ceux que nous y avions laissés? D'ailleurs, André se croyait assez riche avec sa barque et ses filets; mon père trouvait comme lui qu'il ne nous manquait rien; je pensais tout de même; nous ne voulûmes plus tenter les caprices de la Fortune; et contents du repos obscur qu'elle nous accordait, nous ne désirâmes plus rien.

Le bon Lucas, qui s'était repris d'amitié pour son neveu, lui a laissé son bien en mourant.

Nous n'y touchons pas : ce sera la dot de nos filles, et la ressource de ceux de nos enfants qui pourraient en avoir besoin. Vous comptez donc en avoir un grand nombre, leur demanda Sophie? Oui, tant que Dieu voudra, reprit André : nous sommes disposés, Bathilde et moi, à lui obéir. Sa providence a eu soin de nous, elle aura soin de nos enfants.

Eh bien! mesdames, avais-je tort, demandai-je à mes deux compagnes, en vous disant que sous cet humble toit le bonheur pouvait habiter? Oui, dirent-elles, assurément, c'est là du bonheur, si jamais il en fut. Mais ce qui nous étonne le plus de leurs aventures passées et de leur situation présente, c'est qu'ils n'en soient pas étonnés. — Comment le seraient-ils? n'ont-ils pas vu, leur dis-je, ces événements se lier naturellement l'un à l'autre? Rien n'est surprenant dans la vie que les effets dont les rapports avec leur cause ne nous sont pas connus; tout au monde paraîtrait simple, si l'on voyait nettement par quels nœuds tout est enchaîné. Le hasard n'est qu'un escamoteur habile, qui dérobe à nos yeux ses tours de gobelets.

FIN DU TROISIÈME VOLUME.

TABLE

DES CONTES CONTENUS DANS CE TROISIÈME VOLUME.

                                                                Page

L'École de l'Amitié...................... 1
Le franc Breton........................ 66
L'Erreur d'un bon Père.................. 119
La Cassette............................ 163
Les Rivaux d'Eux-mêmes................. 195
Les Déjeûners du Village, ou les Aventures de
    l'Innocence........................ 247
Les Bateliers de Besons................. 307

www.ingramcontent.com/pod-product-compliance
Lightning Source LLC
Chambersburg PA
CBHW050311170426
43202CB00011B/1856